中国金融四十人论坛

CHINA FINANCE 40 FORUM

致力于夯实中国金融学术基础，探究金融界前沿课题，引领金融理念突破与创新，推动中国金融改革与实践。

中国金融四十人论坛书系
CHINA FINANCE 40 FORUM BOOKS

资本账户开放

战略、时机与路线图

Capital Account Liberalization

Strategy, Timing and Roadmap

陈　元　钱颖一

主　编

社会科学文献出版社
SOCIAL SCIENCES ACADEMIC PRESS (CHINA)

书系编委会

主　任：陈　元　全国政协副主席
　　　　谢　平　中国投资有限责任公司副总经理
　　　　钱颖一　清华大学经济管理学院院长

主　编：（按姓氏拼音排序）
　　　　管　涛　国家外汇管理局国际收支司司长
　　　　黄海洲　中国国际金融公司销售交易部负责人
　　　　潘功胜　中国人民银行副行长
　　　　魏加宁　国务院发展研究中心宏观经济部副部长
　　　　阎庆民　中国银行业监督管理委员会副主席
　　　　袁　力　国家开发银行副行长
　　　　钟　伟　北京师范大学金融研究中心主任

执行主编：王海明　中国金融四十人论坛秘书长

编　委：廉　薇　马冬冬

　　"中国金融四十人论坛书系"是由中国金融四十人论坛创设的书系，专注于宏观经济和金融领域，着力金融政策研究，力图引领金融理念突破与创新，打造高端、权威、兼具学术品质与政策价值的智库书系品牌。

　　自2009年以来，"中国金融四十人论坛书系"已出版30余本专著、文集。凭借深入、严谨、前沿的研究成果，该书系已经在金融业内积累了良好口碑，并形成了广泛的影响力。

目　录

第一波争论

第一篇　资本账户开放的条件是否成熟

第二篇 金融改革是否有先后顺序

第二波争论

第三篇 资本账户开放是否应该"加快"

第四篇　是否应设定开放的路线图与时间表

序

　　1993 年 11 月中国共产党十四届三中全会提出"逐步使人民币成为可兑换的货币"。在过去的 20 年里，中国政府一直在以渐进的方式推动资本项目自由化。1997~1998 年的亚洲金融危机导致中国资本项目自由化进程的暂时搁置。但在进入 21 世纪之后，中国资本项目自由化再次起步。2003 年中国人民银行提倡"严进宽出"的方针，逐步放宽了对资本流出的限制。2007 年第三季度，"香港直通车"几乎成行。2009 年 4 月，随着人民币贸易结算试点的推出，中国对短期跨境资本流动的管制大大放松。2011 年 3 月，"十二五"规划提出要逐步实现人民币资本项目基本可兑换。2012 年 2 月，中国人民银行课题组发布的"我国加快资本账户开放条件基本成熟"报告意味着中国资本项目自由化可能进入一个全面提速的新阶段。

　　长期以来，学界对涉及资本项目开放的一些问题始终存在分歧。这些分歧的发生或源于经济理念的不同，或涉及对具体经济理论的不同理解，或出于对现实情况的不同判断。普朗克有一句名言，"一项新的科学真理取得胜利，并不是通过说服它的对手从而使他们认识到了这一真理，而是由于它的对手最后都死了，而熟悉这一真理的一代新人成长起来了"。萨缪尔逊引用普朗克的话以表达他对在经济学中的不同观点经辩论后，仍难取得一致的感慨。学者所能做的不过是：坚持思想独立，对属于自己专业范围和职责范围内的重要问题有明确立场。

应该指出，作为辩论的正方，中国人民银行的同仁表现出了君子风度。尽管处于官方地位，他们始终以平等和虚心的态度参加辩论。在官本位严重的中国，这种态度尤其难能可贵。我个人的感觉是，通过辩论，正反双方的立场是接近了而不是疏远了。这场辩论的一个重要特点是参与辩论的双方都严守科学立场，就事论事，充分尊重与自己观点不同的辩论对手。

我并不认为这本书中的论文（包括我自己的文章）对经济学理论有何重要贡献。相反，这本书更多的是反映了中国学者（包括我自己）在理论修养上的欠缺。这本书的主要意义在于"立此存照"。在未来若干年后，新一代的经济学家将会对这场辩论做出判决。当然，也不能排除，在未来的更长一段时间后，更新一代的经济学家会对他们前辈的判决做出新的判决。

本书前言的作者指出，"通过深入的讨论，各方观点和论据逐渐清晰明朗，形成的共识多于分歧。事实上，专家们的观点并无绝对的相斥，主要是强调开放与风险的重点有所不同，而不是实质上的分歧。专家们也同意，理论上的探讨固然重要，但实际操作才是关键，理论要结合实际"。对此，我表示赞同。

2013 年 11 月 12 日，中国共产党第十八届中央委员会第三次全体会议通过了《中共中央关于全面深化改革若干重大问题的决定》，其中指出：

> 完善人民币汇率市场化形成机制，加快推进利率市场化，健全反映市场供求关系的国债收益率曲线。推动资本市场双向开放，有序提高跨境资本和金融交易可兑换程度，建立健全宏观审慎管理框架下的外债和资本流动管理体系，加快实现人民币资本项目可兑换。

上述决议明确提出要"加快实现人民币资本项目可兑换"，与此同时，决议也强调了实现资本项目自由化的一系列条件：汇率市场化和利率市场化。决议关于资本项目自由化进程的提法是"有序提高跨境资本和金融交易可兑换程度，建立健全宏观审慎管理框架下的外债和资本流动管理体系，加快实现人民币资本项目可兑换"。除"加快"一词可以有不同解读外，我想，参与资本项目自由化讨论的双方对上述决议的提法都不会有什么异议。

政治决定一旦做出，关于是否该执行某项具体政策的辩论就结束了。但政治决定并不能对有关经济政策是否正确下结论。关于资本项目自由化的辩论今天尚未结束，在可以预见的未来也不会结束。

中国金融四十人论坛建立了一个令不同观点的经济学家可以心平气和的同时又直言不讳地进行辩论的平台。这个平台本身的意义已经超越了经济学领域。我愿借此机会对中国金融四十人论坛表示祝贺和感谢。我们相信中国金融四十人论坛必将不负众望，在今后为中国经济理论和政策的发展做出更大的贡献。

2013 年 12 月 11 日

前　言

　　"资本账户可兑换"可以算是在中国最有共识但也最具分歧的改革之一。说最有共识，是因为大多数人都同意：开放的资本账户和可兑换的人民币是中国市场化改革的一部分，是一个迟早要实现的目标。事实上，早在二十年前中国共产党十四届三中全会上就提出了"逐步使人民币成为可兑换的货币"，二十年来这一提法被不断重复。2005年10月，中国共产党十六届五中全会通过的"十一五"规划建议指出，要"逐步实现人民币资本项目可兑换"，这是我国首次将人民币资本项目可兑换问题纳入五年规划之中。2011年3月，"十二五"规划明确提出要逐步实现人民币资本项目基本可兑换。说最具分歧，是因为无论是决策者还是专家学者，从来没有对此停止过争论，即"可兑换"究竟是要把资本项目开放到什么程度，以及"逐步"究竟是一个什么速度、需要什么条件。

　　中国经济的改革开放和高速发展以及全球经济的风起云涌让这种共识和分歧变得更加突出。一方面，资本项目的管制已经成为中国全面融入全球经济金融体系的短板，人民币不可兑换带来的各种显性和隐性的扭曲已经成为市场有效配置资源的障碍。根据国际上其他国家货币可兑换的进程和经验，从实现经常项目可兑换到资本项目可兑换，间隔大约是7年。中国早在1996年就已经实现了经常项目可兑换，但直到17年后的2013年，中国离资本项目可兑换仍有相当的距离。另一方面，从1997年的亚洲金融危机到2008年的全球金融危机，又真真切切地提醒我们，"水能载舟，亦能覆舟"，资本项目的开放虽有很多好处，但同时也会带来风险。如果资本项目完全开放，资本流动的冲击就可能会损害我国宏观经济与金融市场的稳定，甚至引发危机。近两年，全球经济走软，美国的量化宽松政策及欧洲的债务危机引发了国际金融市场新的动荡，国内的利率市场化和汇率改革等金融改革也远未完成，资本账户开放会不会带来新的风险，成为不少人的担忧。

从2012年以来，中国国内政界、金融界和学术界围绕资本账户开放问题进行了两轮激烈的辩论。

2012年2月和4月，中国人民银行调查统计司课题组先后发布了两份关于资本账户开放的报告。此前，中国人民银行行长周小川也在2011年的一次讲座中详细阐述了人民币资本项目可兑换的前景和路径。一石激起千层浪，关于资本账户开放改革的第一波争论聚焦于我国资本账户开放条件是否已经成熟。以中国人民银行调查统计司课题组为代表的一派认为，资本账户开放总体利大于弊，目前我国的资本兑换管制难以为继，而资本账户开放的条件已经成熟，应与利率、汇率改革协调推进。而持不同意见的专家认为，我国资本账户开放总体弊大于利，并且支持资本账户开放的理由几乎都不成立，在开放之前应先把国内金融改革这块骨头啃下来。

2012年11月，十八大将"逐步实现人民币资本项目可兑换"明确为我国金融改革任务之一。此后，各方围绕资本账户开放是否应该"加快"以及是否应该设定路线图与时间表的问题展开了关于资本账户开放改革的第二波争论。对于资本账户开放是否应该加速，一方认为，资本账户开放加速是实体经济全球化发展的需要，与其在迫不得已的时候仓促开放，不如做好应对风险的准备，积极推动开放。另一方则认为，目前国际环境存在诸多不确定性，而国内金融市场还没有做好迎接资本账户开放的准备。我国应根据国内外形势的变化，调整对资本项目管制的程度，逐步放开资本项目。对是否该设定资本账户开放的路线图与时间表，虽然争论双方在设定路线图上存在较多共识，但在是否要有时间表的问题上却存在分歧。一方认为，设定时间表有利于促进改革按预期时间完成。另一方认为，资本账户开放的速度和进程取决于国内外诸多变化因素，应相机抉择。

中国金融四十人论坛（CF40）作为国内领先的独立智库和重要的对话平台，全程参与、组织和见证了这场历时近两年的辩论。

2012 年 3 月 25 日，正值中国人民银行调查统计司课题组刚刚发布第一份报告"加快资本账户开放条件基本成熟"之际，中国金融四十人论坛组织召开了主题为"资本账户开放的时间表与路线图"的内部研讨会，就资本账户开放与利率市场化、汇率市场化之间是否具有先后次序展开了激烈讨论。2012 年 12 月 9 日，十八大提出将"逐步实现人民币资本项目可兑换"明确为我国金融改革任务之一。随后，中国金融四十人论坛又组织召开了主题为"汇率、利率市场化与资本项目可兑换"的内部研讨会，讨论加快推动人民币资本项目可兑换的条件是否已经具备。2013 年 5 月 19 日，中国金融四十人论坛 2013 年内部重大课题"深化经济体制改革重点领域一揽子方案"之子课题"新形势下对外开放的战略布局"报告的发布会召开，报告中明确提出了"加快人民币资本项目可兑换的进程，制定并公布人民币可兑换的路线图、时间表，明确在 2015 年年末实现可兑换"的建议。2013 年 7 月 21 日，中国金融四十人论坛又举行了主题为"如何对待资本账户开放"的内部研讨会，就资本账户开放的路线图、时间表与风险等核心问题展开了进一步讨论。

通过深入的讨论，各方观点和论据逐渐清晰明朗，形成的共识多于分歧。事实上，专家们的观点并无绝对的相斥，各方主要是强调开放与风险的重点有所不同，而不存在实质上的分歧。专家们也同意，理论上的探讨固然重要，但实际操作才是关键，理论要结合实际。我们要本着趋利避害、积极审慎和实事求是的态度，推进我国资本账户开放进入实质性的操作阶段。

中国共产党十八届三中全会做出决定，要加快实现人民币资本项目可兑换，这给资本账户开放的辩论做出了一个政治结论。改革的方向已定，但在资本账户开放辩论中涉及的问题并不会因为一个决定就消失，未来关于如何加快实现人民币资本项目可兑换的讨论还将继续。在此，中国金融四十人论坛向为了推动我国金融改革而潜心研究、建言献策的各位专家表示崇高的敬意和诚挚的感谢。

为了便于记录、学习和分享近年来专家们对资本账户开放问题的研究和讨论成果，中国金融四十人论坛秘书处特将相关论文、评论和圆桌讨论的内容集结成这本书，试图将讨论不断深入和走向共识的过程呈现给读者。本书中的所有文章仅代表作者个人观点，不代表作者所在单位和机构的意见。

本书第一、二篇聚焦资本账户开放的第一波争论，集中讨论两个问题：资本账户开放的条件是否成熟？资本账户开放之前应先完成国内金融改革，还是可以协调推进？第三、四篇聚焦资本账户开放的第二波争论，集中讨论另外两个问题：资本账户开放是否应该"加快"？是否应设定路线图与时间表？

由于时间仓促和能力有限，本书难免存在疏漏和失误之处，欢迎读者批评指正。

第一波争论
ROUND1

资本账户开放的条件是否成熟

金融改革是否有先后顺序

中国金融四十人论坛
CHINA FINANCE 40 FORUM

第一篇
资本账户开放的条件是否成熟

国际经验表明，资本账户开放需要具备一定条件。一般的共识是，资本账户开放的主要条件包括宏观经济稳定、完善的金融监管、较充足的外汇储备和稳健的金融机构。如果在条件不成熟的情况下开放资本账户，资本流动的冲击可能会损害国家宏观经济与金融市场的稳定。中国是否满足上述条件，是第一波争论的一个焦点。

以中国人民银行学者为代表，主张积极地推动资本账户开放的一派认为：目前，我国资本兑换管制难以为继，推动资本账户开放有其必要性和紧迫性；资本账户开放总体利大于弊；各项条件基本成熟，是推动资本账户开放的有利时机，应把握住时机，推进改革；同时，要采取有效措施应对资本账户开放的风险。

以世界银行前副行长林毅夫及中国社会科学院研究员余永定为代表，主张谨慎地看待资本账户开放的一派则认为：我国资本账户开放总体弊大于利，在经济改革尚未完成的情况下，维持适度的资本管制是必要的，而在金融市场化和汇率市场化未有实质性进展的情况下，资本账户开放的条件也谈不上成熟。

本篇以中国人民银行行长周小川的讲话开篇，全面、透彻地讲解了人民币资本项目可兑换的背景、前景和实现路径。

第二篇文章为中国人民银行调查统计司课题组撰写的报告《我国加快资本账户开放的条件基本成熟》，是本篇讨论的焦点。

中国投资有限责任公司副总经理谢平阐述了人民币资本项目可兑换的必要性，并且认为开放的条件已经具备；中国国际金融有限公司首席经济学家彭文生认为资本账户开放有一定的紧迫性；中国人民银行货币政策委员会秘书长邢毓静认为我国实现资本项目可兑换的条件已经基本具备，当前推动资本项目可兑换面临有利的时机；北京大学国家发展研究院副院长黄益平认为资本项目改革的关键在于把握逻辑与时机；而国家外汇管理局国际收支司司长管涛提出的应对资本项目可兑换带来的挑战的多条建议，则使这一派的论证显得更加完整。

另一派，林毅夫教授认为资本账户开放总体是弊大于利的，支持资本账户完全开放的理由不成立；中国社会科学院研究员余永定认为，推进资本项目开放需维持适度监管；同样供职于中国社会科学院的张斌提出，如果没有金融市场化和汇率市场化做支撑，资本项目开放就是奢望。

人民币资本项目可兑换的前景和路径 *

周小川 **

人民币资本项目可兑换涉及国内国际多方面的问题，是一个达成共识的过程。我国可以在多维区间内拟定目标，有计划、有步骤地推进人民币资本项目可兑换。自 1996 年宣布实现经常项目可兑换以来，我国已经在对外贸易、投资及其他多方面为实现资本项目可兑换打下了基础，为更有预见性地推动这一进程，还需要正视改革需要付出的代价，正确认识套戥行为，妥善解决双重价格问题，争取做到利大弊小，顺利推进。

问题的提出

最近，人民币资本项目可兑换的提法有一些积极的变化。在第十七届全国人大第四次会议审议通过的《"十二五"规划纲要》中提到，要"逐步实现人民币资本项目可兑换"；在 2011 年的《政府工作报告》中，总理讲了要"推进人民币资本项目可兑换"。这些用词是经过反复推敲的，与对形势的判断密切相关。

首先，从内容看，实现"人民币资本项目可兑换"牵扯面非常广，涉及方方面面的问题。我主要着眼于有助于大家研究思考的相关问题，也涉及下一步如何制定工作计划，其中会讲到几个过去可能没有得到足够重视的问题。对"人民币资本项目可兑换"这一课题，以前大家关注和研究较多的是利弊比较、必要条件、国际经

---

* 本文发表在《金融研究》2012 年 1 期（总第 379 期），本文根据作者 2011 年 3 月 24 日在中国人民银行第 70 次学术讲座上的讲话整理，略有删节。

** 周小川，中国人民银行行长。

验等。关于各国经验的比较研究，相关的材料和文章非常多。此外，这个问题还涉及亚洲金融风暴和这次国际金融危机所带来的一些新的启示。

其次，从进度看，落实"人民币资本项目可兑换"有很大的弹性。尽管《"十二五"规划纲要》里已经提出要"逐步实现人民币资本项目可兑换"，政府工作报告也明确了要"推进人民币资本项目可兑换"，但都没有作详细的描述，留有比较大的余地。说明这项任务至少是个中期计划，不像有些工作，当年落实多少、明年落实多少，有详细的进度安排。

第三，从难度看，推进"人民币资本项目可兑换"是一项十分复杂的工作，既与学术界的分析研究进展有很大的关系，也与国际、国内的环境、条件等密切相关。因此，这项工作涉及很多方面，需要进行广泛深入的研究、设计和论证工作，需要开展必要的模拟测试。更需强调的是，这是一个各方面达成共识的过程。

人民币资本项目可兑换问题的背景

（一）人民币可兑换的提出

总体而言，我国推进人民币可兑换工作，是从 1993 年党的十四届三中全会首次提出要"实现人民币可兑换"开始的。1992年，党的"十四大"提出要建立社会主义市场经济体制，让市场在资源配置中起基础性作用。在当时情况下，外汇也是稀缺资源，很多人视之为生产要素，因此也应处在由市场配置起基础性作用的范围之内。1993 年，党的十四届三中全会通过了《中共中央关于建立社会主义市场经济体制若干问题的决定》，其中有两项内容涉及人民币可兑换：首先是在第 19 项"加快金融体制改革"中明确提出，"逐步使人民币成为可兑换的货币"；其次是在第 36 项提出，要"发展开放型经济，使国内经济与国际经济实现互接互补"。

既然要搞社会主义市场经济，这个市场经济是开放型的还是封闭型的？或者保护型的？回答这个问题非常重要。当时的状况和现在大不一样。现在，我国年进出口、外商直接投资、人员国际交往的数量都非常大，对外开放程度和"走出去"程度都比较深。比如，利比亚发生内乱，我们发现有3万多中国人在利比亚；日本发生地震和海啸后，发现有几十万中国人在当地。20世纪90年代初的状况与现在差别很大，对外开放与国际交流还相对有限，但中央果断提出要发展开放型经济，与此相对应的就是人民币要走向可兑换。

在研究、提出这一政策方向的过程中，就已经并行设计了相关的改革措施，体现为1993年12月国务院正式颁布的《关于进一步改革外汇管理体制的通知》。这一《通知》明确提出，从1994年1月1日开始，实施人民币汇率形成机制改革，实现人民币官方汇率和外汇调剂价格并轨；建立以市场供求为基础的、单一的、有管理的浮动汇率制；取消外汇留成，实行结售汇制度；建立全国统一的外汇交易市场等。1994年4月，中国外汇交易中心在上海成立，形成了全国统一的外汇市场，并由此开始推进有管理的浮动汇率制度。在此之前，我国实行官方汇率与市场调节汇率并存的双重汇率制度。

这应该说是人民币可兑换最早的源头。当然，最初还谈不到资本项目可兑换，第一步要考虑的是经常项目可兑换。实现经常项目可兑换不是我们自己说做到了就实现了，需要向国际货币基金组织（IMF）提出正式的官方声明，表明中国接受IMF第八条款，成为所谓的IMF第八条款国，并经过IMF的评估认可，才能真正算是经常项目可兑换。中国早在1980年就恢复加入了IMF，当时中国是以所谓的第十四条款国身份加入的。什么是IMF的第十四条款？如果说IMF第八条款规定了成员国在经常项目可兑换方面的一般义务，第十四条款则规定了尚不能接受第八条款义务的成员国的过渡办法，并由基金组织对成员国履行这些义务进行监督。但相当长一段时间内，我国都没有实现经常项目可兑换。为什么？因为还有很多工作要做。

（二）经常项目可兑换的实现

我国本来计划在1994年汇率改革后实现经常项目可兑换，成为IMF第八条款国，但当时并没有实现这一目标，而是到1996年底才真正实现。主要原因是，将官方汇率和市场调剂汇率并轨时涉及了一些利益调整问题。当时的"三资"企业，即外商独资、合资、合作企业根据法律可以享受100%的外汇留成，而汇率并轨以后，外汇留成就显不出政策优惠了，这样"三资"企业认为其利益受到了相对损害，因此对改革持观望态度。当然，当时"三资"企业对于中国能顺利实行单一汇率制尚不太有把握。出于吸引外资的考虑，当时一些部门对此也予以了容忍，最后的结果是，1993年12月下旬暂定"三资"企业不参加1994年汇率改革，汇率改革主要是针对国内企业和居民开展。由于缺少外资企业的参与，在国际上就没法声明我国接受IMF第八条款，IMF也不认可我国实现了经常项目可兑换。汇率改革一年以后，外资企业发现并没有什么损失，也不愿意留在新体制之外，便主动要求参加汇率改革。所以直到外资企业加入汇率改革并修改完"三资"企业的有关法规后，我国才于1996年正式宣布实现经常项目可兑换。

在此期间，我国还清理了一系列的法律法规和规章制度，直至最后所有条文与第八条款都没有差距了。可见，即使实现经常项目可兑换，也是一个比较复杂的过程，在下一步推进资本项目可兑换过程中，也涉及大量的法律法规的清理工作，许多相关工作需要提前开展，需要率先达到标准。

（三）亚洲金融风暴的影响

1996年实现经常项目可兑换以后，如何进一步推进资本项目可兑换？是不是拿出一个时间表？我们内部研究过，认为马上给出个时间表可能太仓促了，先缓一缓。但要不要有个大致的工作目标？比如争取在五年左右实现人民币资本项目可兑换。之所以这么提也是基于国际经验，IMF可以提供很多数据资料和国别经验。一方面，大多数国家在实现经常项目可兑换以后，如果实施比较顺利，就有条件逐渐迈向资本项目可兑换。另一方面，一国在实现经常项目可兑换以后，外汇管制的有效性就开始明显下降，各种政策漏洞会越来越多，各类进出口商、投资商、居民、侨民等涉外经济主体会采取很多办法逃避外汇管制。实际上，如果经常项目实现了可兑换，要严格管制资本项目的确是不大容易，所以多数国家都会在经常项目可兑换后，经过一段时间便逐步实现资本项目可兑换。对于部分转轨国家和发展中国家货币可兑换经验的一篇相关研究显示，样本国家在实现经常项目可兑换后，平均用七年左右的时间过渡到了资本项目可兑换，过渡时间太长会出现若干问题。

我国在 1996 年宣布实现经常项目可兑换以后，当时也有记者问及我国什么时候进一步实现资本项目可兑换，但我们没有给出具体的时间表。正当我们研究这个问题的时候，1997 年 4 月份开始，泰国金融市场开始出现问题，亚洲金融风暴爆发了。亚洲金融风暴的一个特点就是问题出在亚洲国家，这些国家的经济体制、宏观管理等尚不健全，微观机制也不够健康，一部分亚洲国家像泰国、韩国等还存在私人部门外债过重的问题。一有机会，对冲基金就开始冲击这些国家的金融市场，而且是同时在汇市、股市、股指期货、外汇期货等多个市场发动冲击。这些国家的外汇储备禁不起冲击，很快就垮了，最后不得不求助于 IMF。IMF同意提供援助，但同时提出了一些条件，其基础是所谓的"华盛顿共识"，核心内容是主张发展中国家需要走自由市场经济的道路。

IMF 的主张使本来就饱受金融风暴冲击的这些亚洲经济体进一步采取紧缩政策，一些国家如印度尼西亚、韩国等的民众对IMF 非常不满意，有的甚至进行了抵制，香港特别行政区还进行了"保卫战"，当时也受到了 IMF 和部分西方国家的批评。但通过这种做法，人们发现，资本项目管制是抵御风波的一种手段。什么时候再回到资本项目无管制？危机以后再说吧。对我国而言，当时还面临着周边国家货币竞相贬值的情况，我国作为亚洲大国表现了负责任的态度，朱镕基副总理 1997 年 12 月与新西兰总理会谈时，明确宣布人民币不贬值，支持亚洲国家渡过难关。众所周知，在当时的情况下，我国自身遭受金融风暴的冲击也比较严重，宏观经济本身就遇到了很大困难，平衡国际收支有难度，国内还发生了广国投破产、海发行关闭等一系列事件，国内金融稳定形势比较严峻，但还是宣布了人民币不贬值。为此，资本项目可兑换进程就不得不暂停了。

对亚洲金融风暴这段经历，还有很多故事、很多内容可资发掘。应该说，中国在这次风波中遭受了不小的冲击，也经受住了考验。这一仗打完了，就应该进行必要的总结，哪几招是出对了，行之有效；哪几招不是那么有效果，需要分析和汲取教训。但实际操作中不太好办，同一件事情在不同情况下往往有很多解释，作出客观判断也很难。2008年以来的这一轮国际金融危机，也有类似的情况。危机后酝酿、出台了大量的改革意见和政策措施，其中，哪些是肯定无疑的？哪些可能还有争论，需要进一步研究论证？对此，很难有统一的意见，甚至有很大的争论。因此，对金融危机的经验教训以及应对危机的政策措施，需要总结，但还不能过早、轻易地下结论。对亚洲金融风暴的回顾和分析也是如此，总体看，我国国内对这场风波还缺少系统全面的评估和总结，特别是对于普通公众和不从事经济工作的领导干部而言，这场金融风暴只是给他们留下了一些比较通俗的印象。

总之，由于亚洲金融风暴，人民币资本项目可兑换进程被暂时搁置了。当时的想法是，等亚洲金融风暴过去了再说。

（四）资本项目可兑换的再次提出

亚洲金融风暴的影响很深，亚洲各国复苏的时间也比较长，我国到2001年还有略微的通货紧缩，因此一直无法开始重新考虑资本项目可兑换问题。到2002年下半年，经济复苏迹象终于显得比较明朗，出口开始明显大于进口，外汇储备出现大幅积累，这时才开始再次关注和讨论人民币资本项目可兑换问题。但经过亚洲金融风暴，又出现了一些新的问题需要解决：一是国有企业经历三年脱困期，仍在低谷附近；二是通货紧缩还没有完全消除；三是银行体系的不良资产包袱较重，如果用高标准来衡量，银行不良资产比例可能达 40%~45%（亚洲金融风暴期间，用当时国内的会计和贷款分类标准来衡量，当时我国对外宣称的不良资产比例是 25%）。此外，当时正在开展的广国投破产、粤海重组等工作都需要投入大量的精力。

2003 年 10 月，党的十六届三中全会正式重新提出资本项目可兑换问题，《中共中央关于完善社会主义市场经济体制若干问题的决定》明确提出，"在有效防范风险前提下，有选择、分步骤地放宽对跨境资本交易活动的限制，逐步实现资本项目可兑换"。这里面强调了"有选择"、"分步骤"、"逐步实现"几个词，也没有给出具体的时间表。2005 年，在党的十六届五中全会通过的"十一五"规划建议中进一步明确了"逐步实现人民币资本项目可兑换"，这是中国首次将人民币资本项目可兑换的进程纳入国民经济和社会发展五年规划。当然，由于对资本项目可兑换条件的考虑以及 2008 年国际金融危机，"十一五"期间我国没有大力推进资本项目可兑换。

人民币资本项目可兑换与其他政策改革的配合关系

（一）推进可兑换的具体实践

人民币资本项目可兑换到底需要哪些条件？是不是有一些理论研究成果可资借鉴？检索一下，可以发现相关的研究非常多，但各种学术观点迥异，有很多争论。因此，仅看理论观点恐怕还不行，需要回顾一下对经常项目可兑换所需条件的理论研究和具体实践。

1993 年，我国设计汇率改革并迈向经常项目可兑换时，大多数学术观点认为经常项目可兑换需要四个条件：一是出口行业要充分强大；二是外汇储备要足够多；三是宏观调控成熟、经验丰富；四是微观实体（特别是金融业）比较健康，能够充分响应、灵活调整。

这四个条件听起来很合理，也是理论界研究出来的结论。但理论归理论，实际情况怎么样呢？考察一下各国情况，可以发现，很多国家实现可兑换时并不满足这些条件，实际上更多的是逆水行舟、迫不得已。例如，上世纪90年代中期，波兰出现恶性通货膨胀，通货膨胀率超过700%，其货币兹罗提迅速贬值。在这种情况下，要想把通货膨胀控制下来，唯一的办法就是改革汇率体制。随即，波兰宣布兹罗提与美元挂钩，解除外汇管制。本来波兰公众已经失去了对兹罗提的信心，但一旦当局宣布兹罗提与美元挂钩，同时解除外汇管制，公众可以根据意愿自由兑换，就相当于注入了一剂强心针，重新恢复了信心，随后把通货膨胀控制住了。在这种情况下，根本谈不上什么条件，是逆水行舟。

1993年中国决定汇率改革时是什么状况呢？在80年代末，我国受到一些国家和国际组织的冷眼相待，对外经济困难较多，国内经济问题也不少。同时，外汇储备非常匮乏，在1993年夏季时只有183亿美元，可谓捉襟见肘。这直接导致了市场对人民币的信心不足。在当时双轨汇率制度下，人民币官方汇率已几次贬值，外汇调剂市场汇率则下降得更快。当时还出现了比较严重的资本外流现象，贸易略有顺差，但经常项目结售汇却呈逆差。由于没有建立规范的国际收支统计，国际收支的具体数据也无法满足分析的需要，但事后有研究认为，当时一年资本流出可能高达几百亿美元。鉴于形势比较危险，不得不借助于行政干预，对外汇调剂市场进行限价冻结。但市场总有规避的办法，典型的就是出现了场内场外两套交易、表面合规而在场外补差价的现象。这类似于现在的"阴阳合同"，在场内交易时按照规定签订一个价格，然后再到场外按市场行情补差价。这使得大家认识到，冻结外汇调剂价格也管不住，最后还是下决心进行汇率改革，首先就是取消外汇调剂市场对汇率的冻结。这一解冻政策出台后市场迅速作出了反应，1993年夏天，国内各地的外汇调剂市场价格出现大幅上扬，当然各地情况不一样，海南冲到了1美元兑11元人民币的水平。

这就是当时汇率改革面临的情况。前面所说的那四个理想条件实际上都不具备，汇率改革是出于形势所迫，不改不行。经常项目可兑换改革与此类似，是在对形势、利弊进行分析判断后，最终作出的某种取舍。很多情况下是被迫作出选择，在选择的过程中也必然要面对风险，面对利弊权衡。

对于资本项目可兑换而言，不排除有各项条件都很好、水到渠成的情况，但可能也会有逆水行舟、形势所迫的境遇，或者是一个利弊比较的结果。下面主要探讨几个与推进人民币资本项目可兑换有关联的配合性因素。

（二）可兑换与控制通胀

1993 年前后研究汇率改革和可兑换的过程中有一个因素，就是可兑换对于克服通货膨胀、增强本币信心具有重要支撑作用，这与现在人民币所处的环境不一样。可以再次用前面所举的波兰兹罗提的例子，当其国内发生比较严重的通货膨胀、本币大幅贬值时，尽管可以从多方面分析 CPI（消费物价指数）上涨的原因，如所谓的成本推进型、需求拉动型、结构型通胀等，但终归反映了一个基本事实：就是居民对持有本币缺乏信心，早支出比晚支出好，能购买金银首饰比留着货币好，能兑换成美元比持有本币好。在这种情况下，如果宣布本币可兑换，就可以增强人们对本币的信心，有利于控制通胀。

再看看现在的情况，这次国际金融危机后，发达国家总体上经济复苏不太顺利，还发生了主权债务危机等很多问题，近期虽然也有一些通货膨胀的苗头，但总水平还比较低；新兴市场国家复苏比较快，但通货膨胀水平较高。因此，在政策研究过程中可借鉴上述分析，一方面，本币升值能使进口品价格降低，从而有助于降低国内通胀率；另一方面，汇率靠近均衡水平有助于实现本币可兑换，而可兑换与控制通货膨胀、增强人们对本币信心又有互动关系。

（三）可兑换与人民币跨境使用

当前我们研究推进人民币资本项目可兑换问题，还有一个条件跟以前不太一样，就是人民币在跨境贸易和投资中使用范围的迅速扩大。应该说，这并不是事先设计好的情形，或者说，我们也没有想到情况会发展得这么快。2008年国际金融危机爆发，我国周边一些国家面临着外汇流动性紧张的困难，本币信心受到巨大冲击，韩国首当其冲。为此，我国于2008年12月决定首先与韩国签订本币互换协议。尽管人民币还不可兑换，不是硬通货，实施互换后仍可以增强信心，这对稳定当时韩国的金融局势有帮助。虽然中国外汇储备比较充裕，但当时其实我们也有困难，不知道危机会发展到什么程度，也不知道金融危机会对我国产生多大的冲击。韩国还提出一个问题，就是互换所获得的人民币是否可以在双边贸易和投资中使用？当时韩国资本流出比较严重，而韩国每年要从中国进口大量货物，如果用互换所得人民币去支付，就可以缓解韩国美元的紧张状况。货币互换就是这样开始的，这是我国央行和周边央行签署的第一个货币互换协议，之后又相继应邀与香港、马来西亚、白俄罗斯、印尼和阿根廷等央行（或金融管理当局）签署了双边货币互换协议，仅在一年左右的时间就达到近1000亿美元的规模。随之，人民币开始在跨境贸易中得到越来越多的使用。

政策制定层面对本币互换的作用也给予了重视，也强调了在危机期间我国有责任帮助周边国家，与其共渡难关。到2010年，形势和走向越来越明朗，本币互换和人民币跨境使用开始写入各种相关的改革工作文件，明确要积极试点。在此基础上，人民币跨境贸易结算业务也得到了迅速发展，2010年达到5000亿人民币，2011年还会有更多的增长。

这些至少引出一个问题，就是虽然人民币还没有实现资本项目可兑换，但是一些国家愿意接受并使用，还有一些国家正式提出将人民币作为外汇储备货币，并希望我国为其持有的人民币多提供一些投资机会。总体看，现在对人民币的跨境使用热情渐高，人民币"走出去"发展较快，国内各界对前景比较乐观。但正是在这种情况下，我们要注意其背后也有很多新的挑战。我们要冷静分析，这是不是金融危机期间发达国家经济不景气导致的暂时现象？随着全球经济的复苏、发达国家经济金融状况的好转，会不会将不再对持有和使用人民币那么有热情？对此，还要进一步观察和研究。一个明确的判断是，人民币发展到大规模跨境使用时，必然会要求资本项目可兑换。

（四）可兑换与人民币进入SDR（特别提款权）

经过这次国际金融危机，国际社会都普遍认识到当前的国际货币体系有问题，也希望发达国家、特别是美国以及IMF研究推进国际货币体系改革。IMF一些专家和部分国家，如法国，也主动提出要把人民币纳入SDR。2011年3月末，由法国政府主办、我国国际经济交流中心承办，将在南京召开一次国际货币体系研讨会，会上将提出上述问题，也会围绕着人民币是否加入SDR进行讨论。估计与会者会提出，目前人民币还不可兑换，是否应实现可兑换以后再纳入SDR？也有一些国家可能提出，所谓完全自由兑换，也是近30年西方发达国家才开始全面推行的，而回到30年以前，日元、德意志马克（当时还没有欧元）也并不是完全可兑换的。因此，早一点把人民币纳入SDR没有坏处，人民币迟早会实现可兑换。

人民币到底进不进SDR？这对我国而言是一个诱饵，因为后面紧随着的另一个问题是，人民币要不要按照加入SDR的要求实现可自由使用？IMF对一国货币加入SDR规定了两个条件：一是该国出口货物和服务总量位居所有成员国前列，二是货币应"可自由使用"。第一个条件我们肯定没有问题了，第二个条件还有差距。但什么是"可自由使用货币"？目前IMF也没有明确的界定，也只是有个大致的说法，就是一国货币在国际交易支付中被广泛使用以及在主要金融市场交易中被广泛使用，可通过该种货币在全球官方储备、国际银行业负债、国际债券市场和主要外汇市场交易量中的占比情况来考察。

这涉及对货币可自由使用的理解、可自由使用与可兑换的关系等问题。我们的一个理解是，人民币走向可自由使用，主要是指扩大人民币在贸易与投资等实体经济领域的使用，而不应过多强调在金融交易中的使用。一方面，人民币应逐步走向可自由使用，主要目的是通过扩大人民币的使用来支持实体经济，促进贸易与投资。另一方面，人民币在金融交易中的使用程度与现行国际货币体系相关，不是我们能够左右的。目前在全球金融交易中使用的主要是美元，虽然近年来有不少观点提出，在石油现货、期货的计价与结算等方面也应使用欧元等其他货币，俄罗斯还提出要用卢布对油气产品进行计价结算，但主要还是取决于占主导地位的储备货币是否愿意让出一点地盘来，其次才取决于其他货币的国际信用程度等因素。

这就是说，即使在资本项目未完全兑换的情况下，仍可以推进人民币可自由使用。在实践中，IMF 应对于货币是否可自由使用作出更新、更明确的解释。从此次金融危机看，应更加注重支持实体经济的可自由使用，并研究给出资本项目可兑换的最低要求，达到该要求即表明可兑换，也等同于实现可自由使用，但未必是百分之百的完全可自由兑换。

总体看，人民币在某些金融交易方面的确发展得还不够充分，但是在贸易和投资等实体经济活动中的使用发展较快，人民币距离可自由使用的目标并不遥远。当然，还需要做些努力，不断推进有关工作。当人民币实现了资本项目可兑换，不论别人再定什么样的条件、再提什么苛刻要求，也不能阻挡人民币进入 SDR。

（五）可兑换与汇率

货币可兑换与汇率有必然的关系。如果要推动货币可兑换，不管采用自由浮动汇率制度还是有管理的浮动汇率制度，其汇率均要反映并接近均衡值。如果汇率水平处在远离均衡的区间，就会有过大的价格套利机会，允许货币可兑换就会吸引大量的投机资本进来套利，从而对国内金融市场形成冲击。正因为如此，我国在 2005 年汇率改革时就强调，人民币汇率在合理均衡的水平上保持基本稳定。这句话可以从两方面来理解：一是人民币汇率如果达到了某个合理均衡水平，就会保持基本稳定；二是人民币汇率已处于合理均衡水平，当前应保持人民币汇率基本稳定。

近年来，我国在促进人民币汇率达到合理均衡水平方面做了很多工作，从2005年汇率改革至今，人民币对美元汇率已经升值了很多。人民币汇率的均衡水平究竟在哪里？需要深入研究其判据。政策取向已经非常明确，在2007年的经济工作方针中就正式提出要减顺差、促平衡，温家宝总理在2010年中央经济工作会议上再次强调要扩大内需，减少不平衡，进一步推进结构改革和汇率改革。这是我们努力的方向。

当汇率接近均衡时，实现资本项目可兑换的不少顾虑将会自动消失，比如，当前人们担心资本大量流入、外汇储备过快增长、对冲压力加大、助长通货膨胀等。有些分析往往习惯于用"现在时"，而不习惯于用"将来时"。当我们接近均衡时，资本流动会是双向的，汇率波动也是双向的，而不再体现为单向升值预期。那时，需担心的将是一些新的问题。

（六）关于"四位一体"的说法

国内一些学者在研究资本项目可兑换问题时，使用或隐含使用了"四位一体"的概念，即把人民币资本项目可兑换、自由浮动汇率、全面解除外汇管制和本币国际化四个概念看成是互为充要条件、缺一不可的。所以在进行利弊比较分析时，把由汇率自由浮动、货币国际化及解除外汇管制等引发的问题全归结于资本项目可兑换。应该说这四个概念有较大的关联性，但这四个概念的内涵是有区别的，并不是一回事。这就是说，在研究资本项目可兑换的利弊时，不能把自由浮动汇率、人民币跨境使用、取消外汇管制与资本项目可兑换不加区分地当成一件事来讨论。

可兑换是不是就一定要实行自由浮动汇率制度？也不一定。港币实行盯住美元的联系汇率制度，港币汇率没有自由浮动，但港币是可兑换的。而且香港经济的自由程度非常高，国际上关于市场自由度评比排名中香港经常是排第一位的。还有一些国家实现了货币可兑换，但仍实行有管理的浮动汇率制。

涉及本币国际化问题，首先经济的基本面很重要。比如，一国通胀率高且不稳定，其他条件再好，也不一定能实现本币国际化。其次是本国经济规模的大小。开放型小国无论经济自由化、汇率自由浮动如何提高，本币要想成为国际货币也不大容易。人民币虽然还没实现可兑换，但手中持有人民币确实有用场，现在中国是贸易大国，与世界上绝大多数国家都有贸易、投资往来，拿人民币可以从中国买到各种商品，少数买不到的可通过转口贸易获得，因此，不少国家有接受人民币的意愿。

有关资本项目可兑换与放松外汇管制方面，也要有清醒的认识，外汇管制实际是个程度问题。发达国家很重视反洗钱、反恐融资，重视对那些通过避税天堂的避税行为进行跨境交易监控。不能天真地认为实现资本项目可兑换就等于完全解除监控了，就等于政府什么都撒手不管了。这个问题后面还会讨论到。

总之，这四个概念是有差别的，尤其是在涉及考察资本项目可兑换问题的利弊比较时，不能简单把其他几个政策的问题归于资本项目可兑换。在推进资本项目可兑换的过程中，涉及与上述三个方面的政策配合时，在政策设定上是可以做一些选择的。根据改革进程还可以有不同的优先次序选择，可以形成不同的政策组合。当然，这也导致了一些新的问题，一是我们在可兑换改革上究竟选择什么样的中期模式？二是过渡进程中选择什么样的组合方式和优先次序？也许可以制定大致的路线图和时间表，围绕资本项目可兑换这个目标，对可能涉及的汇率制度选择、外汇管制程度、人民币跨境使用进程等组合和安排进行模拟。

人民币资本项目可兑换的中期目标

如何根据我国国情设定人民币资本项目可兑换的中期目标？或者说，达到什么样的标准就可以宣布人民币资本项目实现可兑换了？在经常项目可兑换方面，IMF 有明确的定义，就是所谓的IMF 第八条款。那么，资本项目可兑换有没有明确的定义或者标准呢？

（一）资本项目可兑换没有严格且公认的标准

IMF 并没有明确给出资本项目可兑换的定义，也没有前面提到的所谓"四位一体"的说法，对这四个概念是什么关系也没有作出明确的说明。到底达到什么程度可算是资本项目可兑换？过去有个说法，叫完全可自由兑换，算是一个最高的标准，但也没有明确的界定。如果有个最高标准算是100%，那么达到70%或80%，是不是就差不多可以称作资本项目可兑换？实际上很多国家就是这么做的。一些中等收入的市场经济国家，出于表现现代化成果或者展示本国经济自由化程度的目的，宣称已实现资本项目可兑换。比如，一些转轨国家出于达到西方市场经济标准和加入有关国际组织的需要，一方面的确是在努力朝可兑换方向推进，另一方面也倾向于较早地宣布本国货币实现了自由可兑换。但如果仔细进行比较和考察就会发现，这些国家货币可自由兑换的程度可能仍有相当的差距；有些国家货币的可自由兑换程度还不如目前我国的水平；甚至有些国家在宣布可兑换后还依旧实行较明显的外汇管制。

当然，这里还有一个很重要的考虑是信心问题。在推进市场化过程中以及应对经济金融危机的时候，信心尤为重要。这既涉及国内公众对本国货币以及政府的信心，也涉及非居民（如国际旅游者、外商投资者）对该国经济的信心，而宣布本币实现可兑换是增强信心的有效手段。对此，IMF在每年的磋商报告或者其他内部报告中会有所评论。实际上，IMF是鼓励自由可兑换这个方向的，希望更多的国家越来越多地走向货币可自由兑换。

IMF没有关于资本项目可兑换的明确定义，也未当裁判员，各国就有自由裁量、自主选择的空间。这次国际金融危机爆发以来，IMF在一些问题上的看法发生了变化。2010年，IMF发表了两篇很有影响力的工作论文[1]。一篇是讨论通货膨胀目标制，认

---

[1] Olivier Blanchard, Giovanni Dell'Ariccia, Paolo Mauro, 2010, Rethinking Macroeconomic Policy, Journal of Money, Credit and Banking, Blackwell Publishing, Vol. 42（s1）, pp. 199–215.

Jonathan D. Ostry, Atish R. Ghosh, Karl Habermeier, Marcos Chamon, Mahvash S. Qureshi, and Dennis B. S. Reinhardt, 2010, Capital Inflows: The Role of Controls, International Monetary Fund, SPN/10/04.

为发达经济体特别是新兴市场国家可把通货膨胀的目标从 2% 向上修正为 4%；另外一篇讨论资本项目管制，认为对资本流动进行一定程度或临时性的管理是必要和合理的。众所周知，过去 IMF 是"华盛顿共识"的主导者，历来不主张对资本流动进行管理，最多只是允许在危机期间实施临时性的外汇管理措施。需要强调的是，对危机期间实行临时性管理措施，这次 IMF 是认可的，也是写入文件中的。当然，另一个原因是，本次危机之前和危机期间发达经济体出现了流动性过剩的情况，而新兴市场国家则面临热钱大举流入、冲击国内金融市场的挑战，已影响了对通胀的宏观调控。

（二）保留必要的监控未必有碍于实现可兑换

对于中国而言，作为转轨中的新兴市场国家，我们很难实现 100% 的自由可兑换，而且这也不是我们所希望达到的目标。但既然要推进资本项目可兑换，就还是要有个明确的目标定位，或者说要研究确定一个适合我们自己的目标，只要达到了这个目标，我们就可以宣布人民币实现了资本项目可兑换。这符合目前各国对于资本项目可兑换各自解释的实际情况，IMF 也不一定会出面对此作出裁决。

为此，下一步我们要研究确定我国实现资本项目可兑换的具体目标和标准。至于在速度上走多快、多长时间能够达到什么样的目标，不必仓促决定，要认真研究论证。在确定目标的过程中，我想有三个原则需要予以明确。

一是有必要对私人和公共对外债务实行宏观审慎管理，防止出现大的货币错配。不管是私人债务还是公共债务，如以外币借债，大多要转为本币在国内使用。在这种情况下，一旦经济受到冲击导致汇率发生大的波动，或者评级下调导致后续债务融资困难，就可能出现偿付问题，进而引发危机。在这方面，有很多惨痛的教训。

私人债务方面，在亚洲金融风暴和这次国际金融危机中都有典型的表现。上世纪 90 年代，泰国、韩国等亚洲国家的私人企业过度举借外债且币种错配，成为引发亚洲金融风暴的重要原因之一。1997 年初，泰国的外汇储备约有三四百亿美元，按照三个月的进口额来计算，这个规模是够用的，不会出现大问题。但实际情况是，泰国国内的私人外债数额巨大，国内许多银行、企业大量借入美元，并兑换成泰铢在国内使用，形成了比较严重的币种错配，一旦问题显露，泰铢汇率剧烈波动，外汇储备迅速耗尽。韩国也是如此，当时韩国的外汇储备并不少，但是金融监管当局没有充分注意到，大企业集团以及商业银行借了许多外债，这些企业和银行举借外债后大多数是换成本币在国内使用，同样导致了货币错配，后来引发危机。本轮危机中，一些东欧国家，如拉脱维亚、匈牙利等国的居民借用外债，即向当地的外资银行借用外币住房抵押贷款（其利率稍低），用于国内买房，受到金融危机冲击后，还贷很难，一些奥地利、瑞士、瑞典的商业银行也遭受了损失，至今尚未完全得到解决。

公共债务方面，货币错配同样能引发类似的问题。一个国家的公共债务主要也都是用于国内支出。从其融资来源看，有在国内向本国投资者发本币债和到国际上发外币债两种途径。这有什么区别呢？通过这次国际金融危机就能比较清楚地看出来。各国的实践表明，如果公共债务主要依靠国内投资者购买本币债融资，即使比例较高，相对而言也不太容易出现大问题。日本政府债务与 GDP（国内生产总值）之比 2009 年就达到 180%，现在已接近 200%，是发达国家里最高的，但日本政府的公共债务尚未出现大的危机，一个很重要的原因是，95% 左右的国债都由日本本国居民部门购买，非居民购买的比例很小。反过来，如果公共债务融资主要依靠外债，情况就不一样了，各种各样的经济问题可能引发财政偿付能力出现问题，信息一旦披露，对冲基金可能首先开始攻击，评级公司也可能很快作出降级的反应，就难以再在国际市场上滚动发债融资。这样，该国的公共债务会面临信心危机，外债比例越高，问题就越严重。

在欧洲，希腊、爱尔兰、冰岛这些国家的一个共同特点就是外债的比例很高。特别是冰岛三家银行既吸收外国的存款，也借外债，遭受金融危机后走向了破产，还拖累了别的国家。希腊国债水平高，且大量国债由其他国家购买。意大利债务余额与GDP之比超过100%，意大利在危机期间无力再采取太多的救助和刺激措施，但其债务中有较多比例是由本国人购买。

可见，不管是对公共债务还是私人债务，从宏观审慎政策的角度出发，有必要对举借外债进行必要的管理，防止由此可能导致严重的货币错配。这就是说，对于私人部门或公共部门举借外债的行为，有必要也有可能加以宏观审慎管理，这么做是出于防范系统性风险、维护经济金融稳定的需要，并不意味着妨碍资本项目可兑换，两者并不矛盾。

二是有必要对金融跨境交易进行必要的监控。目前，有三个方面的监控是国际上认可并达成共识的：反洗钱、反恐融资和防范避税天堂导致的逃税。反洗钱的基础是可疑交易报告制度，并借此对资金往来进行监视。反恐融资方面，在"9·11"事件发生后，美国着力加强了反恐融资行动，对很多跨境交易都予以监视，虽然也引起一些争议和反对意见，但美国强调不这么做就无法有效实施反恐融资行动。在中国，我们把反恐融资与反洗钱工作结合起来一并开展。2004年，中国作为创始成员国，与俄罗斯、白俄罗斯等6国共同成立了欧亚反洗钱及反恐怖融资组织（EAG）；2007年，中国成为金融行动特别工作组（FATF）正式成员；2009年，中国恢复了在亚太反洗钱组织（APG）中的成员地位。

在防范避税天堂方面，在G20（20国集团）伦敦峰会上，法国、德国等欧洲国家都普遍抱怨，危机中各国政府花了巨额资金救助问题金融机构，然而还存在大量通过避税天堂的逃税活动，削弱了应对危机的税收收入，因此强调要整治。比如，美国就明确要对设避税港的交易行为予以监控，主要是通过技术手段对交易进行监控。

这涉及一个技术问题，即对跨境开户需不需要进行管理？是不是允许非居民到境内随意开立账户？香港一贯强调自由市场经济，持有效证件就可以开户，但也有很多发达市场经济国家对非居民开户有一系列管理要求。实际上，账户本身并不重要，在信息技术条件下，这只不过是在计算机里的一个记录项而已，跨境开户管理更多地是为了监控账户的资金往来。这就是说，即使在完全可自由兑换情况下，也可以通过账户管理实现对跨境资金交易的监控，资本项目可兑换并不是什么都不管。

三是有必要对短期投机性跨境资本流动进行适当的管理。经过这次国际金融危机，国际社会普遍认识到，资本流动波动性过大不利于一国宏观经济的稳定，对新兴市场经济体尤其如此。IMF 在 2010 年 10 月提出，为维护宏观经济稳定，各国对资本项目进行一定程度的管制或采取临时性的管制措施是合理的。目前，这一认识还没有成为 IMF 的正式政策。欧洲、美国也没有从本质上加以反对，但仍然强调对资本流动进行管理的实际成效不大，只应在特殊时期作为临时手段。新兴市场国家则把管理的范围放得宽一些，这种做法也有其道理。人民银行的观点是，对短期的投机性资本流动理应进行管理。总体上说，目前认识还存在分歧，需要进一步研究，但至少有一点大体上是有共识的，就是对热钱或者说是短期投机性资本流动进行适当的管理，并不违反 IMF 资本项目可兑换的要求。

经过上述分析，我们就大致有了一个关于推进我国资本项目可兑换的目标区间。资本项目可兑换并没有明确的标准，如果不采用百分之百完全可自由兑换的概念，我们可以在一定的多维区间内，拟定人民币资本项目可兑换的目标，并按照上述几个原则，有计划、有步骤地往前推进。这样，我们就会发现，人民币距离实现可自由兑换的目标并没有那么遥远。从目前情况看，真正还有一定距离、也是我们要花工夫研究推进的，一方面是个人资本项目，包括放宽居民个人对外投资的可兑换和允许非居民个人在境内进行投融资的可兑换；另一方面涉及证券投融资领域，也就是资本市场活动的开放问题。

距离人民币资本项目可兑换有多远？

1978 年 12 月，党的十一届三中全会作出了在自力更生的基础上，积极发展同世界各国的经济合作，努力采用世界先进技术和先进装备的重大决定。1982 年 12 月，对外开放政策被正式写入我国宪法。1993 年 11 月党的十四届三中全会明确提出，我国要"发展开放型经济，使国内经济与国际经济实现互接互补"。搞开放型经济，就必然要在有关政策方面作出支持，人民币资本项目可兑换方面也是如此，虽然还留有一些管制，但总体上要体现和配合发展开放型经济的需要。从实践看，我们也是一直在朝这个方向努力。十四届三中全会是 1993 年召开的，之后我国于1994 年开始实施汇率改革，1996 年宣布实现经常项目可兑换。人民币资本项目可兑换方面，由于受到亚洲金融危机和这次全球金融危机的影响，同时也考虑到国内金融改革的一些因素，其进程有所延缓，但从其实际效果看，货币兑换的方便性还是取得了很大的进展，并已经体现在我国对外贸易、投资和其他国际经济往来的方方面面。

在贸易领域，我国作为世界贸易大国，进出口贸易额已是全球第二位，恐怕在不久将成为世界第一大贸易国。从进出口贸易额与 GDP 的比例看（这一指标通常被解释为对外贸易依存度），成熟市场经济大国的这一比例一般都比较低，如美国、日本基本维持在 20% 左右的水平（日本有少数年份稍高，接近 30%），英国和法国在 40% 左右，很少超过 45%。我国则相对比较高，2003 年我国对外贸易依存度首次超过 50%，到 2005 年开始超过60%，目前在 50% 左右。在投资领域，2003 年我国吸引的 FDI（外商直接投资）超过 500 亿美元，首次成为全球吸引 FDI 最多的国家。现在每年吸引的 FDI 大概在 1000 亿美元左右的水平，位居世界前列。同时，伴随着近年来支持"走出去"，我国对外投资发展也很快，规模不断增长，达到数百亿美元的水平。不仅如此，近年来我国对外经济活动全面拓展，海外留学人员、海外工程承包和劳务合作规模都非常大，与很多国家形成了非常紧密的技术、经济合作关系。同时，我国与世界各国人员往来日益频繁，每年经海关统计的进出境人员规模已接近4亿人次，相应地带动了大量的经济往来和资金流动。此外，我国还有5000万左右的海外华人华侨，侨汇数量颇具规模，据世界银行的统计也是位居世界前列。

总体看，这么规模巨大的对外经济活动能够顺利开展，应该说当前我国对外贸易、对外投资和其他相关领域的管制已大大减少，开展各种对外活动已是很方便了，特别是在外汇管理方面已大幅度便利化了。在人民币资本项目可兑换方面虽然还有一些限制，但其自由度实际上已不低了，超出了很多人的想象，否则就不可能支撑实体经济目前所具有的开放程度，一些国际比较研究也有类似的结论。下一步，剩余的资本项目管制也必然要进一步配合经济的对外开放度，这不仅是适应开放型经济发展的要求，也是资源配置优化的需要。如果还是管制过多、过细，不仅管理成本很高，而且操作上也达不到预期的目的。如投资项下的资金往往可以改头换面，成为贸易项下的资金流动，从而规避管制。

从储蓄率角度看，我国是个高储蓄国家，储蓄率已达50%左右，超出了国内投资需求。根据国民收入恒等式，储蓄率超出国内投资需求的部分就必须通过"走出去"的方式消化，要么成为外汇储备投出去，要么走民间对外投资的方式出去。从这个角度看，我们不怕推进对外投资，主张并支持国内资本"走出去"，更好地实现内外经济平衡。只不过，我国对外开放、特别是对外投资的时间相对短了一些，实践经验还比较欠缺，管理部门担心老百姓上当受骗，蒙受过大的损失。从道理上讲，私人部门开展对外投资、使用更多的外汇，有利于提高对外投资效率，比集中起来由国家去做更好。因此，在这一政策目标上没有担心资本外流的障碍。

在外国人到国内金融市场投资方面，过去国内金融市场不太成熟，市场主体不够健全，近年来已经有明显改善。当然与成熟市场相比，还需要进一步提高，但差距越来越小，因此对外来资本也不是那么惧怕了，事实上一部分金融市场的产品已经对外来投资者开放了。部分发展中国家通过开放本国金融市场来吸引外国资本，有一些成功的例子，而我国主要注重吸引 FDI，同时已经在着手研究其他投资渠道，应该说不是很困难的事情。

如果我们认识到人民币资本项目可兑换并不等于百分之百的可自由兑换，可以有所保留并进行必要的监控，那我们就可以进一步得出：我国实现人民币资本项目可兑换尽管还有很多工作要做，要继续努力，但距离可兑换已经不太远。IMF 的研究报告曾指出，转轨国家和发展中国家一般在宣布经常项目可兑换平均约七年后，进一步实现了资本项目可兑换。我国从 1996 年宣布经常项目可兑换以来已走过了 15 年，这无疑与我国经济改革发展情况比较复杂、又先后经历了亚洲金融风暴和这次全球金融危机有关，经过这么多年，应该说我们已经迈出了相当的步子，经历了不少磨炼，离下一个目标已不那么遥远，有条件进一步推进。当然，还不可避免有一些疑难问题，不可小视，相关政策措施的制定、出台要谨慎周密，防止出现大的风险。

资本市场开放问题

在资本市场开放这个领域，近十年来我们也做了很多工作，如研究出台了合格境外机构投资者制度（QFII）和合格境内机构投资者制度（QDII），这表明，我们在资本市场投资领域并不是完全封闭管死，也已经有适当放开的渠道了，只是为了慎重起见，开放的程度还没有那么高。

在此先举一个印度的例子。作为新兴市场国家，印度也强调一定的资本管制是必要的。印度早在十多年前就出台并开始实施卢比可兑换计划，但也是因为各种原因未实现 100% 自由化，还留了一定程度的限制。2007 年，印度又推出了一个新的计划，叫"卢比更加可自由兑换计划"，印度央行的解释是，卢比过去也实现了可兑换，但还留有少量限制，这个"卢比更加可自由兑换计划"将使印度卢比的可兑换程度更高，限制更少。至于卢比当时的资本项目可兑换状况，印方提出赞同 IMF 的观点，即新兴市场国家需要对资本项目保留一定的管制，印度当时的做法是，股票市场对外放开，但保留对非居民股票账户的管理，以及对非居民投资债券市场的管制 ①。

在我国，这么多年来我们在开放股票市场方面一直非常谨慎。限制国内居民投资境外股票、债券、基金等金融产品，一种考虑是境内机构和居民在涉外投资方面经验不足，风险管理能力较弱，所以担心他们上当受骗。限制非居民投资国内股票市场，则主要是考虑到境外资金投入国内股票市场后对其资金流向的监控难度较大，很难防止这些资金流入房地产等其他领域。当然，境外资金需要通过在国内开设账户才能进来，可以通过对账户的开设、管理和监测来监控资金流向，任何资金的交易必然要在账户上留下痕迹。对于前述印度的例子，也存在这个问题，印度对非居民放开了股票市场，同时却又不允许非居民自由投资国内债券市场，但如果境外资金进入股票市场后转手换成卢比，成为卢比账户下的国内资金，再来购买国内市场的债券，这要不要管理？怎么管理？应对这个问题，目前已有可资借鉴的做法，主要还是要在账户上进行管理，要对与股票市场交易有关的非居民账户进行管理。这样，就会在很大程度上缓解资本项目可兑换所需面对的不少担忧和问题。

除了上述考虑，股票市场的开放还涉及其他一些问题。比如，股票市场本身比较容易出现短期投机性炒作，尤其是在当前我国股票市场发展还不够成熟情况下，还存在价格操纵、内幕交易等问题。但这些问题实际上是国内的金融监管水平问题，即使这个市场不开放，也是要加强监管和防范的，监管水平的内功要努力练好。此外，还涉及金融衍生产品交易的开放问题。在资本市场开放过程中，衍

---

① 2011 年 12 月，卢比已连续多月贬值，印度储备银行放松了对非居民投资股票和债券的管制。

生产品交易的开放要非常谨慎，必须与金融监管的水平相适应，确保有个先期试点和逐步承受的过程，否则容易出问题。在发达金融市场，金融衍生产品千变万化、层出不穷，对于那些比较复杂、在监管上我们还不是太有把握的衍生品，首先我国不会轻易允许其开办国内交易，其次对非居民参与境内交易会作出必要的限制。事实上，发达国家在金融衍生产品及其市场监管上也会栽跟头，这次国际金融危机就是一个教训。而且，我国高度强调金融为实体经济服务，某些与实体经济关系不大的衍生产品在国内难有立足之地。此外，还涉及国内居民能否在境外金融市场发行筹资的问题，不少国内公司已在海外上市融资，但运用其他金融工具还比较少。这有一个不断成熟的过程，也有防范货币错配的问题，但不构成对资本项目可兑换的大的障碍。

预估可兑换进程中会出现的疑难问题

下一步，应更有预见性地推动资本项目可兑换进程，使这项工作的路程尽可能顺畅一些。其中，还存在哪些特别需要注意的要点、难点问题？

（一）做好基础工作

回顾我国推进经常项目可兑换的经历，1996年我国宣布实现经常项目可兑换后不久，亚洲金融风暴爆发，如何防止我国遭受太大的冲击？虽然我国经常项目已经放开了，但资本项目还不可兑换，当时我们认真开展的一项重要工作是，严格区分经常项目和资本项目，分别逐项细化经常项目和资本项目各自的内容，区分哪些项目可以自由兑换，哪些项目只能适度放开，哪些项目要予以严格管制。这样，既理清了可兑换的内容，又可以相应地采取针对性措施，有效防止出现大的漏洞。同时，还按7大类40项梳理了当时人民币可兑换的程度和今后推进各层次工作的难易程度，以及若对现有政策进行调整，应如何推进相关工作等配套方面的问题。当时经梳理后形成了一个认识，与现在我们的看法基本一致，就是人民币可兑换真正需要推进的领域，可能主要还是集中在对国内居民对外投资逐步、适度松绑方面，以及有关国内资本市场开放等方面。这是我们今后要深入研究的两个重点问题。

在推进资本项目可兑换过程中，要转变思维，有前瞻性，对可能出现的问题要有思想准备。

第一个思想准备是，改革必然付出代价。在推进改革开放的进程中，不可能没有痛苦、没有副作用、没有一点未曾预料到的消极面。改革转轨是一种体制向另一种体制的大转变，在转轨过程中，制度安排会经历不同程度的混合交错，就必然会有漏洞。比如，我国农产品、日用品以及工业品流通体制改革过程中，都经历过双轨制运行阶段，计划体制和市场体制同时运行，这一方面使我国能渐进式地从计划体制向市场体制转变，另一方面也产生了一大堆问题，如批条子、索取贿赂等寻租现象，以及商品倒卖、走私、社会不公平等问题。同样，推进资本项目可兑换必然涉及一些制度调整，无法避免出现过渡性漏洞，这也不只是可兑换进程本身会遇到的问题，其他相关的领域如推进人民币跨境使用、汇率形成机制改革、利率市场化改革等过程中都会遇到类似的问题。所以，我们要正视改革可能付出的成本，做好充分的思想准备，在更高的层次上进行利弊比较，并作出合理的取舍。

第二个思想准备是，正确认识套戥行为。套戥这个词在英文里叫 Arbitrage，国内通常翻译为"套利"。在改革开放的过程中，会出现很多差价，如金融市场的利差、商品市场的价差、外汇市场的汇差等等。一旦存在这些差价，就会有人进行投机牟利，因不限于套取利差，香港用的词是"套戥"，比"套利"的面更宽泛。在改革开放初期，套戥行为广泛存在于商品流通领域，各个地方之间、内贸和外贸之间商品价格往往都不一样，所以就产生了很多搞长途贩运的"二道贩子"，通过吃差价牟利。当时曾以"长途贩运、投机倒把"、"流通领域中的不正之风"等罪名予以打击，后来思想解放了一些，认识到长途贩运也没那么坏，至少可以拉平价格差异，促进竞争，所以政策上也逐渐放开了。这是最初级的套戥行为。

随着市场经济日益发展，套戥行为更多地发生在金融市场上，如股票、债券、衍生品等市场，并存在更复杂的跨市场套戥和政策套戥。应该看到，在金融市场上，套戥行为无处不在，套戥既是投机者获利的机会，很大程度上也是市场自身走向合理化的动力。近年来，外汇市场、银行间市场在不断地向投资者提供新的投资和避险工具，在国务院文件中也明确提出金融市场要给投资者提供更多的管理风险工具。既然如此，我们就不要过于担心套戥行为，不要过于强调和追究套戥行为的投机性以及有关的政策漏洞，不能由此就对改革的方向和政策予以否定。在改革的动态进程中，不可能在每一步上都实现严密的配套，存在套戥机会是不可避免的，但只要改革继续向前推进，有些套戥机会是短暂即逝的。我们要充分认识到问题的复杂性以及改革进程出现反复的可能性，努力防止出现太大的漏洞，更要防止因为这些原因导致改革停滞，甚至走回头路。

（二）双重价格问题

还有一个难点涉及双重价格的利益问题。这个问题在我国改革开放的历史上也有不少经验教训，有很多生动的例子。

一个例子是比较早期的外汇市场价格双轨制。1994年汇率改革之前，人民币汇率是官方价格和外汇调剂市场价格并行，并主要通过外汇留成比例来调控相关的利益关系。如为了吸引外资，"三资"企业可以享受100%的外汇留成；为了鼓励机电产品出口，机电产品出口收汇可享受100%的留成；其他各类产品各有相应的留成比例，如纺织品享受某一个中间水平的比例留成，石油等资源性产品的留成比例更低一点。由于实行价格双轨制，这种差别化的留成比例就意味着企业可以通过留成转让或外汇调剂市场获得差异化的收益，从而形成了某种利益组别。1994年汇率改革将官方汇率与市场调剂汇率统一起来，就意味着某些组别持有较多外汇留成的既得利益将不复存在，因此改革遭到了一些抵制，"三资"企业一度不参加汇率改革。

另外一个与之相似的例子是1994年汇率改革前夜的外汇兑换券。按照汇率改革方案，汇率并轨后即取消外汇兑换券的流通和使用，但实际执行时遇到了很大的阻力。到了 1993 年 12 月下旬，离宣布汇率改革已没有几天了，一些享受兑换券的部门或商户非常强烈地提出反对意见，差一点就动摇了汇率改革的决心。为什么呢？还是因为双重价格所导致的利益差别。兑换券的意义之一在于，国内外汇指定商店（主要是友谊商店和出国人员服务部）的利益和大件商品购买指标及其价格上的优惠。取消兑换券就意味着大件商品指标和价格优惠的作废，那友谊商店和出国人员服务部以后还有什么优势？库存商品可能导致的损失怎么处理？以前一些寄售商品（如洋烟、洋酒等）因提价而导致其优势不复存在，等等，总之他们提出了一大堆问题，由此对改革提出强烈的质疑和反对。最后，我们不得不做了很多工作，研究出台了一些过渡性的办法，也包括个别妥协让步，总算按时宣布了汇率改革。

可见，双重价格及其改革涉及既有利益的分配和调整问题，往往使问题复杂化，容易成为改革的阻力，是改革面临的一个难点问题。总体看，双重价格问题现在基本上都解决了，当然还存在极个别的双轨制价格。真正需关注的是股市上的双重价格现象，主要是证券市场 A 股、B 股和 H 股的同股不同价问题。

按照目前的汇率换算，我国同一上市公司发行的股票在 A 股、B 股和 H 股市场上的价格存在差异，一旦实现资本项目可兑换，资本市场就不可能再相互隔绝，也不可能再出现持续的同股不同价现象了。在此过程中，持有高价股的投资者就将面临损失，而这种损失并不是他初始投资决策造成的，而是政策改革带来的，因此这些投资者就必然会不满，会提反对意见。另一方面，也有因此而获益的，还会有一些投机者在此期间进行大规模套戥，获得可观的、往往被视为不正当的收益，这部分赚了钱的人通常会"偷着乐"，而不会站起来为改革欢呼。因此，舆论是不对称的，这种情况肯定会引起国内对相关政策的批评声音显得比较强烈。如果还有外国投资者卷入其中，舆论将更加复杂，批评和反对声音就会更显得强烈。所有这些，都可能对下一步推进资本项目可兑换形成很大的阻力，我们要着力加以研究解决这类难点问题。

怎么解决这个问题？有两种可能的过渡途径。一种可能是提前使双轨价格逐步趋同。这首先需要设计、建立不同市场上同一产品的有序套戥机制以及登记公司的后台联通和转换机制，实现不同市场中同一产品之间的可转换。由于市场价格总是动态变化的，在变化过程中，一旦某些产品在不同市场上的价格比较接近，比如其价格差异低于某一事先设定的幅度时，就及时启动联通和转换机制，通过适度套戥行为，实现同股同价。

第二种可能是直接宣布可兑换进程。由当局设计好可兑换路线图和时间表后，提示出不同市场同一产品价格必将自动趋同。当然，这也需要提前做好建立联通和转换机制的基础性工作。1994年汇率改革就采取过这种方式，由政府直接宣布按照1美元兑8.7元人民币的基准汇率，从而实现汇率并轨，取消兑换券和外汇留成。商户和公众都有先有后地认识到价格将走向合一，有些投机意识比较强的投资者还提前做了一些套戥动作。1993年8月，决策层曾决定由1美元/8.8元人民币的价格起步实施汇率改革，消息出去后，有些人开始有套戥行为，一度失控的预期也得到抑制，结果是汇率并轨进展比我们预想的还快，外汇供求关系朝有利的方向变化，1994年1月1日宣布汇率改革时的价格有所下降，为1美元/8.7元人民币，甚至有人提出以1美元/8.6元人民币的水平起步也已可行。为什么呢？这里面有个机制，就是一旦宣布了汇率改革，释放了明确的信号，官方价格和调剂市场价格就往同一个方向收敛，人们手中持有的外汇留成倾向于尽早出手，卖个好价钱。这样，就使市场供求关系发生改变，价差不断收窄，改革的成本也随之降低，进一步驱动市场价格的调整和趋同。最后在宣布汇率改革时，由中央政府出面，按照预先设定的价格水平稳定价格。由于1993年夏天时我国外汇储备比较少，当时还有个考虑，如果汇率改革消息出去后市场反应积极、价格合适，就可以买入一些美元，增加外汇储备。结果1993年下半年买入了50亿美元，也使外汇储备上升到230亿美元。同时，顺利将汇率并轨的起步价格定在了8.7元的水平。如果不买入这50亿美元，并轨的起步价格可能就更低一些。

如果采取政府直接宣示的方式，就应认真研究汲取以前的经验，设计好路径，确定合理的价格水平，适时释放信号，引导境内外市场的价格向同一水平收敛，使价差逐步收缩，降低政府的政策负担和成本，最终实现市场价格合理化，实现同价化。在这个过程中，由于涉及利益调整比1994年汇率改革大，一部分人将承受损失，也有一部分人因此获利，加上舆论的不对称性，不可避免会受到指责和批评，特别是在网络时代，批评声音可能会很大。因此一开始就要设计好路径和政策措施，某种程度上这也是一种艺术，要处理好时点的选择、价格水平的走向等各种因素，实际上就是处理好改革与利益调整的关系。

人民币资本项目可兑换是《"十二五"规划纲要》中提出的任务，我们要抓紧研究、认真落实和稳步推进。当然，也不必操之过急，这至少是一个中期计划，人民银行作为主管部门，需要尽早研究部署。希望学术界对这个题目深入开展研究、思考、争论和论证，对推进资本项目可兑换的条件、目标、路径，以及所涉及的一些难点、重点问题进行深入研究，早作准备，从而使我们在"十二五"期间推进资本项目可兑换工作时，尽可能步子更大一些，争取利大弊小，少摔跟头，一路顺畅，更好地完成这项任务。

我国加快资本账户开放的条件基本成熟 [*]

中国人民银行调查统计司课题组 [**]

资本账户开放过程是一个逐渐放松资本管制，允许居民与非居民持有跨境资产及从事跨境资产交易，实现货币自由兑换的过程。资本账户开放的标准本身也在不断放宽。由于 IMF 在这方面的研究最早最深入，其界定的资本账户开放标准基本得到各国的认可。在 1996 年之前，按照 IMF《汇兑安排与汇率限制年报》的定义标准，只要没有"对资本交易施加支付约束"，就表示该国基本实现了资本账户开放 [①]。在 1997 年亚洲金融危机爆发后，IMF 将原先对成员资本账户开放的单项认定，细分为 11 项 [②]。如果一国开放信贷工具交易，且开放项目在 6 项以上，则可视为基本实现资本账户开放 [③]。在 2007 年国际金融危机爆发后，资本账户开放标准进一步放宽 [④]。可见，资本账户的开放并不是完全放任跨境资本的自由兑换与流动，而是一种有管理的资本兑换与流动。

国际经验表明资本账户开放总体利大于弊

资本账户开放有利于经济发展。根据比较优势理论，资本在

---

[*] 本文于 2012 年 2 月 23 日发表在中国人民银行网站上。

[**] 课题组负责人盛松成系中国金融四十人论坛特邀成员、中国人民银行调查统计司司长；课题组成员：徐诺金、闫先东、朱微亮。

[①] 《汇兑安排与汇兑限制年报》(*Annual Report on Exchange Arrangements and Exchange Restrictions*) 的一项指标 "Restrictions on payments for capital transaction"。

[②] 即通常所谓 7 类 11 大项 40 子项。

[③] Stanley Fischer, at the Conference on Development of Securities Markets in Emerging Markets, Oct. 28, 1997.

[④] 根据《Evalution Report：The IMF's Approach to Capital Account Liberalization》报告，对短期外债征税（如巴西）、对非居民存款的准备金要求（如智利、哥伦比亚、泰国等），以及在特定时期将资本管制作为临时性的宏观审慎管理工具（俄罗斯对资本外逃的管制），均得到 IMF 某种程度的认可。

全球范围内自由流动和优化配置，能提高资本效率，并产生最大的经济效益。资本账户开放也能使资本在全球范围分散风险，而不把"所有鸡蛋放在同一个篮子里"。资本账户开放还能促进对外贸易发展。而且，由于各国人口年龄结构不同，人口抚养比低的国家往往储蓄率较高，资本账户开放能使这些国家将盈余的储蓄资金贷给资金缺乏的国家，而到人口抚养比提高时不降低消费水平。尽管在实证方法、实证数据以及变量选择等方面有所差异，但绝大部分实证结果表明，资本账户开放能显著地促进经济增长（见表1）。

表1　资本账户开放与经济增长的文献综述

研究文献	国家样本数	资本开放指标	被解释变量	估计方法	主要结论
Quinn（1997）	58	△ Quinn	人均收入增速，1960~1989 年	面板，OLS	资本账户开放显著促进人均收入增长
Klein, Olivei（1999）	67	Share	人均收入增长，1976~1995 年	面板，工具变量法	资本账户开放促进金融深化，进而促进经济增长
Edwards（2001）	62	△ Quinn，1973~1988 年	人均收入增长，1980~1989 年	面板，加权 OLS	资本账户开放显著促进经济增长
Arteta, Eichengreen, Wyplosz（2001）	59	Quinn，△ Quinn	人均收入增长，1973~1981 年	面板，OLS	在长期中，资本账户开放显著促进人均收入增长，但短期不显著
Chanda（2001）	57	Share	人均收入增速，1975~1995 年		资本账户开放显著促进经济增长
Klein（2003）	84	Share 或 Quinn	人均收入增速，1976~1996 年	面板	对中等收入国家效果更为显著

注：1. 根据《汇兑安排与汇兑限制年报》，Quinn 指标的取值分别为 0（严格管制）、1（有数量或其他管制）、2（存在较重的资本交易税）、3（较轻的资本交易税）、4（无约束）。

2. Share 指标是指资本开放的时间与研究样本的时间的比例。

资料来源：Hali J. Edison, Michael W. Klein, Luca Antonio Ricci, Torsten Slok（IMF staff paper, Vol 51, NO.2, 2004）。

相反，资本管制会扭曲市场行为，并且管制效果有限。资本管制实质是政府干预市场，是一种变相的金融保护主义，容易产生道德风险。管制的结果或者是国内金融市场竞争过度，或者是国际金融市场竞争不足，或者两者兼而有之。资本管制常与固定汇率政策搭配，常常导致"输入型"通货膨胀或通货紧缩。资本管制也人为地割裂国内、外资金流动，使资金使用效率低下，资金成本提高，资金市场风险增加。

美国、德国的经验教训表明，资本管制的效果有限。在 20 世纪 60 年代末，由于越战升级和实施"伟大社会计划"（包括增加公共教育和城市基础设施投资），美国政府开支增加远超过其收入增长，经常账户由盈余转为赤字，大量资金由美国流向德国。为维持布雷顿森林体系下的固定汇率制，美国联邦储备系统（以下简称美联储）一方面紧缩货币，提高利率，导致国内利率高于《Q 条例》[1] 的存款利率上限，引发"金融脱媒"现象和金融创新浪潮；另一方面实施资本管制，导致美国银行通过欧洲分行借入美元存款，刺激欧洲美元市场加速发展。联邦德国则通过资本管制阻碍资本的大幅流入，但效果也不理想。据 Koffergesch 估计，1973 年跨境非法实物交易和海外非法借贷分别达 40 亿和 70 亿德国马克，合计占同期德国 GDP 的 1.2%，高于其经常账户顺差规模（同期经常账户顺差 /GDP 比例约为 1%）[2]。

资本管制可能在短期内约束资本流动，但不能从根本上改变因经济失衡带来的资本流动。而且随着金融市场发展，金融产品创新，市场之间、国别之间的限制不再严格，绕开管制的渠道越来越多。同样，宏观调控当局也可创新调控工具，来替代资本管制。20 世纪 80 年代，欧洲国家采用三岔式方法[3] 应对汇率波动，阻止外汇投机，效果明显优于资本管制。

积极推进资本账户开放是我国经济发展的内在要求

一是我国资本账户开放已取得较大进展。自改革开放以来，我国采取渐进式的方法推进资本账户开放。1993 年，我国明确提出，"中国外汇管理体制改革的长远目标是实现人民币可自由兑换"[4]。

---

[1] 1929 年后，美国经历了经济大萧条。为此，美联储颁布了一系列金融管制条例。《Q 条例》即其中的第 Q 项规定，内容包括银行对 30 天以下存款不付息、存款利率有上限以及其他金融机构不得进入存款市场等。1980 年，美国国会通过了《解除存款机构管制和货币管理方案》，进行了利率市场化改革，分阶段废除了《Q 条例》。

[2] Age Bakker, Bryan Chapple：《发达国家资本账户自由化的经验》，国际货币基金组织出版，2005。

[3] 同上。以巴塞尔 / 尼伯格协议而闻名，包括（1）运用利率保护汇率，（2）灵活利用中心汇率的波动幅度，在外汇市场上创造双向风险，（3）相对小幅且偶然的汇率再调整。

[4] 胡晓炼：《陆家嘴金融论坛讲话》2008 年 5 月 9 日。

2003 年，中国共产党十六届三中全会通过《中共中央关于完善社会主义市场经济体制若干问题的决定》，进一步明确，"在有效防范风险的前提下，有选择、分步骤放宽对跨境资本交易活动的限制，逐步实现资本项目可兑换"。2010 年 10 月，十七届五中全会决定，将"逐步实现资本项目可兑换"目标写入"十二五"规划。2012 年，中国人民银行行长周小川撰文进一步解释，"中国尚未实现但不拒绝资本项目可兑换"[①]。

近年来，我国资本账户开放步伐明显加快。2002~2009 年，我国共出台了资本账户改革措施 42 项。外汇管理已由"宽进严出"向"双向均衡管理"转变，逐步减少行政管制，逐步取消内资与外资企业之间、国有与民营企业之间、机构与个人之间的差别待遇。

按照 IMF2011 年《汇兑安排与汇兑限制年报》[②]（见表 2），目前我国不可兑换项目有 4 项，占比为 10%，主要是非居民参与国内货币市场、基金信托市场以及买卖衍生工具。部分可兑换项目有 22 项，占比为 55%，主要集中在债券市场交易、股票市场交易、

表 2　中国资本账户可兑换明细

单位：项

相关交易＼可兑换现状	不可兑换	部分可兑换	基本可兑换	完全可兑换	合计
资本和货币市场工具交易	2	10	4	—	16
衍生品及其他工具交易	2	2	—	—	4
信贷工具交易	—	1	5	—	6
直接投资	—	1	1	—	2
直接投资清盘	—	—	1	—	1
房地产交易	—	2	1	—	3
个人资本交易	—	6	2	—	8
小　计	4	22	14		40

注："可兑换现状"包括不可兑换、部分可兑换、基本可兑换、完全可兑换。其中，部分可兑换指存在严格准入限制或额度控制；基本可兑换指有所限制，但限制较为宽松，经登记或核准即可完成兑换。

资料来源：根据 2011 年国际货币基金组织《汇兑安排与汇兑限制年报》英文版中的相关内容进行整理划分。

---

① 周小川：《金融业标准制定和执行的若干问题》，《中国金融》2012 年第 1 期。
② 资本账户管制细分为资本和货币市场工具交易管制、衍生品及其他工具交易管制、信贷工具交易管制、直接投资管制、直接投资清盘管制、房地产交易和个人资本交易管制等七类。

房地产交易和个人资本交易四大类里。基本可兑换项目 14 项，主要集中在信贷工具交易、直接投资、直接投资清盘等方面。总体来看，目前我国资本管制程度仍较高，与资本账户开放还有较大距离。

二是当前我国正处于资本账户开放战略机遇期。开放资本账户有利于我国企业对外投资，也有利于并购国外企业，为获取技术、市场和资源提供便利条件，提高我国企业可持续竞争能力。2008~2009 年国际金融危机重创了西方金融机构和企业，使西方国家经济衰退，失业增加，财政困难。当前西方企业的估值水平较低，道·琼斯指数平均静态市盈率约 14 倍，欧洲主流股票指数市盈率均在 10 倍左右，远低于我国沪、深两市平均市盈率（2011 年分别为 17.6 倍和 31.8 倍），为我国企业提供了难得的市场机会。

开放资本账户有利于推动跨境人民币使用和香港人民币离岸中心建设，推进人民币国际化。从 2009 年 7 月起，跨境贸易人民币使用从无到有，试点范围不断扩大，跨境贸易人民币结算业务迅猛发展。2011 年全年，银行累计办理跨境贸易人民币结算金额 2.08 万亿元，比 2010 年增长 3.1 倍。同期，香港人民币离岸中心建设也卓有成效。截至 2011 年年末，香港地区人民币实际收付累计结算 1.58 万亿元，占境外人民币实际收付累计结算量的 63.7%。香港人民币存款 6273 亿元，占香港金融机构各项存款和外币存款的比例分别为 10.2% 和 20.2%。香港也已成为海外人民币资本市场的定价和交易中心，主导了 CNH 汇率和人民币债券的定价。开放资本账户，拓宽人民币流入、流出渠道，将进一步提高人民币在国际贸易结算及国际投资中的地位，也将进一步促进香港离岸市场的建设，加快离岸人民币金融工具的创新。可以设想，随着人民币国际计价、国际支付以及国际投资等职能逐步加强，人民币成为国际储备货币将为时不远。目前，已有 14 个国家和地区管理当局与中国人民银行签署了双边本币结算协议，涉及金额 1.3 万亿元人民币。

开放资本账户有利于我国经济结构调整。当前我国经济运行中的一个突出矛盾是高储蓄、高投资、产能过剩以及消费水平偏低。随着我国劳动力成本上升，劳动密集型产业竞争力下降。开放资本账户有助于将部分低附加值的产能转移到劳动力更具比较优势的国家和地区，以提升我国产业的整体附加值水平。另外，我国家庭投资渠道相对缺乏，大量储蓄资金不能保值增值。开放资本账户，拓宽家庭海外投资渠道，可促进家庭财富积累，提高我国消费水平。

三是资本管制效力不断下降，扩大开放可能是最终选择。一是非法逃避管制，如低报出口、高报进口，或转移价格利润，或改变交易时间和交易条件。二是通过经常账户逃避管制。事实上，在国际收支中许多项目同时具备了经常账户和资本账户的特性，很难严格区分，资本账户资金往往混入经常账户以逃避管制。三是通过其他资本账户逃避管制。对有些资本进行管制而对另一些不进行管制，容易出现资本管制漏洞。

近年来，我国资本管制的效率不断下降。2006年净误差和遗漏项为流出6亿美元，2007年转为流入116亿美元，2010年流出提高到597亿美元，占当年储备资产变化的12.7%，其中不排除部分资金可能绕过资本管制，流出境外的情况。主要原因在于，一是规避管制的金融工具增多，如贸易品和服务价格转移，境外设立公司对倒，境内外货币互换，全球第三方支付网络，在境外买卖国内资产等金融工具的创新。二是国际收支统计方法滞后、统计力量不足，难以对个人跨境金融资产买卖进行全面统计。三是境内外资金联动加强。从近期香港金融市场人民币兑美元汇率的波动就可见一斑。

资本账户开放的风险基本可控

资本账户开放的前提条件虽然非常重要，但并不是决定资本账户开放成败的绝对因素。一般认为，资本账户开放需要四项基本条件，即宏观经济稳定、金融监管完善、外汇储备充足及金融机构稳健。但这些条件并不是决定资本账户开放成败的绝对因素。数据显示，西班牙在资本账户开放前的财政收支差额占GDP的比重为–30.5%（收不抵支），秘鲁、哥伦比亚以及法国的平均通货膨胀率分别为48.6%、25.7%和10.9%，但这些国家资本账户开放均取得了成功。而泰国经济条件较好（经济增长率为 8.0%，财政收支差额 /GDP 为 2.3%，平均通货膨胀率为 5.6%），但资本账户开放却失败了 ①（见表 3）。

表 3　部分国家资本账户开放的宏观经济指标

单位：%

		时间	经济增速	财政收支差额 /GDP	通货膨胀率	经常账户差额 /GDP
发达国家	法　　国	1972~1975 年	2.7	-0.2	10.9	0
	西 班 牙	1989~1991 年	3.8	-30.5	7.1	-3.3
	荷　　兰	1981~1985 年	1.1		3.8	7.6
	英　　国	1978 年	3.1		8.3	0.7
发展中国家	智　　利	1990~1994 年	7.3	-0.3	17.5	-2.4
	哥伦比亚	1991~1994 年	4.4	-0.4	25.7	-0.4
	印　　度	1991~1994 年	4.4		9.6	-0.9
	秘　　鲁	1992~1994 年	5.6	-3.5	48.6	-6.1
遭遇危机的国家	马来西亚	1991~1996 年	9.6	1.3	3.9	-6.4
	泰　　国	1994~1996 年	8.0	2.3	5.6	-7.1
	墨 西 哥	1990~1993 年	3.9	-0.1	18.6	-5.0
	俄 罗 斯	1995~1997 年	-2.1	-7.5	106.4	0.4

　　显然，所谓的资本账户开放的前提条件是相对的，而不是绝对的。当前，我国资本账户开放的风险主要来源于四个方面，但风险都不大。一是商业银行的资产负债绝大部分以本币计价，货币错配风险不大。表 4 显示，2012 年 1 月底，银行体系各项存款总额达 79.50 万亿元，其中 97.7% 以人民币计价，各项贷款总额达 58.36 万亿元，其中 94.3% 以人民币计价。二是我国外汇储备资产以债券为主，市场价格波动不影响外汇资产的本息支付。2011 年年末，我国外汇储备总额达 3.18 万亿美元，足够抵御资本账户开放后资金流出的冲击。三是短期外债余额占比较低。2011 年 9 月底，我国外债余额达 6972 亿美元，其中短期外债余额有 5076 亿美元，占外汇储备的 15.9%，达到安全水平。四是房地产

---

　　①　1997 年爆发了亚洲金融危机。

市场和资本市场风险基本可控。2010 年，投向房地产业和租赁、服务业的外商直接投资分别为 240 亿美元和 71 亿美元，合计 311 亿美元，只占当年国际收支顺差的 6.6%。资本市场的国外投资更少，截至 2012 年 1 月 20 日，117 家 QFII（合格境外机构投资者）额度为 222.4 亿美元，17 家 RQFII（人民币合格境外机构投资者）额度为 200 亿元人民币。

表4 2012 年 1 月底中国银行体系资产负债构成

负债项	本外币（万亿元）	人民币（万亿元）	人民币计价（%）	资产项	本外币（万亿元）	人民币（万亿元）	人民币计价（%）
一、各项存款	79.50	77.67	97.7	一、各项贷款	58.36	54.98	94.3
二、金融债券	7.59	7.55	99.4	（一）境内贷款	57.24	54.83	95.8
三、中长期借款	0.17	0.00	1.1	（二）境外贷款	1.12	0.16	14.2
四、应付及暂收款	2.62	2.22	84.6	二、有价证券	17.54	17.24	98.3
五、同业往来（来源方）	9.09	7.48	82.3	三、股权及其他投资	1.62	1.46	90.3
六、境外联行往来（来源方）	0.13	0.03	24.0	四、应收及预付款	2.30	1.88	82.1
七、各项准备	1.75	1.67	95.8	五、同业往来（运用方）	8.15	7.16	87.9
八、所有者权益	7.06	6.70	94.9	六、境外联行往来（运用方）	0.43	0.00	0.0
九、其他资金来源	9.05	4.79	52.9	七、其他资金运用	28.58	25.38	88.8
资金来源合计	116.97	108.12	92.4	资金运用合计	116.97	108.12	92.4

数据来源：中国人民银行。

我国经济部门资产负债表健康，金融体系稳健。资金存量核算数据表明，2010 年住户金融资产和金融负债分别为 49.5 万亿元和 11.7 万亿元，资产负债比例为 23.6%，年本息支出为可支配收入的

9.9% 左右，均处于较低水平。企业金融资产负债比例为 151.3%，与 2009 年年末基本持平，负债结构有所优化，其中贷款和国外负债占比分别下降了 2.8 和 0.3 个百分点。2011 年，我国财政收入大幅增长，财政收入 10.4 万亿元，财政赤字为 5190 亿元，比 2009 年减少 1305 亿元，预计财政赤字占 GDP 的比重低于 2%，比 2009 年下降 0.5 个百分点。

截至 2011 年年末，我国银行业不良贷款率为 1.0%，拨备覆盖率为 278.1%，资本充足率为 12.7%。总体来看，我国银行业资产质量处于全球银行业较高水平，远高于 Basel III（第 3 版巴塞尔协议）标准，远好于一些已经实现资本账户开放的国家（如俄罗斯、巴西、印度[①] 等）。

资本账户开放与金融稳定并没有明显相关性。首先，我们不能因为有可能发生热钱流动和资本外逃就放弃资本账户开放。有观点认为，开放资本账户将引发热钱流入或资本外逃，因此"资本管制是维护我国金融安全的最后一道屏障"[②]。应该明确的是，资本管制是一项长期性制度安排，不宜作为热钱流动、资本外逃等临时性冲击的应对措施。其次，国际上防范热钱流动和资本外逃的方法很多，价格型管理可能比数量型管制更为有效。比如智利央行对非居民存款的 20% 无息准备金的要求就收到了较好的效果。

历史经验证明，金融机构和金融市场的稳定与否，主要取决于国内的经济金融运行和金融监管状况，而与资本账户开放关系不大。20 世纪 90 年代，我国资本账户没有开放，但一些信托投资公司、城市信用社、证券公司，甚至个别银行都陷入了困境，有的破产清算。在这次国际金融危机中，我国资本账户开放程度已有较大提高，但金融机构损失反倒很小。此外，新加坡、中国香港和中国台湾等

---

① 印度"资本账户开放委员会"提出资本账户开放的三个前提条件：(1) 财政赤字 /GDP 小于 3%；(2) 通货膨胀目标为 3%~5%；(3) 强化金融体系，如不良贷款率小于 5%，外债偿债率小于 20%。

② 余永定博客，2011，《人民币国际化还是资本项目自由化》。

国家和地区，尽管市场狭小，但资本账户开放并没有影响这些市场的金融稳定。国际经验表明，加强金融监管，提高金融机构管理能力是维持金融稳定的关键要素之一。

资本账户开放应审慎操作，但也要积极推进。资本账户开放应是一个渐进的过程。我国在 1979 年改革了外汇留成制度，1994 年实现了人民币汇率并轨并取消了贸易用汇限制，1996 年履行了 IMF 协定的第八款义务，实现了经常账户可兑换，其间历经 17 年。德国早在 1958 年就开始放松对资本流出的限制，但对流入的限制直到 1981 年才完全取消。英国、日本等发达国家大多在 20 世纪 70 年代初开始资本账户改革，几乎迟至 80 年代甚至 90 年代才完全开放[①]。

但资本账户开放审慎操作，并不意味着持续等待。1993 年，我国面临通货膨胀高企、金融秩序不稳、外汇储备不足等不利因素，但我国政府仍坚定实施人民币汇率并轨操作。1996 年，我国宣布实现经常账户可兑换，承诺履行 IMF 协定的第八款义务。这些改革都大大促进了我国经济的稳定和发展。阿根廷等国积极推进资本账户开放的成功经验也值得借鉴。

目前，我国已经是世界第二大经济体和第二大贸易国。若要等待利率市场化、汇率自由化或者人民币国际化条件完全成熟，资本账户开放可能永远也找不到合适的时机。过分强调前提条件，容易使渐进模式异化为消极、静止的模式，从而延误改革的时机。资本账户开放与其"前提条件"并不是简单的先后关系，在很大程度上是可以互相促进的。我们应抓住有利时机，积极推进资本账户基本开放，并以此促进经济发展方式的转变和经济运行效率的提高。监管当局可以通过综合运用各种宏观审慎工具和货币政策工具，在资本账户开放的同时，积极防范系统性金融风险，实现金融体系的总体稳定。

[①] 英国、日本、澳大利亚、新西兰、荷兰、丹麦的完成时间分别为 1979、1980、1983、1984、1986、1988 年；法国和瑞典为 1989 年；比利时、卢森堡、爱尔兰、意大利、奥地利、芬兰、挪威为 1990 年；葡萄牙、西班牙为 1993 年；希腊为 1994 年；冰岛为 1995 年。

为什么要实现资本项目可兑换 [*]

资本项目可兑换指的是一国货币可以自由兑换为外币，居民可以使用本币或外币开展跨境的资本项目交易。人民币资本项目可兑换后，在一定管理框架下，我国境内企业和个人可以用人民币或购汇后直接到境外投资或融资（包括投资证券、实业、房地产和发行债券或股票等），境外居民也可以直接来境内投资或融资。

资本项目可兑换一直是热点问题，可参考的文献非常多。在国际上，国际货币基金和美国国民经济研究局（NBER）有很多学术文献综述和国别研究。在国内，相关课题研究报告和学术论文也很多，特别是 2012 年 2 月人民银行调查统计司课题组发布了《我国加快资本账户开放的条件基本成熟》，使人民币资本项目可兑换问题在国内外受到普遍关注。尽管如此，自 20 世纪 90 年代中期开放人民币经常账户后，人民币资本项目可兑换推进缓慢。我们认为，人民币资本项目可兑换完全应该加快，也可以加快。

本文共分四节，第一节说明资本项目可兑换的理由，第二节说明我国已经具备资本项目可兑换的条件，第三节评估资本项目可兑换的风险，第四节讨论资本项目可兑换的顺序。

---

[*] 本文摘自《中国金融改革思路：2013—2020》（谢平、邹传伟著，中国金融四十人论坛书系），中国金融出版社，2013 年 4 月出版。本书为中国金融四十人论坛 2012 年内部重大课题成果。

[**] 谢平，中国金融四十人论坛学术顾问、中国投资有限责任公司副总经理。

资本项目可兑换的理由

（一）本币的完全可兑换本来就是公民的应有权利

从 20 世纪 50 年代起，才开始有国家实施外汇兑换管制。在此之前的几百年，各国货币都是完全可兑换的，每个人的合法财富选择什么货币资产形式，投资在什么国家的市场，本来就是他的自由权利之一，是在全球范围内公平公正的体现。研究表明，外汇管制最早是在苏联东欧计划经济国家实施，而市场经济国家的外汇管制要少得多。

根据福利经济学定理，资本项目的兑换管制，由于限制了许多有效益的交易，对本国居民福利肯定会造成损失。作为一国政府，在兑换环节限制本国居民到外国投资，也限制外国居民购买本国资产，是不公平的，属于权利剥夺。

从民生角度看待资本项目可兑换，也许思路就不一样了。例如，父母去世，孩子已经定居国外，获得遗产存款，我国就不让兑换外汇，需国家外汇管理局批准。再比如，个人到国外投资创业，超过五万美元，需严格批准。在所有支持"走出去"的政策中，资本项目可兑换的效果最大，要相信中国人的创造力。如果我国准许私人境外投资的兑换不受审批，可能带动我国居民大量的境外就业，也许外贸和"走出去"投资格局会发生很大变化。没有资本项目可兑换，以大陆中国人为主导的国际大公司就不会产生。

我国与若干国家已签订自由投资协议，但人民币在资本项目下却不可兑换。我国限制外国居民投资人民币资产，而外国不限制我国居民投资，这也不公平。经济合作发展组织（OECD）国家就不允许这样。所以，我国资本项目的管制，也隐含着贸易/投资保护主义和金融保护主义。

（二）行业和交易监管不能依赖资本项目兑换管制

行业和交易监管，包括反洗钱、反恐怖融资、逃税、反腐败、购买资源、国有资产流失、金融机构监管和资本市场监管等，不能

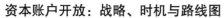

依赖资本项目可兑换。

最有说服力的依据是我国这么严格的外汇管制也没能制止贪官外逃和财富转移，据说总额达上百亿美元。这就如同贪官外逃不能责怪航空公司一样。

再例如，我国现在利用外汇兑换管制来管理企业境外投资，投资项目先报国家发改委审批，然后由国家外汇管理局审批，商业银行才予以兑换汇出，这实质是利用汇兑管制来监管境外投资。个体户利用自己的钱买外国的企业，只要对方国家不限制，商业银行应该马上兑付，这才符合公平原则。

又比如，美国、欧洲国家资本项目是完全可兑换的，但对外国机构持有本国大型金融机构、基础设施公司的股权比例、董事资格及行为约束、业务分类许可等都进行严格监管。

（三）资本项目兑换管制的有效性很低

在全球化和互联网交易情况下，特别是经常项目可兑换后，资本项目兑换管制的有效性很低，只能管住老实人。规避资本项目管制的手段很多，包括贸易品和服务价格转移、境外设立公司对倒、境内外货币互换、全球第三方支付网络、在境外买卖国内资产等五花八门的金融工具和便利。

比如，吉利汽车收购沃尔沃公司的二十多亿美元贷款，在境外很容易获得，宣布后国家外汇管理局才知道。很多中国个人买华尔街的股票，买澳大利亚的房产，国家外汇管理局无法统计。一个软件设计出口，价格可以是一万美元，也可以是一亿美元，公允价格难以确定。

原来是资本外逃统计不清，现在是资本流入统计不清。笔者看到国家外汇管理局网站有好几个处罚案例，最搞笑的是某外资公司动员一百多员工个人购汇，也被罚了。这使笔者想起1998年的一个案例，某私营企业开后门通过人民银行的关系购汇近一亿美元，该企业老板以"骗汇罪"差一点被判无期。笔者当时对国家外汇管理局长表示疑问，人家用自有资金，以国家规定汇率买美元，没有损害任何人利益，不应受到如此重判。要是现在，此人会受国家外汇管理局鼓励。如果继续实施这样"人海"监管，国家外汇管理局要增加到十万人。

在联合国宣布制裁利比亚以后，英国金融时报有一整版的特刊，专门描述了利比亚领导人的金融资产分布和相关金融机构以及西方国家冻结其资产的路线图。这说明，在现代国际金融体系条件下，运用现代化手段，完全可以针对个案采取措施，不需要普遍的汇兑管制，否则成本很高。

（四）资本项目可兑换有助货币政策独立

资本项目可兑换有利于我国保持货币政策独立。对此，蒙代尔和克鲁格曼的"不可能三角"理论有证明，易纲也有相关论文论述。我国目前采取"汇入结汇松、汇出换汇严"的管制，巨额外汇储备不断增长，持续增加国内货币供给和通货膨胀压力。实施资本项目完全可兑换，会使外汇储备下降，缓解国内通货膨胀压力。在资本项目可兑换后，中国的货币政策，无论是数量调控或利率调控，都将更为有效。文献还证明，资本项目可兑换，与本国通货膨胀不相关，即不会增加也不会减少国内通货膨胀压力。

（五）资本项目可兑换有助国内金融业和企业的风险管理

资本项目可兑换以后，涉及外汇交易的金融机构、企业和个人，都可能面临汇率、相关产品、境外投资和交易对手等方面的风险，这没什么可怕的。各种风险管理技术都可以用，金融机构和企业自己会规避风险，不应由政府管制替代。汇率波动风险也没有部分媒体宣传的那样不可克服。金融机构、企业和个人承担汇率波动的风险，与承担国内商品价格波动风险类似，都属于市场风险。这几年人民币汇率改革的进程也表明，国内企业和个人，承担汇率风险的能力有很大提高。非洲很多落后的国家，都没有外汇管制，那里的银行和企业都能主动实施风险管理。

（六）资本项目可兑换能释放出巨大"改革红利"

实现资本项目可兑换是中国金融改革的新阶段。我国在金融机构和金融市场建设方面的改革已基本完成，而汇率市场化、利率市场化和人民币完全可兑换这三件事情是金融改革的核心内容，至今没有取得最后突破。资本项目可兑换，有助于我国更好地融入全球市场、参与全球经济分工，发展开放型经济，实现国内经济和国际经济的互接互补。同时，资本项目可兑换能鼓励和支持国内资本尤其是私人部门资本"走出去"、在全球范围内进行配置，提高投资收益率，更好地实现内外经济平衡。资本项目可兑换可能是中国金融改革的一个新制度变量，就像当年汇率并轨和加入WTO（世界贸易组织）一样，对今后10年中国经济和金融业的发展将起到历史性作用。

（七）资本项目可兑换是人民币国际化的基础

现在许多场合都在讨论人民币国际化措施，比如：人民币作为外贸结算货币、作为国际投资的资产货币、加入SDR（特别提款权）、作为外国中央银行的储备货币、境外发行人民币债券、外国公司到上海证券交易所发行人民币股票、香港实施人民币标价IPO（首次公开发行）等。实际上这些措施与资本项目可兑换是同等范畴。也就是说，资本项目可兑换是人民币国际化的基本条件。试图在人民币资本项目可兑换有限制的同时，又推进所谓的人民币国际化，这样"两全其美"的路是走不下去的。

资本项目可兑换的条件已经具备

一国本币的资本项目可兑换是否需要充分条件，学术理论逻辑和国别案例都没有定论。现在很多学者研究资本项目可兑换问题时，总以为其中可能隐含着一定经济规律，其实不是这样，大部分情况都是个案驱动的（Case by Case）。

通常所谓的资本项目可兑换的四大条件，即宏观经济稳定、完善的金融监管、较充足的外汇储备、金融机构稳健，我国目前都已具备。已经实现资本项目可兑换的国家在宣布可兑换时，或者现在，主要条件都不如中国（例如俄罗斯、巴西、波兰等）。

经济学逻辑是，政府承诺要比客观经济条件重要得多。在许多国家，资本项目可兑换就是政治决策。举一个很有说服力的案例。1993 年 8 月，国务院在北戴河组织各部门讨论人民币汇率是否马上并轨问题。中国人民银行、外贸部和国家计委都认为条件不具备，需再等几年，而国家体改委认为不存在充分条件，可以并轨。当时朱镕基副总理拍板，决定于 1994 年 1 月 1 日并轨，汇率定为 8.7 元人民币/美元。当时我国外汇储备不到 200 亿美元，金融秩序混乱，宏观经济环境也不好，但这项决策后来证明对中国经济的长期效果很好。① 此后，1996 年我国宣布实现经常项目可兑换，承诺履行国际货币基金章程第八条款。对很多重大决策来说，关键就是政府主管领导是否敢于承担政治风险。

资本项目可兑换的风险可控

（一）热钱流入问题

这是目前担心和反对资本项目可兑换的主流观点。热钱主要关心汇率和利率水平，涉及数量和价格的平衡，政府不宜把外汇管制作为宏观经济政策工具。热钱流入是临时性的，可以实施临时性监管，比如引入托宾税和其他对冲工具，但不能用长期管制来对付临时性的冲击，否则得不偿失。

中国香港、新加坡和中国台湾允许外汇完全自由流动，没有任何资本兑换管制，地方这么小，金融业发达，都不怕大量热钱进出，我们应该更有信心。对付热钱方法很多，香港 1998 年的成功经验有很多文献可查。巴西的政策也具有参考意义。2010 年 10 月，巴西政府启动"托宾税"，对进入其国内股市和购买固定收益基金的外国资本收取 2% 的交易税。2011 年 1 月，巴西政府规定，凡在外汇市场建立超过 30 亿美元的空头头寸，必须将额度 60% 的资金存入央行，以限制外汇市场的投机活动；3 月，巴西政府宣布，对从国外获取的短期贷款和国际债券发行征收 6% 的金融

---

① 可以参见楼继伟、高剑虹《外汇管理体制改革的制度性飞跃》（载于《中国经济 50 人看三十年：回顾与分析》），当时笔者参与起草了外汇管理体制改革文件。

交易税。

金融危机后，国际社会越来越认识到对跨境资本流动进行监测和管理的重要性，包括外汇头寸限制、风险比例管理、无息存款准备金、金融交易税、信息披露要求等，另外还要对私人和公共部门的对外债务实施外汇净风险头寸管理，防止出现大的货币错配。国际货币基金已修正了原来的立场，认为在资本异常流动的情况下，新兴市场国家有必要对部分资本流动实行管理。

（二）资本外逃问题

有人担心，实施资本项目可兑换后，大量私人资本可能外流。这实际上是伪命题。资本外逃实际上就是资本项目管制的反义词，没有资本项目管制就没有"资本外逃"。非法所得外逃，兑换限制不起作用；合法资本境外投资，取决于境内外投资条件、产权保护程度、汇率、利率等要素，符合我国"走出去"的方针，是应该鼓励的。

（三）国内金融稳定问题

金融机构和金融市场的稳定性，取决于国内的金融监管，与资本项目可兑换没有关系。20世纪90年代，我国出现了信托投资公司、城市信用社、证券公司等危机，有些机构破产了，比如海南发展银行、广东国际信托投资公司。四家国有商业银行也曾出现过技术性破产。这些完全是国内原因。在这次全球金融危机中，中国金融机构损失不大，也不是因为外汇管制，而是因为我国商业银行的人民币业务赢利很大，国外资产很少。如果某商业银行境外资产多，损失相对就大。

资本项目可兑换的顺序

按国际货币基金的分类，资本项目有40个子项目，我国目前的状况是："完全可兑换"的没有，"基本可兑换"的14项，"部分可兑换"的22项，"不可兑换"的4项（见表1）。

表 1　中国资本账户可兑换明细

单位：项

可兑换现状 相关交易	不可兑换	部分可兑换	基本可兑换	完全可兑换	合计
资本和货币市场工具交易	2	10	4	—	16
衍生品及其他工具交易	2	2	—	—	4
信贷工具交易	—	1	5		6
直接投资		1	1		2
直接投资清盘	—	—	1		1
房地产交易		2	1		3
个人资本交易	—	6	2		8
小　计	4	22	14	—	40

注："可兑换现状"包括不可兑换、部分可兑换、基本可兑换、完全可兑换。其中，部分可兑换指存在严格准入限制或额度控制；基本可兑换指有所限制，但限制较为宽松，经登记或核准即可完成兑换。

资料来源：中国人民银行调查统计司《我国加快资本账户开放的条件基本成熟》报告，根据《2011 年国际货币基金组织（IMF）汇兑安排与汇兑限制年报》英文版整理。

　　资本项目可兑换没有一个严格且公认的标准，是一个有弹性和调整空间的制度安排，各国有自由裁量空间。国际货币基金列出的 40 个子项目中，只需要大部分重点项目能做到，就可以认为实现资本项目可兑换。按照一些国家的经验，资本项目可兑换的简单规则是：先开放长期资本项目，后放开短期项目；先放开直接投资，后放开证券投资；先债券，后股票，再衍生产品；先机构，后个人；先 100 万 ~500 万元，再大额。

　　人民银行调查统计司课题组的建议是"先流入后流出、先长期后短期、先直接后间接、先机构后个人"，分短、中、长期 3 个阶段逐步放开资本项目管制。

　　短期内（1~3 年），放松有真实交易背景的直接投资管制，鼓励企业"走出去"。

　　中期内（3~5 年），放松有真实贸易背景的商业信贷管制，助推人民币国际化。

长期内（5~10 年），加强金融市场建设，先开放流入后开放流出，依次审慎开放不动产、股票及债券交易，逐步以价格型管理替代数量型管制。

到这个阶段，基本可以实现资本项目可兑换。剩下的项目按风险程度依次为，个人资本交易、与资本交易无关的金融机构信贷、货币市场工具、集合投资类证券、担保保证等融资便利、衍生工具等资本账户子项，可以择机开放。与资本交易无关的外汇兑换交易自由化应放在最后。投机性很强的短期外债项目可以长期不开放。

这里面最有争议的问题是：资本项目可兑换与人民币存贷款利率的市场化孰先孰后，其理论基础是"利率平价"论。笔者认为可以采用试错法，利率先维持现有体制，看资本项目可兑换后有什么变化，再研究对策，实际情况也许没这么复杂，而且国内可对利率采取灵活的管制措施和市场调控手段。

我国资本账户开放的紧迫性 [*]

彭文生 [**]

最近中国人民银行发了一份由调查统计司课题组撰写的有关加快资本账户开放的报告，引起国内外金融市场的广泛关注。

过去几年人民币国际化是学术界和金融业界讨论的热门话题，而货币国际化绕不开的资本账户开放问题反而似乎有些淡化。中国人民银行的这份报告直面资本账户管制这个关系到中国经济进一步对外开放和改革的重大议题，就为什么要放松管制以及开放的路径作了阐述。

除了国内媒体，伦敦的《金融时报》和《经济学人》杂志也都发表了相关的评论文章。有意思的是，两者都表达了对中国资本流出冲击其他国家的担心。

笔者认为中国经济的规模、发展阶段以及人口结构决定了资本账户开放不可避免，甚至有一定的紧迫性。就像中国人民银行报告强调的，开放是一个渐进的过程，但不应持续地等待。利率市场化、汇率灵活性、国内金融市场发展等应看作是和资本账户开放相辅相成的，都是中国经济结构调整、转变发展方式的一部分。在不同时期因为经济发展的阶段和国内外环境的变化，放松管制的重点和力度不同，现阶段的重点应该是鼓励企业的对外直接投资。

[*] 本文原题为《资本账户开放是与非》，系作者于 2012 年 3 月向中国金融四十人论坛提交的交流文章，后发表于《财经》2012 年第 27 期。

[**] 彭文生，中国金融四十人论坛特邀成员、中国国际金融有限公司首席经济学家。

资本账户管制难以为继

对资本账户开放的利和弊有很多讨论，也有较大的争议。一个考虑的角度是对经济增长的影响。从理论上讲，在有效市场的假设下，资本的自由流动有利于资源的优化配置和经济效益的提高。但近期的研究文献也强调微观行为的负外部性，也就是说一些在个体来看是理性的行为，加在一起可能有系统性的负面影响。

比如大量资本流入可能在一段时间内造成汇率高估，投资者过度风险偏好，资产价格泡沫，但内外部条件变化后，流入变为流出，泡沫破灭甚至出现金融危机，对经济增长有较长期的负面影响。过去拉丁美洲和亚洲金融危机以及今天的欧洲债务危机国家都在危机前有较大的资本流入。微观效率的提高是否能实现还要看资本账户的开放或管制对宏观稳定的影响。

所以，另一个角度是在宏观经济稳定的大框架内看资本账户开放的得与失。按照著名的"三元悖论"，政策当局必须在资本自由流动、固定汇率制和独立的货币政策三者之间放弃一项。

大多数国家需要独立的货币政策应对内外部环境的变化，真正的选择是在汇率和资本账户管理的制度之间：为了控制跨境资本流动对经济的冲击，汇率浮动（价格的调整）可以减轻资金流入或流出的量；如果汇率不能变动，就需要对流动的量进行直接的管制。

现实中没有绝对的资本自由流动和固定汇率制，政策可以在不同程度的资本账户管制和汇率灵活性之间取得一定的平衡，但还是有侧重点。过去十几年，中国在放松资本账户管制和增加汇率灵活性方面取得了显著的进展，但总体来讲，目前资本账户管制程度仍然较高，汇率灵活性不够。

未来政策放松的力度和节奏取决于内外多重因素，笔者认为有两个根本因素使资本账户未来几年进一步开放不可避免，关键是早规划、早准备，以求有序地开放，而不是在压力下被迫放松管制，因为后者对宏观经济和金融稳定的冲击可能会更大些。

第一个要求资本账户进一步开放的压力是现有机制的可持续性在降低。重要的一点是即使资本账户管制是有效的，其限制的是双向的资本流动的量和流动的形式，但不能限制资本的净流出或流入的量。当一个国家有经常项目顺差时，这意味着其对外资产增加，资本流出；反之，经常项目逆差代表资本流入，对外负债增加。

资本账户管制只能限制的是，这种净流出或流入是通过私人部门的投资还是政府部门的外汇储备的升降来实现。在资本账户管制，尤其是在早期强制结售汇的情况下，中国贸易顺差导致的资本流出是通过政府部门对外投资完成的，体现为外汇储备的增加。

那么，通过政府部门的跨境资本流动是不是比私人部门的资本流动更有利于维持宏观经济和金融稳定呢？如果导致资本的流出或流入的因素是短期、周期性的，资本账户管制和由此导致的外汇储备的升降可以起到减震器的作用。但如果因为经济的基本面因素导致持续的净流出（经常项目顺差）或流入（经常项目逆差），则限制私人部门的资本流动会带来较大的扭曲，长期来看，反而可能加大宏观经济和金融环境大幅波动的风险。

过去十年，和外汇储备扩张对应的是中国人民银行对人民币投放的增加，代表非银行私人部门持有的货币资产扩大。中国人民银行又通过提高存款准备金率和发行央票来减少银行的可贷资金，降低信贷带来的货币的进一步扩张。但存款准备金和央票是安全性高而回报率低的资产，其不断扩张反过来造成银行体系的信贷冲动，加大了货币政策调控的难度。低风险的货币资产的快速增长促使私人部门资产重新配置，增加了居民和企业对风险资产的需求。

更进一步而言，风险资产价格上升和人民币升值预期（其本身也受外汇储备增加的影响）加大了私人部门规避对资本流入管制的动力，导致管制效率下降，资本流入增加，加剧了外汇占款和国内人民币流动性的扩张。这样的货币金融环境造成了过去十来年广义货币快速增长，风险资产市值大幅扩张，房地产价格有明显的泡沫迹象，外汇资产集中在政府手里而私人部门持有太多的人民币资产。

笔者在近期的另一篇文章里 ① 描述了这种货币长周期的逻辑，其根本的驱动因素是人口结构的变动（包括劳动年龄人口越来越多地超过非劳动年龄人口，农村富余劳动力向城镇转移）导致国内储蓄率大幅上升，虽然国内投资率也上升，但不足以吸收这么多储蓄，多余部分通过贸易顺差形成对外资产。

这些对外资产通过中国人民银行发行人民币购买外汇而从私人部门转移到政府部门。对私人部门来讲，"多余"的储蓄并没有形成对外投资，而是留在境内追逐相对有限的好的投资机会，带来货币快速增长和资产泡沫问题。

有观点认为，持续的大量贸易顺差显示人民币汇率低估，如果当初汇率升值的时间早些，幅度大些，贸易顺差就会小些。笔者认为所谓"汇率低估"不是导致今天的问题的主要原因。

在人口红利阶段，储蓄率上升反映的是为老龄化社会做准备的资产累积，其中部分储蓄变为对外资产也是分散风险的合理需要，而对外净资产的增加只能通过经常项目顺差实现。如果汇率大幅升值，储蓄率、贸易顺差的趋势不会改变，其影响体现为经济增长下降、失业率上升以及生产资源不能被充分地使用。

真正值得检讨的是资本账户管制。在 20 世纪 90 年代时，中国经常项目顺差小，甚至有逆差，资本项目有流出压力，外汇储备规模小，对资本流出的控制有助于宏观稳定。但进入本世纪以来，经常项目持续大幅顺差，外汇储备快速上升，对资本流出的控制的必要性下降。如果比较早地放松对资本流出的管制，尤其是鼓励企业对外直接投资，贸易顺差就不会全部转化为外汇储备，后期的汇率升值预期和资本流入压力就不会那么大，相应地对国内货币扩张和风险资产估值的冲击也会小一些。

往前看，人口年龄结构的拐点未来几年将会出现，农村富余劳动力减少的拐点已经出现，贸易顺差已经降低，预计未来几年将会继续减少，甚至可能出现贸易逆差。如果贸易顺差只是呈下行趋

---

① 彭文生：《货币长周期的逻辑》，《财经》2012 年第 4 期。

势，但不会消失，资本出口的压力还存在，则放松对资本流出的管制有利于引导私人部门对外投资，降低上述的对国内货币金融环境的压力。

如果出现持续的贸易逆差，则放松对资本流入的管制有利于私人部门内部的平衡，否则外汇储备就要下降。中国虽然外汇储备规模大，但如果持续地依赖政府部门来平衡私人部门经常项目和资本项目的缺口，会给内部货币金融环境带来扭曲的影响，导致与过去十年宽松的货币环境相反的情形出现，体现为货币条件趋紧、风险资产估值下降和汇率贬值压力。

第二个要求资本账户进一步开放的压力来自全球化环境内中国经济的崛起。中国已经是全球第二大经济体，和其他经济体建立了全方位、紧密的贸易联系，但金融的联系相当有限，主要体现在外商在华直接投资和中国政府部门通过外汇储备的对外投资。预计十年内中国将成为世界第一大经济体，如果资本管制维持目前的状况，则这种贸易和金融关系的不平衡将愈加突出。

在中国成为越来越多国家的第一或第二大贸易伙伴的同时，对方持有人民币资产或负债以满足其跨期平滑消费的需要也会很大。这种需要也是合理的，是中国作为一个大国必须面对的问题。过去，外商在华直接投资多，追求中国经济高速增长带来的高回报。未来，中国经济增长放缓，但经济和市场规模已经很大，其他国家对人民币固定收益投资工具的需求将增加，包括外国政府外汇储备投资的需求。

利率市场化并非前提条件

在讨论资本账户开放的时候，汇率灵活性、利率市场化往往被当作前提条件，其现状被认为是放松资本账户管制的障碍。确实，从长远来看，有了这些条件，将有助于趋资本账户开放之利而避其害。但资本账户开放是一个过程，与经济其他方面的改革和发展相辅相成，是中国经济和金融市场发展和走向成熟的一部分。

利率市场化已经取得较大的进展，资本市场的快速发展导致近几年直接融资的比重增加较快以及银行贷款利率出现较大的浮动空间，因此目前的主要限制是存款利率。那么，目前的状况是不是进一步推动资本账户开放的重要障碍？从理论和其他经济体的经验看，答案应该是否定的。

就利率市场化和资本账户管制的关系来讲，有两个层面。一是效率层面。利率市场化本身是经济结构改革、增长方式转变的重要部分，其推进有利于提高储蓄转化为投资的效率。从一定意义上讲，正因为利率还没有完全市场化，而国内储蓄率太高，一部分投资境外有利于提高整体效率。或者说，私人部门在国际市场的投资是广义的利率市场化的一部分。

二是宏观稳定的层面。回到前面提到的"三元悖论"，假设在开放资本账户的条件下，利率没有完全市场化对货币政策独立和汇率灵活性的要求有什么影响？

首先，受管制的利率并不意味其不能变动，也不意味其变动对经济活动没有影响。利率的变动包括存款利率的调整在中国货币政策的执行中一直发挥作用。当然利率的作用还不够大，受多方面因素的限制。

其次，就和资本流动的关系而言，还是汇率不够灵活影响更大。国内外利差如果没有汇率的变动来抵消就会造成套利的机会，加剧资金流入或流出的波动，影响货币政策执行的效率。没有汇率灵活性，即使在市场化利率条件下，如果因国内政策需要把利率水平调整到和美元利率有较大的差距，仍然会导致套利空间。

其他经济体的经验也显示利率市场化不一定发生在资本账户开放之前。日本从20世纪70年代时开始使利率更为灵活，到1994年完全市场化，花了近20年时间，在此期间伴随着资本账户的逐步开放。日本放松利率管制的过程也是非常谨慎，最后才涉及存款利率，先大额存款后小额存款，先定期存款，后活期存款。印度利率市场化走了十几年，存款利率刚刚放开，而其资本账户早就开放了，普遍被认为是促进前几年经济增长的因素之一。

中国香港特区长期以来以资本自由流动著名，但直到1994年才开启存款利率的市场化，分两个阶段放开存款利率的上限，整个过程到2000年完成。有意思的是取消存款利率上限先由香港的消费者委员会在1994年的一份专门报告里提出来，其出发点是保护存款者利益，然后香港金融管理局和政府跟进，提出放松管制的步骤。

就汇率灵活性而言，也有两个层面。一个层面是机制上的，最突出的是目前的人民币对美元汇率的交易区间的限制。周小川行长在2012年参加"两会"期间明确提出需要扩大人民币汇率的交易区间。

另一个层面是市场参与者的多样化。目前人民币交易市场的参与者相对有限，主要和贸易结算有关，流动性较小，汇率市场的广度和深度远远不够。资本账户的逐步开放将增加和投资相关的外汇交易，拓展人民币外汇市场的供需，增强人民币汇率形成的有效性，减少央行干预外汇市场的力度和频率。一个在央行大力干预的市场里形成的汇率，其灵活性是有限和低效的。

总之，增加汇率灵活性是关键。从技术上讲，扩大汇率的交易区间是增加汇率灵活性的手段，但有效的汇率灵活性和跨境资本流动应该是两者相互促进，互为前提的。

开放路径应符合金融稳定需要

在资本账户开放的过程中，控制跨境资本流动对国内金融稳定的可能冲击是决定开放的有序性和可持续性的关键。

中国人民银行的报告《我国加快资本账户开放的条件基本成熟》提供了一个未来十年中国资本账户开放的路径图，具体而言是：短期1~3年内，鼓励企业对外直接投资；中期3~5年内，放松有真实贸易背景的商业信贷管制，推进人民币国际化；未来5~10年内，先开放资本流入后开放流出，依次审慎开放不动产、股票和债券交易。这一路径图基本上体现了渐进性和谨慎性的原则。

在渐进的大框架下，依据国内外经济环境的变化，开放的侧重点和节奏可以做灵活调整。短期内，基于国内储蓄率还很高，贸易顺差还存在，房地产泡沫的风险比较大，鼓励非政府部门资本流出，尤其是企业对外直接投资应该是资本账户开放的重点。

其他国家的经验显示，开放的过程不一定是直线式的，如果单方向的资本流动在一段时间大幅增加，一些短期、暂时性的控制措施，包括数量和价格工具，应该是应对政策的一部分。

更重要的是保持国内宏观经济政策的稳健和加强对金融机构的宏观审慎监管。过去几十年其他国家的经验显示金融危机的根源还是内部经济的不平衡，资本流动的大幅波动最多起了加速器的作用。

最近的全球金融危机显示，对金融体系（尤其是影子银行体系）监管的缺失，是全社会信用在危机前过度扩展和政策当局对风险累积失察的重要原因。资本账户管制限制的是居民和非居民之间的交易，而宏观审慎监管既涉及居民和非居民，更关系到居民之间的借贷行为，是维护金融稳定的更有效的手段。

开放助推资本市场发展

发达国家和新兴市场国家的经验显示，资本账户开放将会导致双向跨境资本的流动显著增长，对外资产／负债的比例也更加平衡。

如果按照中国人民银行的报告，中国在十年内基本实现资本账户开放，中国私人部门对外直接投资和对外证券投资将大幅增加，其他国家对中国的证券投资也会增加较快，但私人部门总体净流出的可能性更大，这既反映目前私人部门对外净负债的现状，也是对过去外汇资产在私人和政府部门之间分布失衡的纠正。

香港金融管理局最近的研究报告，根据国际经验和中国经济基本面预测，如果中国在2020年实现资本账户开放，到时对外证券投资存量将从2010年相当于GDP（国内生产总值）的4％，增加至2020年相当于GDP的29％，而来华证券投资存量将从相当于 GDP 的 4%，上升至相当于 GDP 的 18%。不同的投资风格和风险偏好的投资者和融资者（例如通过国际板）参与我们的证券市场，将有利于增加中国资本市场的深度和广度。

同时，资本账户开放将大力促进内地和香港资本市场的融合。中国内地股票市值已经超过日本成为亚洲最大，债券市场也快速增长，内地和香港市场的融合，将进一步提升中国一体化的金融市场规模，在提高资金融通效率的同时，增加中国经济抵御跨境资本流动冲击的能力。

伴随资本账户的开放，人民币国际化将会有重大进展，人民币将很可能成为少数的国际储备货币之一。但没有资本账户的基本开放，人民币国际化也难以实现。两者虽然紧密相连，但从开放政策的规划和落实节奏上讲还是有差别的。如果过度追求人民币国际化的短期成效，而对资本账户开放的总体规划和相关的国内市场的改革和发展重视不够，可能本末倒置，反而不利于人民币国际化的长远发展。

最后，对中国资本账户开放造成的大量资本流出，冲击其他国家金融稳定的担心，即使不是偏见，也是过虑。金融危机的根源都在内部，而不是资本流动。

就像本书强调的，资本账户开放影响的是资本双向流动的量和形式，而不是一个国家资本净出口的量。随着中国贸易顺差的减少，中国资本净出口的高峰时期已过，未来私人部门对外投资的扩张，将和政府部门对外投资的放慢甚至减少相对应。

当前是推动资本项目可兑换的有利时机 [*]

邢毓静 ^{**}

最近，资本项目可兑换是一个非常热门的争论问题。我想从五个方面谈一下对资本项目可兑换的考虑：资本项目可兑换的内涵，中国人民币资本项目可兑换的现状，为什么要实现推进资本项目可兑换，当前进一步推进资本项可兑换的有利时机以及资本项目可兑换的潜在风险及应对。

资本项目可兑换的内涵

现在谈资本项目可兑换，可能 10 个经济学家有 10 个定义。IMF 非常明确地说到了经常项目可兑换是什么，但是对资本项目可兑换的内涵，大家始终是有不同看法的。IMF 有一个针对资本项目具体类型的比较框架，从国内和国外看，对资本项目可兑换的内涵往往有几个方面的偏差。

这里讲资本项目可兑换，有如下几层含义。一是把资本项目可兑换和汇率自由浮动、本币国际化、资本流动等概念容易混在一起。从世界各国的实践经验来看，这个组合可以是多方面的，不同的国家可能有不同的组合。二是从资本项目可兑换的国际经验来看，事实上在全球，不论是金融市场非常发达的大国，还是宣称本币资本项目可兑换的新兴市场，没有哪个货币是完全自由可兑换的。从新兴市场的角度来看，这一点就更为明显。在 20 世纪 80 年代、90

---

* 本文摘自博源基金会编《中国未来十年的机遇与挑战》，中国经济出版社，2013 年 8 月。本文根据作者在博源基金会成立五周年学术论坛上的主题演讲整理，经作者审核。

** 邢毓静，中国人民银行货币政策委员会秘书长。

年代以后，很多新兴市场出于提高本国货币信心的目的，或者本国在加入市场经济体系的过程中，宣布自己的资本项目可兑换。但是如果以 IMF 的汇兑年报来看，其实很多国家可兑换的程度可能还不如现在中国的情况，和比较发达国家可兑换的程度相比，也是有相当的差距。三是资本项目可兑换和资本流动管理不是矛盾的。资本项目可兑换，并不意味着对资本流动完全不进行管理。事实上，从最新的研究成果来看，即使在资本项目可兑换实现之后，也需要对资本流动进行一些必要的管理。因此，从资本项目可兑换的内涵来讲，是指以支持实体经济、以投融资为目的的一国货币与外币之间可以有一定程度的可兑换。

资本项目可兑换，不像经常项目可兑换一样，有非常清晰的概念。实际上，资本项目可兑换是一个有弹性的空间。正是由于资本项目可兑换的内涵中是一个有弹性的空间，事实上为新兴市场国家提供了一个根据本国国情进行弹性权衡的一个机会。

对人民币资本项目可兑换的现状评估

过去十多年来，中国在资本项目可兑换方面做了一些探索。如果把资本项目按照直接投资、证券投资和其他投资的分类来看，直接投资，基本上是可兑换的；对证券投资，在过去十年中我们通过了一些制度的设计，积累了一些包括 QFII、QDII 在内的经验。其他投资中的贸易信贷，基本上可兑换程度也比较高。我国资本项目可兑换有一个与其他国家非常大的差别，在于我们名义的资本项目可兑换，远远低于实际的资本项目可兑换。资本项目管理措施，基本上以前置审批和数量型的管理措施为多。随着金融全球化和金融创新的不断发展，前置审批以及数量型管理的措施显示出越来越多的弊端。从更加明确的激励机制的角度来说，市场比较认可要向价格型管理工具的方式转变。与此同时，我们考虑怎么把地下的潜流变成明河，变"堵"为"疏"，使信息采集更全面更真实。只有当这些真实的信息被很好掌握的时候，未来的规划以及当前的政策才可能更切实际。

从支持实体经济发展的角度看，实现资本项目可兑换，还需要推进三方面工作。一是支持企业"走出去"。多年来形成的"宽进严出"，企业在"走出去"过程中，由于资本项目可兑换法律法规不够明确，很多企业不得不奔波于各个部委。在奔波的过程中，失去了转瞬即逝的市场机会。二是对个人和家庭住户对外投资有很多限制。三是境外机构到中国境内市场的投融资面临较多限制。

推进资本项目可兑换的好处

这方面的争论非常多。事实上，实现资本项目可兑换是提高金融服务实体经济的一个必然的要求，体现在以下几个方面：

一是中国经济走出去，外向型经济的发展，对资本项目可兑换提出的要求越来越多。在过去几年中，境外的主要经贸伙伴，很多都提出了要求资本项目可兑换的一些内容。即使在国内，地方政府也不断地在各个区域规划中提到了资本项目可兑换的要求。资本项目可兑换和实体经济需求有差距的三方面，正是市场最需要的地方。如果能够促进资本项目可兑换，就可以避免在各个区域规划和整体金融规划之间不匹配所带来的负面影响。

二是支持实体经济的一个技术上的要求是经常项目可兑换和资本项目可兑换之间的时间不能拉得过长。1996 年，我国已经宣布实现经常项目可兑换，经常项目可兑换到资本项目可兑换的时间差距，从理论上讲和从实践上讲，恐怕都不能拉得太长。国际上，在经常项目实现可兑换之后，实现资本项目可兑换的时间平均是 7 年，中国已经过了十几年。一个经常项目交易一般是有资本项目做背景支撑的，如果要人为地规定哪面是经常项目，哪面是资本项目，无非是加大管理成本，在这方面的腐败、寻租也是层出不穷的。中国台湾在 20 世纪 60~90 年代也有非常类似的经验和教训，蒋硕杰先生曾经专门描述和分析过这些现象。

从社会主义市场经济的角度来说，实现公民资产自主配置的要求也需要资本项目可兑换。从资本项目可兑换的差距上看，我们存在大量居民住户有需求但无法直接对外投资的情况。从这个角度来讲，如果没有透明、公开的资本项目可兑换法规，恐怕资本账户开放会对国内收入不平衡问题造成更多负面的影响。曾经有人说过，别看中国的外汇储备那么多，可能大家一夜之间全买的话，外汇储备就不够。如果我们以市场经济为出发点的话，可能就不会问这个问题。假如真有那么多居民要购买外汇出去的话，如果相信市场的力量，汇率会自动调节，第一个购买者和其后每一个购买者所面临的汇价会不同。换言之，假如对外汇储备有一个合意规模，在此规模之外的外汇的流入、流出，通过灵活的汇价调整，市场会自动出清，根本不需要担心一夜之间外汇储备统统流走。

另外，随着经济的发展，新一轮的国际贸易投资一体化的要求越来越高。如果资本项目可兑换不透明、不明确，会使中国在一些新的更高标准的国际自由贸易和投资新协定的谈判中、在规则的制定中被边缘化。那可以想见，这对今后的改革开放可能造成负面影响。

此外，推动资本项目可兑换，对实体经济的支持，还体现在提高宏观调控的有效性，降低通货膨胀的预期等。随着人民币汇率逐步走向均衡汇率，在这个时机推动资本项目可兑换，有助于化解过去十多年中所面临的不断应对输入型的资本流入所带来的对货币政策的影响。

当前推动资本项目可兑换是一个非常有利的时机

从国内的情况看，学界在判断一个国家能不能实现经常项目可兑换时候的四个条件，也常常被当成资本项目可兑换的条件，即使按这四个条件判断，中国的情况也比其他国家面临的情况好得多。

（1）从2003年开始的金融机构市场化改革，中国的经济增长全球有目共睹，通货膨胀水平在新兴市场中可能是最低的，金融监管的完善，使中国金融机构在全球新兴市场中都是不错的。

更不用说外汇储备规模。和很多国家在宣布资本项目可兑换时相比，我国现在的条件要好得多。

（2）再一个比较好的条件，在于从贸易和实体投资的角度来看，人民币汇率已经越来越接近于均衡汇率。

（3）当前，国际上对资本项目可兑换的尺度不像经济项目可兑换的尺度那么绝对，它是一个有弹性的安排，不是一个非黑即白的安排，这也使我们在资本项目可兑换步伐上可以有更加弹性的安排。

（4）从技术上来讲，通过 QFII、QDII 以及国际上三类机构投资中国银行债券市场等方面经验的积累，特别是透过这些安排，我国在建立全球资本流动监测体系方面积累了经验，有了比较好的基础设施。

另外，从时机上看，近年来受全球交易所的兼并潮和全球交易市场的一体化的影响，在推动国际货币体系改革过程中，很多国家和学者都希望人民币加入 SDR，但有一个障碍就是人民币还未实现资本项目可兑换。从实际来看，条件已经基本具备，当前要推动资本项目可兑换是十分迫切的。

资本项目可兑换有什么潜在风险

资本项目可兑换存在如下几个方面的潜在风险。①外债可能面临规模过大或者币种错配的风险。过去的措施是前置审批，数量控制。可兑换后怎么办？应对方法是在今后建立针对外债和跨境资本流动的宏观审慎管理，改变过去的规模控制，建立以负债率和币种匹配为核心的宏观管理体制。②大额资本流动的风险。资本可兑换是一个弹性的空间，IMF 的说法也非常明确，当一个国家面临突然性的大幅的流入流出的时候是可以采取临时性的措施的。③金融衍生品带来的风险。应对办法：要优化金融衍生品的监管。④非法资金跨境转移的风险。应对办法：在应对本轮金融危机中，国际上基本形成了一个共识，在全球资本流动中要履行反洗钱的义务，要履行禁止非法资金的流出流入。⑤2013年5月6日，李克强总理召开常务会讨论了2013年经济改革的几项措施，我们非常清晰地看出，资本项目可兑换、汇率市场化、利率市场化应按照一个整体的框架协同推进的。从这个角度来说，利率市场化、汇率市场化和资本项目可兑换在具体的步骤和措施上是密切配合的。如果等到什么条件才能做什么事情，恐怕那个条件永远也等不到。⑥资本项目可兑换要有全面的监测，在过去10年中，管理部门在这方面做了非常多的工作。

总结一下，1993年，中国共产党十四届三中全会明确地提出使人民币成为可自由兑换货币；1996年我国实现了经常项目可兑换；2003年，从亚洲金融危机走出来之后，资本项目可兑换又重新提上了日程。在过去20年中，我们反复看到资本跨境流动，有时是资本大量流入，有时是资本外逃，实现资本项目可兑换是建立市场经济和开放型经济的一个基本的制度安排，不是一个临时应对、相机决策的措施。尽管在推进具体措施时有时机选择的问题，但是作为一项基本的经济金融制度，如果能够到位，可能我们就不需要疲于应付一会儿资本流入，一会儿资本流出，只有依靠制度红利，才更加有助于支持和推动实体经济的发展。

把握资本项目改革的逻辑与时机 [*]

黄益平 [**]

1996 年 12 月，当时的中国人民银行行长写信给 IMF 总裁，宣告人民币已经实现经常项目下的自由兑换。当时许多官员与学者预计人民币也许可以在 5~10 年内实现资本项目可兑换。后来这一计划随着亚洲金融危机的爆发而被无限期地推迟。

相比之下，值得我们注意的是，在 2008 年全球金融危机爆发之后，改革资本项目管制，尤其是推进人民币跨境使用的步伐，不仅没有停顿，反而有所加快。

仅仅在过去一周，中国人民银行决定将人民币对美元的日交易区间从原来的千分之五扩大到百分之一，国家外汇管理局宣布过去强制结售汇的做法正式步入历史，而伦敦则成为继香港之后的又一个人民币离岸市场。

与此同时，学界围绕这一政策问题爆发了一场重大的政策辩论。如果我们做一个不完整的综述，会发现大致有三派比较突出的观点：

第一派由中国人民银行调查统计司司长盛松成领衔，主张抓住当前的历史机遇积极推进资本项目改革，并否认内部金融改革与外部资本开放之间存在必然的先后关系。

第二派以中国社会科学院世界经济与政治研究所余永定学部委员为代表，质疑在利率和汇率改革尚未取得根本性进展之前大力推进人民币国际化与资本项目开放，可能给中国经济带来巨大的风险。

* 本文原题为《资本项目改革的逻辑与时机》，发表于《新世纪》周刊 2012 年第 16 期。
** 黄益平，中国金融四十人论坛成员、北京大学国家发展研究院副院长。

第三派的盟主是世界银行高级副行长、首席经济学家林毅夫教授。他基于很多发展中国家发生金融危机的历史教训，明确提出中国当前不应盲目推进人民币国际化。

辩论各方均以学者的身份平等地参与政策讨论，既有利于活跃学术气氛，对政府的决策过程也会有很大助益。

如果仔细分析、比较三方的观点，我们会发现他们之间存在不少共同点。比如他们都没有否定未来资本项目开放的必要性与意义，另外从改革的基调来看，他们也相对比较谨慎。即便是相对比较积极的盛松成司长所提出的改革方案也仍然是一个横跨未来十年的计划。

但无需否认，三方立场的分歧也十分突出，具体表现在以下三个方面：

第一，当下是否应该开始筹划并推进资本项目的开放。

第二，利率、汇率改革与资本项目开放及人民币国际化之间，是否存在先后逻辑关系。

第三，资本项目开放是否有引发金融危机的风险。

这场辩论涉及的政策与观点非常多，很难做到全面、准确的综述。不过在我看来，核心问题其实就是两个，一是时机，二是逻辑。当然这个概括没有考虑可能有的学者认为中国永远都不应该开放资本项目。因此，剩下的仅仅是何时做和怎样做。

所谓逻辑问题，说到底就是资本项目开放和人民币国际化能否"摸着石头过河"？我们习惯于将过去30年来经济改革的策略概括为"摸着石头过河"，一个重要的原因是改革开始的时候没有一个改革蓝图，另一个原因是改革面对许多阻力。因此很多改革都是自下而上，试验以后发现能够促进经济增长、不影响稳定，就全面铺开。农业生产大包干和国有企业责任制，都是这样摸着石头过来的。但也有的学者对这一说法有保留，他们认为自20世纪90年代以来的许多改革，包括财税改革、汇率改革、金融改革、贸易改革和国企改革，无一不是顶层设计出来的。

过去几年中国人民银行大力推进人民币跨境使用，尤其是在贸易与投资结算中的使用，其实主要是顺应国际经济的要求。其背景就是自全球金融危机以来，尤其是美联储通过量化宽松手段大量超发货币，使美元的前景变得十分暗淡。这样客观上就存在对新的国际货币的需求，而欧洲本身又深陷严重的债务危机。因此国际经济界对人民币的兴趣就大为增加，各国央行开始持有人民币资产，中国香港、伦敦和新加坡也主动提出了建立人民币离岸市场的要求。不少学者称其为人民币国际化的历史机遇，中国人民银行抓住这个机遇大力推进改革，其实也符合"摸着石头过河"的方针。

不过，余永定教授对这一策略曾经提出过批评，我本人也一直有保留意见。问题不在于该不该推动人民币"走出去"，而在于有没有其他配套改革，一是利率、汇率，二是资本流动，三是人民币资产市场。没有这些配套措施，人民币即使"走出去"了，也并不一定意味着就国际化了，甚至还会带来新的风险。到目前为止，升值预期仍然是海外个人和机构持有人民币的一个重要动机。离岸市场建立以后，人民币形成了两个利率、两个即期汇率和三个远期汇率，这就人为地制造了套利的机会。因此，我们需要关注当下人民币"走出去"，是提供了一个投资的机会还是一个投机的工具。当年日元国际化看起来也很成功，但后来日元升值预期一消失，大家就开始放弃手中的日元。

资本项目改革是否存在严格的逻辑次序？具体的争论集中在两个技术问题，一是蒙代尔不可能三角，二是利率平价。

前者说的是在汇率稳定、资本自由流动和独立货币政策三者之间最多只能实现两个，当然这是一个理论模型，实际生活中有可能出现有些目标部分实现的情形。后者说的是如果国内外存在利差，一旦放开资本管制，会出现大规模的跨境资本流动从而提高金融风险。这一条无论是从理论上还是实际中都很难否决，当然实际生活中的利率平价不一定意味着两个利率水平完全相等，而应该包括风险和汇率等因素的影响。比如菲律宾的利率比新加坡高，并不意味着利率平价不成立。

金融改革的最大特点是可能导致系统性风险。事实上，自20

世纪 70 年代各国走上金融自由化道路以来，大多数发达国家与发展中国家都或早或晚经历过或大或小的金融危机，有些是因为开放的条件尚不具备，有的是因为违背了改革的逻辑，有些则是改革以后没有建立有效的风险防范机制。麦金农的先进行财政、贸易、金融改革再开放资本项目的主张，实际是总结了无数发展中国家的经验教训之后提出来的，值得我们借鉴。金融改革与资本项目开放也许不应该再继续"摸着石头过河"的原则。

所谓时机问题，关键就是现在要不要、能不能推进资本项目开放？我个人的看法是肯定的，当然在推进的过程中需要特别注意顺应改革的逻辑并密切防范新的风险。为什么现在可以推进改革？最重要的原因是有些管制的措施已经难以为继，有些甚至已经成为经济发展和经济稳定的重要障碍，这些在这场辩论中已经有比较充分的阐述，当然我们并未在所有问题上达成共识。但举个达成共识的例子，资本管制的有效性在下降，热钱流进、流出不但影响金融稳定，甚至已经影响货币政策的独立性。

现在是否应该推进资本项目开放，还有其他几个因素值得考虑。

第一，尽管金融改革需要讲究逻辑与次序，但有些条件只能在改革的进程中逐步完善。比如，一个重要的担忧是在开放资本项目以后，银行没有真正防范风险的能力。但其悖论是如果不开放，也许银行永远也不会具备那样的能力。

第二，即使改革的条件并未完全具备，政府也可能采取措施控制风险。比如，巨大的利差可能导致激烈的跨境资本流动，但在利率的市场机制真正形成之前，中国人民银行也可以调整利率水平，以消除人为的扭曲。

第三，资本项目开放是一个持续的过程，有些风险低的可以很快放开，对一些风险比较大的项目，比如证券投资，特别是金融衍生品投资，完全可以在改革初期维持相对严格的管制措施。

如何应对资本项目可兑换面临的挑战 *

管 涛 **

实现人民币可兑换是我国外汇管理体制改革的长远目标。1996年我国已实现人民币经常项目完全可兑换，"十二五"规划明确地提出要逐步实现人民币资本项目基本可兑换。关于如何实现人民币资本项目可兑换，社会上已有很多讨论，也提出了不同的时间表和路线图，仁者见仁、智者见智，本文不再赘述。本文拟讨论的问题主要是在推进人民币资本项目可兑换进程中会面临哪些挑战以及如何应对。

从国际收支角度看人民币资本项目可兑换的现状

我国跨境资本流动已经比较开放。国际收支平衡表统计显示，2011年，我国资本和金融项目交易规模（以下简称"资本项目收支总额"）为2.58万亿美元，占国际收支总额的37%[①]，占比与20世纪90年代中期相比上升了约10个百分点（见图1）。其中，传统形式的跨境资本流动——直接投资总额占我国资本项目收支总额的15%，远低于20世纪90年代初期占比40%左右的水平（见图1）。这显示随着金融开放日益扩大，我国跨境资本流动形式日益多样化，证券投资、其他投资等形式的资本流动甚至已跃升为主流。1994~2011年的18年间，资本项目顺差平均约占国际收支总顺差的39%，其中有9个年份资本项目顺差对国际收支总顺差的贡献超过50%（见

---

* 本文原题为《资本项目可兑换面临的主要挑战及应对》，系作者于2012年4月向中国金融四十人论坛提交的交流文章，后发表于《中国外汇》2012年09期。

** 管涛，中国金融四十人论坛成员、国家外汇管理局国际收支司司长。

① 由于对于资本项下的许多金融交易大都用期初期末余额轧差取得，因此，可能导致资本项目收支规模的较大低估。

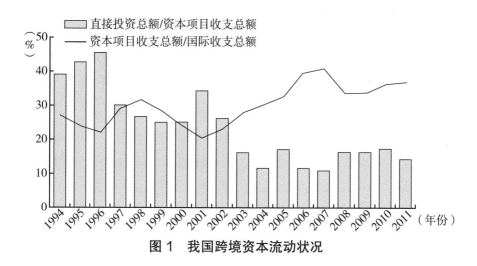

图1 我国跨境资本流动状况

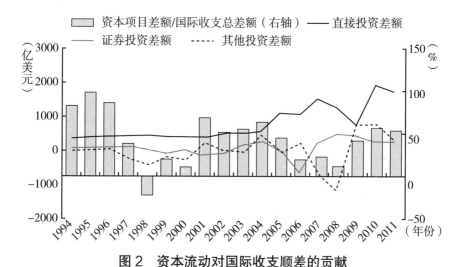

图2 资本流动对国际收支顺差的贡献

资料来源：国家外汇管理局。

图2）。国际资本大量净流入，既反映了资本流动的顺周期特点，也反映了我国长期"宽进严出"的资本管理体制导致资本流动对国际收支平衡的市场调节作用的缺失[1]，是造成我国国际收支持续"双顺差"、外汇储备增长居高不下的重要体制性原因。而在各种形式

---

[1] 在资本自由流动的国家，其经常项目顺差时，资本项目通常为逆差；反之则相反。因此，这类国家的国际收支状况主要只需考察经常项目收支差额。而我国由于长期以来实行"宽进严出"的资本管理体制，限制了资本流动的调节作用的发挥，导致外汇储备过快增长。

的资本流动中，直接投资是国际收支顺差的稳定来源，证券投资和其他投资波动较大（见图2），这符合开放经济的一般规律。

　　我国是利用外资大国更是资本输出大国。国际投资头寸表统计显示，截至2011年年末，我国对外金融资产规模达4.74万亿美元，对外金融负债规模达2.91万亿美元，对外净资产1.83万亿美元，是仅次于日本的世界第二大对外净债权国（见图3）。但我国对外资产运用以外汇储备投资为主，对外直接投资、证券投资和其他投资的占比均比较低（见图4），这反映了我国对资本流出限制较多的客观实际。

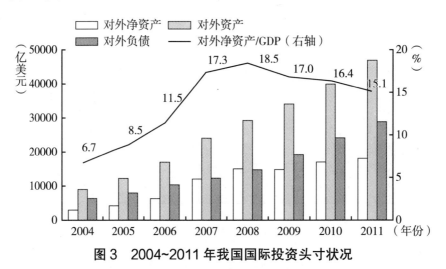

图3　2004~2011年我国国际投资头寸状况

图4　我国对外投资渠道

资料来源：国家外汇管理局。

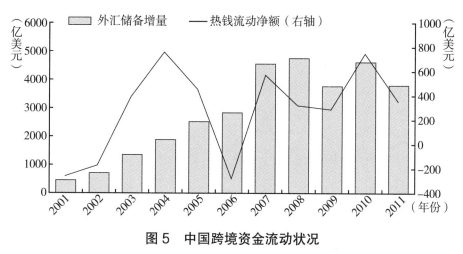

图 5 中国跨境资金流动状况

资料来源：国家外汇管理局国际收支分析小组《2011 年中国跨境资金流动监测报告》。

我国资本管制有成效也有问题。各界的一个基本共识是，资本管制为中国抵御亚洲金融危机、全球金融海啸等一系列外部冲击筑起了一道"防火墙"，为改革和调整争取了时间。国家外汇管理局国际收支分析小组发布的《2011 年中国跨境资金流动监测报告》分析显示，我国国际收支顺差、外汇储备增加主要与合法合规的贸易投资等实体经济活动有关，2001~2011 年，波动性较大的跨境资金流动（或称"热钱"）合计净流入 3252 亿美元，约相当于同期交易引起的外汇储备增量的 10%（见图 5 ）；如果剔除跨境人民币结算的因素，该项占比则仅为 8%。另外，随着国内经济金融日益开放，规避资本管制的渠道增多，我国维系管制措施的难度加大、成本增加。企业进出口推迟或提前收付汇的行为以及近年来跨境人民币业务的发展，加剧跨境资本流动波动就是典型的例子。而加强管制，不仅效果需要反复检验，还可能造成贸易投资活动的不便利。况且，尽管我国能够控制对外投资渠道，但不能改变在经常项目顺差情况下，资本不是通过民间就是通过政府部门输出的事实，而对外投资以外汇储备运用为主、对外负债以利用外商直接投资和借用外债为主，影响外汇资源使用效率（见图 6 ）。

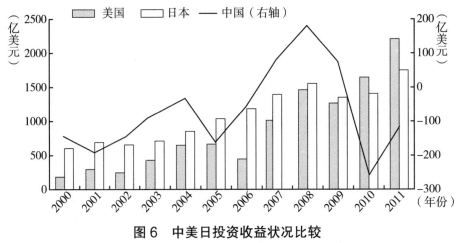

图6　中美日投资收益状况比较

资料来源：CEIC。

推进人民币资本项目可兑换可能面临的主要挑战

宏观调控能力。一般认为宏观经济稳定是实现本币完全可兑换的一个重要前提条件。无疑，这些年中国经济保持平稳较快的发展，综合国力不断增强，增强了我们加快实现人民币资本项目可兑换的信心。然而，国际资本流动具有显著的顺周期和超调的特征，往往是东道国经济好的时候，资本大量过度流入，造成当地经济过热、资产泡沫；不好的时候，资本集中撤离，造成当地经济萧条、泡沫破灭。因此，有人说国际资本流动是惩罚而非奖励政策成功者，许多发展中国家在本国资本账户开放后均经历过一次甚至数次的国际收支危机。内外部因素变化，都可能引起国际资本流动的顺周期波动。尤其是随着金融日益对外开放，外部不可控因素对我国的冲击加大（最近两次我国经济周期和国际收支状况出现大的波动，均是分别由1998年亚洲金融危机和2008年全球金融海啸引起的）。而对国际资本的大进大出，我们目前尚缺乏充分的心理准备，逆周期调节的宏观调控工具也不健全，特别是人民币汇率和利率的价格调节作用尚未充分发挥，宏观调控对行政手段和数量工具还有较多依赖。

金融监管能力。如果说金融监管不力与美国次贷危机有关的话，那么，基于父爱主义、干预主义的金融监管过度，则要对我国金融体系发展滞后承担一定责任。我国现行金融监管体制主要采取肯定式立法，奉行"法无许可则不可为"。这种监管模式过于求稳、怕担风险，遏制了金融创新，可能难以跟上扩大开放后市场的发展步伐，也难以满足扩大开放后风险管理工具发展的需求。这种管理体制具体到日常监管中，又是侧重于市场准入和合规性管理，以行政手段为主，重审批轻管理、重事前轻事后、重形式轻内容，存在各种形式的监管分割，既有监管重叠又有监管空白，影响监管效率，难以适应扩大开放后市场状况瞬息万变、市场风险千变万化的形势发展需要。

市场承受能力。资本账户开放对金融市场发育程度具有较高的要求。只有国内金融市场具有足够的深度、广度，才能够较好地吸收资本流动的冲击。我国多层次的金融市场体系尚未建立，金融产品和投资工具缺乏、金融市场分割，投资者结构不合理、投资理念有待培育等，这些都影响金融市场健康稳定地运行，并将掣肘金融市场的对外开放进程。再则，从以往的实践来看，我国无论是对外直接投资还是对外金融投资，均存在赢利少、损失多的情况，这暴露了境内机构对外投资风险管理能力的不足，公司治理不健全等问题。如果扩大资本账户开放变成了交学费、买教训，则可能有违政策初衷。另外，对外资流入影响国内幼稚行业的生存和发展，资本流出导致国内财富流失和产业空心化等问题，也将会不可避免地影响推进人民币资本项目可兑换的进程。

应对人民币资本项目可兑换风险的主要政策考量

合理安排资本账户开放次序。推进人民币资本项目可兑换，应该与宏观调控、金融监管和市场承受能力等相适应，既不能停步不前也不能操之过急。资本账户开放的时间表和路线图并无严格的、唯一的最优次序，关键是要守住风险底线，把住资本账户最后开放或者不能开放的交易项目。其他交易项目成熟一项开放一项，甚至可以允许试错。资本账户开放还要注意与其他改革相配套整体推进，对外金融开放的同时要注意对内金融开放，人民币汇率和利率的市场化不一定要先于人民币资本项目可兑换但也不能过分滞后。根据预先设定的政策目标和政策成本变量，动态评估改革的利弊得失，合理调节改革的进度和力度。

积极建立健全宏观调控机制。建立健全逆周期调节的宏观审慎管理机制，保持宏观经济稳定，防止国内经济金融运行大起大落。逐步减少对行政手段的依赖，更多运用市场的、法律的手段以及汇率、利率、税率等价格工具调节经济活动，提高宏观调控的前瞻性、针对性、透明度和公信力。宏观经济保持稳定是相对的，出现周期性波动是绝对的。为熨平顺周期的跨境资本流动振荡，应该在加强跨境资金流动监测的基础上，针对可能出现的不同情形充实政策储备，完善应对跨境资本过度流入和集中流出的紧急预案。在具体实施过程中，在减少数量工具的同时，运用价格工具（如托宾税）来调节异常跨境资本流动。但是，无论数量的还是价格的管制措施都会造成市场扭曲，因此，因预案触发的资本管制措施应该是临时性的，一旦市场环境变化就应及时调整或取消。

大力发展国内金融市场体系。健康的金融体系是抵御资本流动冲击的第一道防线。建立健全多层次多元化的金融市场体系，提高市场深度和广度，提升市场流动性，增强市场抗冲击能力。健全法制，明晰产权，促进社会资本的形成。在扩大开放中培育具有国际竞争力的境内金融机构，改善公司治理，建立有效的激励约束机制，不断优化对外投融资的风险管理水平。加强投资者教育，树立正确的金融风险意识，培育买者自负的投资文化，培养健康的投资理念。任何开放经济都会面临资本流出流入的冲击。面对金融日益开放的形势，我们要培育市场对跨境资本流动波动的平常心，如果没有这份心理承受能力，实施人民币资本项目可兑换、人民币国际化和上海国际金融中心建设等战略规划均无从谈起。

进一步加强和改进金融监管。转变监管理念，逐渐由合规性监管，转向宏微观相结合的审慎性和风险性监管。改变监管方式，逐步由事前转向事后、由现场转向非现场、由过程管理转向目标控制。在现有的"一行三会一局"的金融监管分工格局下，加强本外币、机构和产品等金融监管政策的协调以及金融监管部门与其他涉外经济管理部门之间的政策协调和信息共享，形成监管合力，减少监管重叠、填补监管空白。改变监管原则，逐步转向否定式立法的负面清单列示，从"法无许可则不可为"过渡为"法无禁止则可为"，提高监管效率。

不断提高统计数据的透明度。在推进人民币资本项目可兑换进程中要有效防范和化解涉外经济金融风险，这事关国家安全，责任重大。国际经验告诉我们，透明不一定能消除危机，但不透明一定会增加危机发生的概率。防化风险不能过分依靠调控或监管部门提示风险，而应该按照"公开是原则、不公开是例外"的原则，及时、准确、完整地披露相关统计数据和信息，让各类市场主体特别是市场专业机构和人士去识别风险和控制风险。相关部门应以理服人地加强对外宣传、释疑解惑，适当引导舆论、稳定预期，防止市场产生不必要的振荡。

我为什么不支持资本账户完全开放 [*]

林毅夫 ^{**}

在这场关于资本账户开放的辩论中，我是一个旁观者，也是一个啦啦队队员，而不是运动员。资本账户开放是我国现代化进程中必须逾越的一个门槛，也可能是一个很难逾越的门槛。从其他发展中国家的经验来看，如果这个门槛逾越不好，很可能使原本发展很好的经济突然发生崩溃性危机。基于此，我非常关心国内学界对这个问题的争论。我赞赏在这场辩论中正反两方对这个问题的深入研究以及讲道理、摆事实的客观而理性的争论。对重大问题在国内我们非常需要有这么理性的讨论。

作为啦啦队队员听正反两方隔空辩论时，我对几篇文章和论点拍手叫好，后来发现我拍手叫好的都是反方，包括余永定、张明、汪涛的文章。我就谈谈在做啦啦队队员时，为何我只为反方的论点拍手叫好。

资本账户开放并非经济增长的决定因素

我这几年研究的是发展经济学，从世界银行回来以后，我力推作为发展经济学的第三波思潮的新结构经济学。从发展经济学的角度来看，一个国家长期的经济增长必然是技术不断创新、产业不断升级、基础设施和制度安排不断完善的结构转型和变迁的过程，前三项都要靠投资，投资需要资本。从理论上看，发达国家的资本相对丰富，回报率相对发展中国家低，资本流动到发展中国家支持技术创新、产业

* 本文是作者在 2013 年 7 月 21 日中国金融四十人论坛第 82 期 "双周圆桌" 内部研讨会上的主题演讲，由作者整理成文。
** 林毅夫，中国金融四十人论坛学术顾问、北京大学国家发展研究院教授。

升级、基础设施完善，对发展中国家应该是有利的，对发达国家而言资本的回报率会较高，所以也是好的。这样的自由流动应该是双赢的，受欢迎的。不过诺贝尔经济学奖获得者卢卡斯根据观察发现，自二次世界大战以来，实际是资本稀缺的发展中国家的资本流动到资本丰富的发达国家，而非相反，这就是著名的"卢卡斯迷题"。

在技术创新、产业升级中，发展中国家有后发优势，经济发展应该比发达国家快。从经验实证来看，根据诺贝尔经济学奖获得者麦克·斯宾塞所领导的增长委员会的研究，从二次世界大战到现在，仅有 13 个经济体发展得比较好，实现了每年增长率为 7% 或以上、持续了 25 年甚至更长时间的经济增长。世界上绝大多数发展中国家都长期陷于低收入陷阱或中等收入陷阱。

根据增长委员会的研究，这 13 个表现卓越的经济体有 5 个共同特征。其中的一个是高储蓄率和高投资率，实际上这 13 个经济体在快速发展时，由于自身储蓄率非常高，高投资的资本主要来自国内的积累。最明显的就是亚洲的日本、韩国、台湾地区，不但资本的短期流动受管制，而且，外债和外资都很少，甚至不欢迎。也就是说，一个发展中国家即使资本相对短缺，自己也能够积累足够的资本来推动经济的快速发展，从低收入进入中等收入，最后成为高收入经济体。这个可能的前提是什么？对此，在新结构经济学中我给予了解释，那就是在每一个时点上按照要素禀赋结构决定的比较优势来发展经济，这样所形成的产业就会有竞争优势，占有国际国内最大的市场，享有最高的利润和最多的剩余，而且，投资回报率会最高。剩余多了，可积累的资金就多，投资回报率高，积累的意愿就高，资本积累就快，可以支撑的投资项目就多，技术创新、产业升级、基础设施完善和经济发展的速度也会加快，而且，按比较优势来进行投资，所需的资金不会超过自己积累的资本。

资本账户开放三个领域的利弊分析

从上述新结构经济学的分析看，一个发展中国家要不要开放资本账户？资本账户开放包含三个主要领域：第一个是外国直接投资；第二个是国内银行跟国外银行的借贷或者是国内企业直接到国际上举债；第三个是短期以证券投资为主的资本流动。

从这三大类来看，外国直接投资的资金直接投资实体经济，对资本的积累、技术的创新、产业的升级有直接贡献，可以推动结构变迁、提高生产力水平、促进经济增长。外国直接投资不存在通过借短债进行长期投资的期限错配（Term Mismatch），或还债时本国货币和外国货币的错配（Currency Mismatch）问题。而且，外国直接投资还会带来技术、管理、国外市场等诸多有利于经济发展的益处。因此，从新结构经济学的角度来看，如果没有国防安全或是民族主义情绪的考虑，在资本账户开放中，外国直接投资利远大于弊。从实证经验看，新加坡是利用外国直接投资比重最高的国家之一，经济发展非常好。另外，改革开放以后，我国是吸引外国直接投资最多的发展中国家，外资对我国外向经济发展的贡献也很大。

允许金融机构或企业到国外举债回到国内来使用，若能按照比较优势投资实体经济，似乎对经济的发展有帮助。但是经济有周期波动，即使投资有出口导向的实体经济，出现短期波动时收益会减少，用外币来还本付息就会有困难。韩国在东亚金融危机时面临的正是这个问题，投资按比较优势进行，且是外向型的，原本发展得很好。在泰国、印尼、马来西亚等国爆发金融危机以后，外需减少，经济下滑，韩国也无法避免危机的爆发。在2008年全球金融经济危机爆发时韩国又差点遭遇同样的命运，后来靠跟美国签订货币互换而避免了危机。而且，政府也很难保证本国银行或企业会将国外借贷用于国内具有比较优势的产业，他们有时会投资赶超型的产业，或是投机性的房地产、股票市场，或是用于支持消费信贷的扩张。如果国内生产力水平和出口竞争力的提高有限，甚至不提高，到了需要还本付息时就会出现期限错配、货币错配等一系列问题而爆发危机。亚洲金融危机前的泰国以及在2008年全球金融经济危机中受到重创的南欧和东欧国家就是典型的例子。所以，允许银行或企业向国外举债，虽然能带来投资和消费的增加，经济出现短暂的繁荣，但这种繁荣通常以危机的爆发收场。考虑到结构的问题，允许金融机构或者企业到国外举债或许可以使少数能够举债的金融机构和企业短期获利，但是对整体经济的发展而言，总的来讲弊大于利。

短期的资本流动，这种资金由于期限考虑，一般是进入流动性较强及有投机性质的股票市场和房地产市场。由于不投入实体经济，对生产力水平的提高没有太大帮助，而且，流入股票市场和房地产市场容易导致股市和房市泡沫。如果有大量资金流入，也会带来真实汇率的升值。这种升值通过两种途径实现：一种是汇率没有管制，自由浮动汇率下，名义汇率上升，导致真实利率上升；另一种是汇率有管制，大量资金流进，兑换成本币，外汇积累增加的同时货币增发，通货膨胀率上升，导致真实汇率上升。真实汇率上升，出口竞争力就下降，经济放缓，短期流入的这些投机性的资本就会以股市、房市存在泡沫难以支撑而开始唱空该国，导致大量资金流出。所以，这种短期资金流动除了带来短期的虚假繁荣和参与其中的国内外金融机构的短期利润的增加外，对发展中国家的经济发展和稳定弊远大于利。

资本账户开放导致经济波动频繁

资本账户开放是在 20 世纪 70 年代以后才被以美国为首的发达国家和 IMF 等国际机构提出来的议题。在布雷顿森林体系没有崩溃之前，也就是在 1971 年之前，实际上所有的国家，包括美欧日等发达国家，都实行资本账户管制。为什么这些发达国家也要实行资本账户管制？因为在布雷顿森林体系下，美元与黄金挂钩，其他国家的货币发行以美元为储备，在这种状况之下，一个国家如果允许资本输出，不管是以前面三种方式中的任何一种来进行，可以发行的货币都会减少，就会有通货紧缩的压力，经济增长速度会下降，失业率会上升。所以，大部分的国家不愿意资本流出，资本账户也就不能开放。

为什么在布雷顿森林体系崩溃以后，资本账户开放变成以美国为首的发达国家和 IMF 倡导的主要论调？因为，美国作为储备货币的主要发行国，是其他国家资本账户开放的主要获益者。过去美国和其他国家一样要控制资本外流，因为资本外流也许会带来资本投资收益的提高，对资本的所有者或许有利，但会给这个国家带来通货紧缩的压力，所以，政府作为宏观经济的管理者对资本的外流要进行控制。在布雷顿森林体系崩溃以后，美联储采取的是钉住通货膨胀率的政策，也就是当有资本外流时，货币发行不必跟黄金挂钩，美联储可以增发货币，维持经济稳定，避免通货紧缩的出现，所以，美国就放松了对资本外流的控制。

在那种状况之下，华尔街是资本账户开放最积极的推动者。因为，投资银行家可以大量到国际上套利，为了套利，华尔街的投资银行家还推动发达国家的金融自由化，降低管制，允许高杠杆的运作，也就是提高金融机构自己创造货币的能力，使金融机构能够增加套利的资金和利润。结果在 20 世纪 70 年代以后，美国扩张最快、且利润最多的就是华尔街，在金融经济危机爆发前的 2007 年，华尔街那几家投资银行、金融机构雇佣的人数非常少，但是所赚到的利润是美国整个经济中总利润的 40%，引发了在 2008 年金融危机以后出现的 99% 的人抗议 1% 的金融界的人的社会运动。在布雷顿森林体系崩溃后，资本账户开放最主要的受益者是华尔街。在金融危机爆发后，美国好莱坞在 2010 年拍了一个纪录片 *Inside Job*，报道了华尔街的投资银行如何以巨额的资金支持学术研究去倡导资本账户开放的好处，并通过国会游说以及投资银行家和美国政府的"旋转门"把这种政策变成美国的国策。从我当世界银行首席经济学家的经验看，IMF 和其他国际发展机构是按照美国财政部定的调来唱的，所以，在 20 世纪 70 年代以后 IMF 和其他金融机构也就从资本账户管制的倡导者变为资本账户开放的推动者。在《从西潮到东风》这本书中我对上述过程和机制做了一些讨论。

在美国学界提出的资本账户开放有利于发展中国家资本配置和经济发展的理论中，一般资本是同质的，没有金融资本和实体资本的区分。在那样的理论模型中不会有货币错配，甚至不会有期限错配的问题，也没有储备货币发行国可以用货币虚拟资本去换取非储备货币国的真实产品和服务的利益不对称问题，发达国家和发展中国家也没有产业结构和技术结构的差异，所不同的只是资本禀赋。资本账户开放在这样的理论模型中对资本短缺的发展中国家只有好处，而不会有坏处。有了这些理论，华尔街和国际金融机构在发展中国家推动资本账户开放的问题上就变得理直气壮。

那么，为什么有些发展中国家也跟着附和？除了理论认识的偏颇之外，发展中国家也有一些人积极推动资本账户开放。通常就是可以直接借钱回到国内来套利的金融机构和大企业，比如在亚洲金融危机之前泰国的金融机构，他们或以很低的利息在国外大量借贷，再以高利率到国内转贷；或赚取高额佣金，帮助国内企业到国外发行股票或债券，帮助国外的基金到国内来进行股市和房市投资；或者以较国内低的利率在国外借钱，到国内投资，短期扩张比较快。

但是在布雷顿森林体系崩溃、资本账户开放以后的结果怎么样？发达国家除了金融机构利润不断膨胀外，由于有货币政策的主动性，在经济放缓时可以用增发货币来刺激需求，以及作为储备货币国不会有货币错配的问题，宏观经济波动减小，出现了所谓的大缓和（Great Moderation）。但是后来由于金融自由化和互联网泡沫破灭后过度采取扩张性的货币政策，造成房地产泡沫，导致家庭的过度消费和国际收支的极端不平衡，在雷曼兄弟倒闭之后就爆发了 2008 年这场国际金融经济危机。但是即使在这场危机中，美国由于是主要储备货币国，不会有货币危机，靠其扩张性的货币政策而在发达国家中受损最小。可是对那些资本账户没有管制的发展中国家又怎样呢？如果他们的汇率是完全自由浮动，在那种状况之下，资金的大进大出，加大了经济的波动，拉丁美洲国家就是这种情形；如果有汇率管制，当有大量资金流入时，国内的外汇储备和货币发行都会增加，经济会繁荣，当资金大量流出，为了稳定汇率，就要动用外汇储备，外汇用光时就爆发危机，那就是亚洲金融危机的情形。

所以总的来讲，在20世纪70年代布雷顿森林体系崩溃，华尔街、美国金融学界和IMF倡导资本账户开放后，实际的结果是发展中国家经济波动更为频繁，危机发生更多。

支持资本账户完全开放的理由不成立

在这种状况之下，我们要不要讨论资本账户开放？盛司长在报告中说我们不应该讨论要开放还是不开放的问题，而是应该讨论怎么开放的问题。然而，作为学者，我认为应该先要讨论的是资本账户开放对发展中国家是有利还是不利？不同的资本账户开放中，谁是主要受益者？谁是主要推动者？只有这些问题都弄清楚以后，才能决定资本账户是否应该开放以及怎么开放的问题。按照我前面的分析，对发展中国家，即使以上提到的三种类型的资本账户都不开放，只要经济发展轨迹是正确的，自己的资本积累也就足够支撑自己在技术创新、产业升级和基础设施投资上的需要。实际上，自二次世界大战以来，那些发展最好的，真正缩小了跟发达国家差距的，从低收入变成中等收入、高收入的少数几个经济体，在变成高收入之前，资本账户都没开放。因此，不能在我们还是中等收入国家的时候，我们就把资本账户完全开放作为讨论的前提。尤其是跨境借贷和短期的资本流动，从理论分析和经验实证来看，弊远大于利，应该控制而不要完全开放，资本账户要开放的顶多也只是外国直接投资。

另外，我不同意所谓"条件比我们差的国家都开放了，我们有何理由不开放？"那些国家是完全开放了，但经济发展得不如我们好，为什么我们也要完全开放？

我同意盛司长所强调的我们不能照搬现成的理论，如他所言，著名的"蒙代尔三角理论"确实是在布雷顿森林体系崩溃前提出的，在现在可能不完全适用。但是美国金融学界提出的新理论缺乏结构的概念，不区分金融资本和实体资本以及不同发展阶段国家实体经济以及金融结构的差异性，对发展中国家而言也同样不适用，作为发展中国家的学者我们不应该照搬发达国家的理论，不管是新的还是旧的，我们应该自己研究在自己国家这个发展阶段所面对的问题，提出适合自己发展阶段的理论，这样才不会跟着别人的音乐跳舞。

但是对资本账户开放的问题，中国人民银行处于相当尴尬的地位。美国是国际游戏规则的制定者，IMF跟着美国的论调唱和；美元又是主要储备货币，而且美国控制着巨额的国际流动资本，华尔街的金融家对学界和政界都有巨大的影响，如果中国不开放资本账户，中国人民银行是首当其冲的。首先，我们现在已经是全球第二大经济体，无法避免与美国的直接交锋，因为学术界和政策界普遍接受的理论是资本账户开放有利于资本配置和福利的增加，所以要管制资本账户理不直则气不壮，面对美国政府和IMF的压力时，我们先就理亏了，人民银行是承受这种压力的第一线。其次，有那么多的短期投机性资本到处流窜，无孔不入，给宏观经济管理增加了许多困难，尤其是人民币汇率不是完全自由浮动，维护货币政策自主权很艰难。所以我可以体会为什么中国人民银行会采取倾向于资本账户开放的态度，对资本流动尽量少管制或不管制。

盛松成司长用来支持资本账户开放的几个理由，大概都不成立。第一个理由是其他发展中国家在开放的时候准备的程度比我们还低。这不是理由。我们应该问的是这些国家开放以后的结果怎么样？我们准备的程度高，就能够避免危机吗？这是需要仔细研究的。我不敢说一定会出现危机，但是不能简单地说，别人的条件比我们差的时候都已经开放了，我们为什么不敢开放？而且，从韩国和其他新兴经济体的经验来看，我觉得我国资本账户开放后发生危机的可能性会很大。

首先，我们推行的是双轨制改革，有很多扭曲没有消除，还存在不少结构性问题，这些问题跟改革不到位有关。

其次，资本账户开放问题跟一国经济的发展阶段也有关。即使我们变成全世界最大的经济体，我们的人均收入水平也只有美国的四分之一。新结构经济学对此做了不少研究，认为国家的金融结构的深化跟发展水平相关，因为不同的收入水平代表这个国家的产业水平、资本密集度、企业规模和风险特性是不一样的。发达国家那种以股票市场、风险投资、直接融资为主的金融结构并不完全适合于发展中国家。发展中国家如果采用发达国家那种金融结构，本身就是一种扭曲，既然发展中国家金融深化的程度不可能像发达国家那么高，货币又非储备货币，若允许资本自由流动，大量资金流进、流出会给经济造成过度的波动，发生危机的可能性会相当高。当然，这是有待进一步深入研究的问题。然而，比较我国和俄罗斯以及东欧转型国家的情形以及在这次国际金融危机中，对外资银行进入有许多管制的波兰和不管制的其他东欧国家表现的差异，答案应该是明显的。

再次，资本账户开放的时机更是不合适。因为在未来五年、十年，发达国家可能会陷入像日本那样的迷失的十年、二十年，经济发展非常疲软、失业率非常高、政府债务的积累非常快。比如，美国现在的失业率似乎有所改善，但那是统计失业率。因为在美国劳动力失业后只要一个月不积极找工作，就被统计为退出劳动力市场，不计入失业统计，所以如果把处于就业年龄却退出劳动力市场的人加进去，失业率还是很高的。政府债台高筑，为了减轻政府举新债还旧债的成本，发达国家为了自己国内经济的需要一定会采用非常宽松的货币政策。在这种状况下，如果其他国家资本账户开放，尤其像中国这样即将成为世界最大经济体的国家资本账户不设防的话，短期流动资本就很快流进来，大进的结果必然是大出，经济就会出现大的上下波动，甚至是危机的爆发。

最后，是不是可以像盛司长建议的那样先开放，不行再收回来？实际的情形是开放以后再想收回来，国内国外的既得利益者会群起而反对。泰国面临的情况就是这样，当政府想加强管制时，国内、国外马上群起而攻之，政府只好放弃，结果只能在危机爆发后进行改正。所以，资本账户的开放通常是一江春水向东流，只要开放就很难收回来。

所以，作为学者，不能把资本账户开放作为研究的前提，那样等于接受了现有的、发达国家提出来的、为了发达国家且主要是华尔街利益的理论。我们需要自主研究，自己提出适合自己情况的理论，把资本账户各项内容是否开放的利弊以及受益方和受害方分析清楚，这样，在国际谈判桌上面对国际机构和发达国家的压力，或当面对国内既得利益集团的压力时，我们才能理直气壮地说明哪些账户可以开放、哪些账户还不能开放。

推进资本项目开放需维持适度监管 [*]

余永定 [**]

在近代史上，资本自由流动和资本管制潮起潮落，经历过许多次轮回。从 19 世纪中叶到第一次世界大战期间，国际贸易和资本跨境流动相对当时的世界产出，其规模之大同今天相比毫不逊色。因此，资本自由流动和资本管制只有达到有效平衡，方能使经济呈现最合理的发展速度。

管制的历史演进

20 世纪 60 年代，欧洲银行利息率较高，但美国银行则因《Q 条例》而无法提高存款利息率，欧洲银行和美国银行之间的利差，诱使大量美元机构存款通过美国银行的欧洲支行转移到欧洲。这一时期，为了限制对欧投资以减少国际收支逆差，美国颁布了"利息平等税"，对购买欧洲债券和股票的美国投资者征税，对商业银行的海外贷款和美国企业的对外直接投资设限。但资本管制未能制止资本外流，只是刺激了欧洲货币市场和欧洲债券市场的发展。

在 20 世纪 70 年代中期，美国逐步解除了对资本跨境流动的限制。此后，资本项目自由化成为经济学的正统和大多数国家政府政策的主流。发达国家开放资本管制的步伐各不相同。从 1960 年开始，日本用了 40 年才基本完成了资本项目自由化。20 世纪 80 年代，发展中国家纷纷加入资本项目自由化的潮流。然而，1995 年的墨

* 本文原题为《"开放 + 监管"的平衡协同》，发表于《现代商业银行》2012 年第 5 期。
** 余永定，中国金融四十人论坛学术顾问、中国社会科学院世界经济与政治研究所研究员。

西哥金融危机、1997~1998 年的东亚金融危机给发展中国家敲响了警钟，资本项目开放度较高的东亚国家，如印度尼西亚、泰国和韩国等遭受了重创。而其他条件类似，但资本项目开放度较低的经济体却表现较好，IMF 和发达国家对控制资本跨境流动的政策措施也表现出更多宽容。发展中国家普遍放慢了资本项目自由化的步伐，甚至恢复了一些已经取消的管制措施。

西方主流经济学家普遍认为，贸易自由化、资本项目自由化可以增进相关国家的国民福利。按照经济学家弗兰克的说法，一个国家实现资本项目自由化可以通过下述五条途径支持经济的长期增长：第一，为投资找到低成本资金；第二，在受到各种不利冲击时，熨平消费的波动；第三，实现资产与负债的跨国境分散化；第四，获得外国银行的技术转让；第五，增强宏观政策的纪律性。

在详尽地研究了 19 世纪资本全球化历史的基础后，经济学家艾肯格林也特别指出，在布雷顿森林体系下，各国之所以实行资本管制，是因为在固定汇率制度下，资本管制可以隔断外部冲击对国内政策的影响，使政府在维持汇率稳定的同时，可以兼顾其他宏观经济政策目标，诸如维持充分就业。资本管制可以给政府提供喘息的时间，降低为维护汇率稳定而采取极端措施的必要性。资本管制和固定汇率的关系并非是两者经常"相互搭配"，而是在固定汇率事先已经给定的条件下，为了保持货币政策的独立性，必须辅助以资本管制。在浮动汇率制度下，资本管制已经不再是货币政策独立的必要性条件，但资本管制依然可以减轻资本跨境流动对汇率的冲击，使货币政策独立性的维持不必付出汇率急剧波动的代价。

实行适度管制的必要性

第一，同国际经验一致，中国的资本管制使中国在维持人民币汇率基本稳定的同时，维持了宏观经济的基本稳定。在长期双顺差条件下，人民币升值预期强烈（最近情况有所转变）。由于国内始终存在比较强的通货膨胀压力和资产泡沫，中央银行自2003年以来执行了适度从紧的货币政策，正利差和资产价格升值预期对外资（包括短期套汇、套利和资产投机资金）流入形成了巨大吸引力。如果没有资本管制，外资的流入必然造成更大的人民币升值压力，为了抑制人民币升值压力，我国央行就必须更多地干预外汇市场、积累更多的外汇储备、销售更多的中央银行票据。如果不是我国央行在过去十几年中，通过资本管制相当成功地抑制了套汇、套利和旨在从资产价格上涨中获利的投机资本的流入，那么中国在实行人民币渐进升值政策的同时，就不可能维持宏观经济的基本稳定。

第二，在金融市场尚不健全、银行体系需改善的情况下，一旦国际投机资本在汇市和股市对人民币发起攻击，那么中国将无法通过汇率和利息率的迅速调整来抵御国际投机资本的冲击。即便不会发生严重危机，中国也会因为投机资本的套利、套汇活动而遭受严重损失。如果没有资本管制，在亚洲金融危机中，中国很可能会陷入一场货币危机和金融危机。

第三，在市场缺陷依然严重的情况下，资本管制可以影响资本流入的数量、形式和结构，使中国尽量减少资产负债表中的币种错配和期限错配，并尽量减少因这种错配而遭受的福利损失。由于中国现行财政体系创造的激励机制的导向，地方政府常会选择大力引进外资，却未考虑这样做是否符合长远的发展利益。

第四，中国的经济改革尚未完成，所有权关系界定仍然不够清晰。富人转移财产以及海外洗钱等活动依然存在，尽管"亡羊补牢，为时未晚"，但资本管制毕竟对这类活动能够产生一定的抑制作用。

第五，"资本管制是维护我国金融安全的最后一道屏障"，此话的意思是说，尽管中国经济增长模式存在不平衡、不协调。但是只要存在资本管制，政府和民众就可以掌握中国的改革和经济稳定的自主权。没有资本管制，一旦发生经济危机或某些重大事件，就容易失去稳定经济、恢复增长的主导权。

判定开放速度的合理性

中国早已实现了经常项目自由化，资本项目自由化则在 20 世纪 90 年代就已启动。在东亚金融危机后，中国资本项目自由化的新措施出台减少，但并未停止。在加入世贸组织后，中国资本项目自由化重新提上日程。2009 年为与人民币国际化相配合，资本项目进一步开放。在这种情况下，提出"中国加速资本账户开放的条件基本成熟"所要传递的信息值得深入研究。

首先，"加速"是从物理学借来的术语，但资本项目自由化的"速度"如何衡量？"加速"的含义如果不具体加以说明，很容易引起误会。其次，我们如果要证明现在应该"加速"，就必须说明当前的国内外经济形势发生了什么变化，即所谓"条件基本成熟"了的相关信息，以至应该"加速"。其实，此处强调的"速度"更深层次的含义为，原来不能开放的项目，现在可以开放了。而同过去的开放相比，这种开放的广度与深度足以称为资本项目开放的"加速"。

对"当前中国正处于资本账户开放战略机遇期"的论证基本上是列举开放资本项目的种种好处。如前所述，资本项目自由化有利有弊，资本管制同样有利有弊。而两者的利弊对比关系则随着国内外经济形势的变化而变化。

同 2008~2009 年全球金融危机爆发之前相比，当前的国内金融形势不仅更为严峻，国际经济形势也更为错综复杂。为了摆脱金融危机导致的金融体系系统性崩溃和经济衰退，发达国家采取了极度宽松的财政政策和货币政策。而在出现公共债务危机之后，发达国家纷纷采取非常规货币政策，其中央行、银行会直接或间接购买政府债券。但是历史告诉我们，对债务缠身的国家来说，货币贬值（如果存在大量外债）和通货膨胀的影响都将是深远的。

在过去的十余年中，由于经济发展的不平衡，在取得高速增长的同时，外汇储备的过度积累使中国陷入了美元陷阱。中国的外汇储备不仅收益率较低，而且还会因种种原因遭受资本损失。作为美国最大债权人的中国，现在应该研究各种预案，尽可能减少损失。当然，在世界金融格局发生变动之时，某些机会也会呈现于我们面前，我们不应坐失良机。但是在当前国内外经济、金融形势的大背景下，我们在推动资本项目自由化的同时，维持适度监管就显得尤为重要。

管制成本问题则可以分为直接成本和间接成本来讨论。前者指为建立管制体系的资金成本，后者指管制导致投资者丧失投资机会的机会成本。随着信息技术的进步和行政效率的提高，实行有效监管的问题是可以解决的。

此外，随着中国经济的增长、中国金融体系的不断完善，资本管制形势和内容将会做出相应的调整，直至最后完全开放资本管制。事实上，国际收支中的许多项目同时具备了经常账户和资本账户的特性，很难严格区分。但我们不能因此就放弃资本管制，大部分金融交易的性质还是可以区分的。

总之，中国经济的增长方式正处于历史转折点，面对国内外十分严峻的经济形势，资本项目自由化应继续稳步推进。事实上，尽管中国人民银行提出了"加速资本项目自由化"的主张，其同时提出的资本项目自由化的路线图也是审慎、渐进的。因此，适度管制也将会给资本账户开放打开最安全的路径。

资本项目开放是奢望 [*]

国内投资者通常希望中国的资本项目开放，因为这样可以购买在香港和美国上市的中国公司的股票，可以使资产分散以对冲人民币贬值的风险。发达国家的百姓有这个权利，为什么中国百姓不行？中国不少企业都在以贸易项目为名，从事的是资本项目下的投资活动，为什么家庭部门不行？从效率和公平的角度看，资本项目开放都应该作为经济改革的方向之一。

最近宏观管理当局表态，要积极推进人民币项目自由兑换。这个消息本应该让人高兴才对，但回顾过去"人民币汇改""钱荒"等一幕一幕，笔者认为，真正的资本项目开放是奢望。

汇改是块硬骨头

人民币汇率浮动恐惧症根深蒂固。在 1997 年金融危机以后，货币当局更加严格地掌控了人民币汇率形成机制，一手是外汇市场上的数量干预，另一手是直接的外汇市场定价。钉住美元也好，渐进升值也好，都是货币当局掌控汇率价格。过去十多年，主政的是积极推进市场化改革的货币当局，尽管汇率形成机制饱受非议，汇率形成机制给货币政策操作带来巨大压力，但人民币汇率在形成机制上从来都没有变过，本质上还是货币当局定价。过去的经验告诉

  [*] 本文系中国社会科学院世界经济与政治研究所世界经济预测与政策模拟实验室（CEEM）讨论稿（2013 年 7 月 17 日），后发表于《中国经济信息》2013 年第 15 期。

 [**] 张斌，中国金融四十人论坛特邀研究员、中国社会科学院世界经济与政治研究所全球宏观经济研究室主任。

我们，汇改是块硬骨头，货币当局没啃动。

扩大汇率日波幅算不上实质性地推进人民币汇率市场化形成机制。不管前一天日波幅有多大，第二天货币当局还是根据自己的意图重新定一个价格出来，市场供求力量都要在货币当局的频繁干预预期下行动，这不是市场化形成机制。

国内金融市场化改革是块更硬的骨头

一个市场化的金融体系包括三方面的内容：其一，市场化的金融中介机构；其二，相对完备的金融交易市场；其三，确保金融机构与金融交易市场有效互动的金融基础设施，比如完善的信用评级、真实透明的会计和审计、合理的监管框架、高效的支付清算系统等。反观中国目前的情况：一边是现金流远不足以支付债务利息开支的项目大行其道，为了让项目持续下去，不惜代价地借新钱还旧账；另一边是金融部门通过影子银行业务，想方设法地把钱借给这些项目，以此谋取高息。近年来，金融市场体系有创新，但更多的是在遭受不断地破坏，而不是完善。

问题的根源是在这些难以持续的投资项目上，背后是中国经济的财税体制和投融资体制的弊端，单靠金融监管部门难有作为。影子银行的高额利润是强刺激，单纯依靠增加监管只会带来更复杂的影子银行业务品种。货币当局并非没有意识到问题所在，但还是看不到明确的解决方案。这是块比人民币汇率改革更硬的骨头，货币当局更啃不动。

资本项目开放眼前是块软骨头

不管是为了分散投资风险，还是投机套利，资本项目开放创造了新的选择机会，企业和居民没有理由反对。绝大多数政府部门看不到眼前的损失，也说不出反对的理由。反对进一步资本项目开放主要是学术界的观点，算不上真正的阻力。

软骨头会变成更大更硬的骨头

现在中国政府表态，"资本项目可兑换、汇率市场化、利率市场化，是按照一个整体的框架协同推进。从这个角度来说，利率市场化、汇率市场化和资本项目可兑换在具体的步骤和措施上是密切配合的。如果等到什么条件才能做什么事情，恐怕那个条件永远也等不到。"。这段话的意思是说，利率市场化、汇率市场化、资本项目可兑换这三块骨头我们哪块能啃就啃哪块。前两块如果我们能啃动，早就啃了，不用等到现在。我们前两块啃不动，现在想跳过前两块啃第三块。可是，没有前面两块骨头做支撑，即使真把软骨头全吃下去了，也咽不下去。人民币汇率不能由市场定价，意味着稳定宏观经济和金融市场的价格杠杆不能发挥作用。靠借新钱还旧账度日的企业越来越多，意味着金融体系内部的风险积累越来越大。没有金融市场化和汇率市场化作支撑，进一步开放短期资本流动，意思是让短期资本流动冲击来得更猛烈些吧。

资本项目开放是奢望

洞悉秋毫、稳字当头的中国政府不会选择更猛烈的短期资本流动的暴风雨。未来出现的情况，或者是近期资本项目的门开得稍大一些，一旦暴风雨来的时候再收回来；或者是因为外部环境变化，资本项目开放不了了之。如果治本措施抓不住，资本项目管制这根稻草我们怎忍心放弃。

圆桌讨论：中国开放资本账户的含义、必要性与风险 ①

资本账户开放的含义

主持人：资本账户开放的含义是什么？是否有权威的或大家一致认可的定义？

盛松成：对于资本账户开放的定义，我们在 2012 年发布的报告《我国加快资本账户开放的条件基本成熟》中第一句话已经写明了："资本账户开放过程，是一个逐渐放松资本管制，允许居民与非居民持有跨境资产及从事跨境资产交易，实现货币自由兑换的过程。资本账户开放的标准本身也在不断放宽。"

郑京平：目前，资本账户开放在全球范围内没有统一或者权威的定义，仅有国际货币基金组织罗列的 7 大类 40 个资本项目开放清单。鉴于这种情况，我们至少要做两个方面的工作：

第一，我们不去笼统地说"资本账户开放"，而是要具体地讨论我们准备开放哪个或哪些项目，以及开放的程度和利弊，这样便

---

① 本部分圆桌讨论内容整理自中国金融四十人论坛于 2012 年 3 月 25 日召开的第 58 期"双周圆桌"内部研讨会及 2013 年 7 月 21 日召开的第 82 期"双周圆桌"内部研讨会。

在第 58 期"双周圆桌"内部研讨会上，CF40 学术顾问谢平，CF40 学术委员黄海洲，CF40 成员李伏安、黄益平，CF40 特邀成员盛松成，CF40 特邀嘉宾、国家发展和改革委员会学术委员会秘书长张燕生、国家信息中心副研究员陈超，CF40·青年论坛会员、中国人民银行货币政策二司伍戈等就资本账户开放的必要性和时机展开了热烈的讨论。

在第 82 期"双周圆桌"内部研讨会上，CF40 学术顾问林毅夫、余永定，CF40 成员管涛、袁力、郑京平，CF40 特邀成员盛松成、沈建光，CF40 特邀研究员张斌、张明，CF40 会员单位代表、都乐投资公司中国经济和策略总监马青，CF40 特邀嘉宾、国务院发展研究中心社会发展研究部研究员丁宁宁、中国人民银行货币政策二司副司长郭建伟，CF40·青年论坛会员、中国人民银行货币政策二司伍戈等就资本账户开放的涵义及利弊展开了深入的讨论。

于进一步决策。否则，我们的讨论只能停留在学术层面，无法真正推动这项改革。

第二，在定义尚不统一的情况下，我们可以摆明自己的态度，即可以说"加快资本账户开放"或者"基本实现资本账户开放"。现在已经实施资本账户开放或者号称实现了资本账户开放的 60 多个国家，也没有对资本账户开放有明确的界定，开放的程度有强有弱。如果我国目前资本账户开放的程度与这些国家相比并不是最弱的，那么似乎可以宣布我国的资本账户已经基本开放了。这样可以进一步表明中国改革开放的姿态，提升中国对外开放的形象，加强中国在国际社会的话语权。

马　青：这个问题非常复杂，所以停留在理论和原则层面上永远讲不清楚。我非常同意郑京平的说法，我们一定要谈细节，就事论事。

我举五个例子，大家看这五件事能不能做。第一，QDII 和 QFII 能不能扩大到 2000 亿？第二，国内企业想在国外二级市场收购股票需要有账户，它能不能出去收购别人的股权？第三，如果我国企业需要对冲大宗商品（比如铁矿石或者铜）的波动风险，是否允许这些企业在伦敦、芝加哥做大宗商品对冲交易？第四，如果某家券商看准了日元的走势，想做空日元，能不能做？第五，是否允许国外基金购买国内的城投债？我们就这五个例子做具体分析，如果收益比风险大，就应该一步步推动实现；反之，可以暂不采取行动。

沈建光：对于基本可兑换，国际货币基金组织有界定，包括直接投资、股权投资、债券投资等在内的几个大项以及 40 个分项。央行可以考察我国每一项做到什么程度了，如果是 40 项当中的 36 项已经开放了，我们可以说是人民币基本可兑换，或者资本账户基本开放了。如果基本可兑换当中限制了一些短期的、对经济冲击较大的跨境资本流动，那么人们对于开放时机的担心就会大大降低。

管　涛：对于资本账户可兑换，国际上没有管辖，但是理论上有定义，即避免对跨境资本交易和汇兑实行限制。除了 OECD 和一些区域性团体组织对多边行为有规范，国际货币基金组织主要是推动经常项目可兑换；WTO 管理商品和服务的贸易开放，强调对外商投资企业实行国民待遇，不要求一定让自己的国内企业出去。所以，对于资本账户开放，国际上并没有任何机构要求一国履行这方面义务，这就给我们提供了一种可能性，即从以我为主、于我有利的角度主动安排资本账户开放的进程。

有一种担心是，如果资本项目可兑换了，老百姓是不是想买多少外汇就买多少外汇？其实，这不是资本项目可兑换，是内部兑换。可兑换是指外汇能自由汇入汇出，是要跨境的。

伍 戈：资本项目开放程度本质上是一个难以准确量化的问题。国际上给资本项目开放程度打分一般是先查该国家的资本账户管制的政策状况，然后根据 IMF 资本项目 40 项的分类方法，人为地按照 0、1、2、3、4 打分，最后把这些项目合成一个资本项目可兑换的程度指数。这是比较定性的打分方式。我们尝试过给全球 200 多个国家的每个项都打分，发现所谓"已宣布资本项目可兑换"和"事实上资本项目可兑换"的国家，其内部差异是非常大的。也就是说，在已宣布可兑换的国家之间，其实际兑换程度也是参差不齐。

张 明：央行在向社会公布时间表时，应明确 2015 年基本开放的定义、哪项放开、哪项不放开、各自开放的时点等内容，这样大家才能针对每一项是否安全进行讨论。例如，我们从来都是支持中国企业对外投资的，然而某位投行经济学家建议尽快允许居民年度换汇额从 5 万美元提高到 30 万美元，并且可自由汇出，对此提法我们是反对的，因为这是很危险的。

资本账户开放的必要性与风险

主持人：资本账户开放受诸多因素影响，涉及多方利益，需要谨慎决策。那么，我国为什么要开放资本账户？目前的资本项目管制是有效和必要的吗？开放资本账户对我国有哪些益处，又有哪些风险和弊端?

林毅夫:在目前的国际格局中,资本账户完全不开放是不可能的。但是,作为学者以及在谈判桌上要争取开放的主动权时,必须在理论上讲清楚资本账户开放对发展中国家哪几点是有利的,哪几点是不利的,不能眉毛胡子一把抓。要把事物的本质搞清楚,提出我们自己的理论。目前发展中国家采用的理论基本都是发达国家创造的,对发展中国家基本没有指导意义。

现在,国际货币基金组织和国外主流学界不去区分资本流动的类型,他们只讲资本流动是有利的,似乎站在了道德和理论的制高点上。以这样为前提去跟他们谈判,我们就永远处于被动的地位。我们要讲清楚,只有直接投资是利大于弊,另外两个方面(国内银行向国外银行借贷或国内企业直接到国际上举债,以及以证券投资为主的短期资本流动)是利弊参半,甚至是弊远大于利。

余永定:在文献上,特别是最近一系列国外文献上,认为从经验上找不到证据说明资本项目完全开放对发展中国家确实有很大益处。当然,在水已经泼出去的情况下,就不必讨论是不是应该泼水的问题了,我们就看盆里面还剩下多少水,如何把接下来的事情做好。

盛松成:林毅夫老师的主要观点是,发展中国家对外资开放,总体来看弊大于利。那么,我国 30 多年来引进外资、技术和金融机构,是利大于弊还是弊大于利呢?

林毅夫:进入我国国内的外国金融机构所占份额非常小,如果份额大一点,情形可能就不一样了。东欧国家为什么在国际金融经济危机中受到那么大的冲击?东欧国家中受冲击最小的是波兰,恰恰是因为波兰对外资银行控制最严,而对外资银行没有控制的国家都受到巨大伤害。

盛松成:但是我们国家与这些小国家是有很大区别的。

丁宁宁:我不同意说我们是所谓的"大国",我们只是制造业的大国。虽然我国外汇储备余额达到了 3.5 万亿元，银行资产规模也较大，但是一旦金融危机爆发，这些资产很有可能应付不了所有的损失。在金融方面，中国目前不但不是大国，而且国内金融领域还有很多问题需要解决。因此，在资本账户开放问题上，应当采取比较谨慎的态度。央行在研究资本账户开放问题时，应该组织不同年龄、不同部门、不同观点、代表不同社会群体的学者共同讨论，形成一份严肃认真的报告。

伍　戈：首先，站在一个更高的角度来看，虽然中国是发展中国家，但是我们已经迈入中等收入国家的行列，是贸易大国。在经济全球化背景下，真正的经济强国没有一个是资本项目关闭的。我们现在虽然是贸易大国，但是我们有关金融实力的数据却不好看。我国的货币可得性较差，特别是人民币在债券、金融领域的全球货币使用占比十分微小。毫无疑问，货币不可兑换性是很强的制约。

在经历了全球金融危机之后，全球都在去杠杆，整个经济都在恢复常态，美国要退出 QE。外部经济恢复常态对本国推行有关改革，包括资本账户开放，是一个比较好的时间窗口。

另外，我想特别谈一点。我们每个月都在对热钱进行分析，但是根本得不出准确结果，热钱变得越来越匪夷所思。如果没有很好的监测制度，没有打开合理的资本流动通道，很可能隐藏的风险会更大，反而造成资本外逃和调控的失灵。我国在 1996 年实现了经常账户可兑换后，随着时间的推移，资本管制有效性毫无疑问在减弱。政府管制最终战胜不了市场，不开放肯定不行。当然，在技术层面，我们还要多考虑风险因素。

盛松成：现在，我们的企业非常需要"走出去"。有人说，企业不是都能"走出去"吗？实际上，"走出去"受到的限制还很多，出去投资还很不容易。一家大型银行的行长曾告诉我，他们曾发现一个很好的国外项目，想收购或者投资，但因为资本项目没有开放，他们换不到美元。可见，企业"走出去"还有很大的障碍。

张　斌：现在中国的外汇资产存量和流量是极度扭曲的，存量基本上是政府持有、私人部门不持有，这种扭曲的状态对我国资源配置很不利。只有通过资本项目开放来慢慢改变这种局面，才能让资本配置更有效。从这个角度来讲，资本账户开放不是坏事。

现在主要强调的是让企业的直接投资走出去，这个初衷是非常好的，但是需要考虑一种风险。做大宗商品、贵金属贸易的企业，基本上都是利用贸易做套利。如果将对外直接投资放开，实业部门可能主业都不做了，只靠政策上创造的天然套利机会赚钱。当然，由于我不在实际部门工作，掌握的信息有限，这种情况是不是会在现实中发生我不确定，但这是我们担心的一个方面。

郑京平：在推进资本账户开放过程中，有以下几点需要关注。第一，对于政府和民众的引导需要加强。由于资本账户开放没有明确的定义，不够具体，民众对此有一系列的误解，这需要业内人士和专家学者做深入解读和引导，使国内的舆论和民众的期望回到正确的轨道上。第二，在开放的过程中要注重风险防控。可以说，进一步加强风险防控是我们的共识。第三，利率、汇率、资本账户改革可以相互促进。

另外，有一个问题值得大家思考。加入WTO后，我国融入了国际贸易体系，这促进了经济发展。那么在人民币可兑换或者资本账户基本开放后，我国能否进一步融入国际金融体系，并进一步促进经济发展呢？资本自由流动与货物自由贸易之间的异同在理论和实践中分别是什么？

林毅夫：WTO开放的是实物和服务之间的交换，资本账户开放是让现在主要货币储备国可以用增发货币的方式对国外进行投资，或者购买商品和服务。所以，储备货币发行国和非储备货币国之间有不对称性。如果是实物的话，不管是发达国家还是发展中国家的交换都是对等的，但是资本账户开放，尤其是在美元作为主要储备货币的时候，美国完全站在和其他国家不对等的位置上。对于非储备货币国而言，资本账户完全开放还会导致货币之间期限错配和货币错配的问题，容易引起金融危机。

沈建光：关键的问题是，资本管制应不应该放开。中国企业在国际上缺乏竞争力，缺少网点和生产基地，全球化步履艰难，那么现在要做的第一步，包括资本管制开放的第一步，就是对外直接投资。然而，企业投了一笔钱出去，还是存在层层管制，投出去的钱怎么回流？怎样融资？研发、人员配备、资金内部流动怎么实现？我国 FDI 是放开了，但是对其他的资金流向还是层层设卡，这对企业的国际化是非常不利的。资本管制的开放不能和经济的其他方面割裂开来，各项是有机的整体。

如果我们现在考虑让企业"走出去"，那么直接投资就应该开放；如果中国要发展服务业，那么如果资本管制不逐步放开，上海、深圳怎么可能成为一个全球金融中心？更不用说和香港竞争了。中国证券市场如果关起门来发展，实力不可能有大的提升。所以，无论是发展中国家，还是欧洲、美国，当自己的经济发展到某个地步，资本账户开放就成为内在需求，这也是全球资本国际化的体现。关键在于如何防范风险，如何从其他国家的危机中吸取教训，在我们开放的时候尽量减少危机可能带来的冲击。所以，在我国目前需要开放的情况下，要权衡利弊和开放的次序，加强风险防范，使风险降到最低。

黄海洲：资本项目管制带来的问题有多大？换句话说，目前的管制是否有效，在多大程度上有效？对于无效的管制，我们应该清理、简化、改革。同时，我们要建立一些新的管理机制。发达国家对外来的投资者也是有限制的，不是在汇兑方面，而是在其他方面，这值得我们学习。新机制要更透明、更公平、更有效率。资本项目开放在操作层面上还有很多事情可以做。现在 QFII、QDII 制度中有一些不合理的地方，有必要重新评价和修改。

在目前的时机和氛围下，资本项目开放有什么新机会和新风险？使人民币成为一种国际储备货币、加入 IMF 的 SDR，这是中国重大利益所在，是资本账户开放的前提和新契机。资本项目开放可能带来几方面的新风险：一是引起资本大规模流动，二是对银行造成冲击，三是对实体经济造成冲击。

张燕生：未来三十年，中国将进入一个全球投资、全球生产、全球销售和全球服务的阶段，因此加快资本项目开放是大势所趋。

我们此前在研究 WTO 时发现，贸易管制基本上是"皇帝的新装"，壁垒并不存在。资本项目管制的有效性究竟如何，会不会也像"皇帝的新装"？如果存在这样的情况，那资本项目开放并不是真正的重点，重点是揭露"皇帝的新装"，真正有效地进行风险管理。

汇率的市场化改革已经进行了将近 20 年，至今我们对改革的经验、教训总结得太少。在推进利率市场化的同时，为什么不能对汇率改革的过去进行反思？我们究竟做错了什么，做对了什么？

我很担心未来十年中国经济会出现大的风险而难逃一劫。我们必须认真思考一个问题，资本账户开放如何成为防范风险的防火墙，而不是助推风险的爆发？

袁　力：我们在考虑资本账户开放的问题时首先应该坚持理论联系实际，其次是要趋利避害、积极审慎。资本账户开放确实有利有弊，于国于民有利的方面要加快，不能错过时机。比如支持国内企业"走出去"，尤其是走进非洲，抓住非洲市场的机遇。对不利的方面则要审慎、回避，比如一些短期的套利、投机等会对我国造成很大冲击，因此无论其他国家和舆论怎样导向，我们也要坚持住立场，不能开放的坚决不开放。

郭建伟：在短期资本问题上，我们应该慎之又慎。无论我们准备用多长时间来完成资本账户开放，短期资本的开放都不应放在开始或中间的时间段进行，而且短期资本的开放绝不可能是无条件的。现在的国际环境允许我们在短期资本开放管理中制订限制条件，我们随时可以出台有关政策来管理短期资本的流入和流出。这些政策不一定是行政手段，也可以是托宾税等征税方法，而且还可以采用其他策略来防止资本流动对我国经济安全的冲击。

虽然"钱荒"反映出我们的金融稳健性存在问题，但不能否认现在的金融稳健性比过去要好。当然，我们不能再忽视流动性风险这个问题，应该加强对流动性的管理。

张　明：未来几年，如果政府不用财政资金来救助金融机构，金融机构就会相当不稳健。2013年6月份"钱荒"时，央行没有救市，结果市场出现了那么大的扰动，这充分说明市场有很大风险。在金融机构并不稳健的情况下开放资本账户，风险较大。

管　涛：对于人民银行牵头的资本账户开放工作，我也是旁观者。首先，总体上我是支持扩大资本账户开放的，但是这并不意味着我反对审慎对待这个问题。我并不认为大家的讨论有根本分歧，只是关注点或者侧重点不一样。这可能是因为大家对很多事情的理解，包括提出这个概念以后对很多细节，确实存在比较多的疑虑。

最近一段时间，国际社会对资本是应该自由流动还是要有所管制的态度已经有了很大变化。据了解，美国多弗法案对金融衍生品交易控制得很严。只要和美国进行对手交易，就要在15分钟之内把这笔交易向一个地方集中报告，而且交易要公开透明，并要尽量使用电子交易平台，按询价方式进行交易，这比中国的要求还严。中国外汇交易中心已经够严格了，要求所有信息要上报，但是我们只是掌握总体信息、总量信息，还没有要求逐笔披露交易信息。国际货币基金组织以前鼓吹资本账户开放，最近几年却逐渐提倡有序开放，容忍必要的时候进行管制。所以，实际上整个国际环境都在发生变化。既然国外管制比国内还厉害，我们为什么不能宣称中国也是资本开放国家呢？实际上美国的外商直接投资（FDI）管制比我们还严格，很多地方不让我们投资。我国FDI这么开放了，却还说我们是严格管制的国家。

资本项目可兑换并不是一放了之。首先,我理解的"开放"是,对于绝大部分资本交易项目,只要允许有渠道进入这个交易,就可以说是开放的。比如证券市场开放,并不是自由行才意味着开放。通过合格投资者的安排,推动制度管道监控,甚至有额度控制,这也是开放。开放并不意味着随便做,而且可以有规则,但是要保证主要的交易有进出的渠道,从而可以进行监控,甚至可以根据形势变化进行调整。其次,开放以后,可以把现在传统的管理手段用更加先进高效的手段替代,改变事前、事中、事后的流程式管理模式,仅管理关键环节。例如韩国在资本大量流入的情况下,只对金融衍生品交易的敞口进行管理。

现在资本流动有这么多限制,给我们的宏观管理、转型升级带来很多困扰。国际收支调节一般是两种工具,一是汇率调节价格出清,二是资本流动数量调整。为什么我们常年双顺差?经常项目顺差情况下资本流出渠道不畅,就变成两个顺差,造成我国对外净债权很高,但是投资收益为负。如果不形成多元化的对外投资和利用外资的渠道,优化资本流动结构,恐怕这些问题都解决不了。

我们并不是为了开放而开放,而是在实体经济方面有这个需求。我国是一个贸易大国,但是我国从事的大部分贸易是加工贸易,处在国际分工的底端。其中一个很重要的原因,就是我们有资本管制。很多跨国公司在中国有工厂,但是这些工厂可能只是作为生产基地,它们所有的结算都在新加坡、中国香港进行,因为中国内地管制太严。我们在考虑可兑换的一些时间安排和进度的时候,首先要满足服务实体经济需要的这些项目,而不是我们自己凭空想象开放哪一个。

我们在开放过程中要更加注意风险防范。除了要与其他改革配套,并加强监测,还要完善预案,设计不同情景下可能的政策组合,然后根据形势发展变化随时调整。我认为应该有一个分析框架,想清楚希望达到什么目标,担心出现什么问题,然后根据进展的情况调整改革力度。如果担心的问题没有出现,改革可以快一点;如果担心出现的问题出现了，改革就要慢一点；希望达到的目标没有达到，说明改革力度不够。这样随时进行动态分析，就可以有效控制风险。

陈　超：大家的研究大部分是自上而下的，这可能跟大家都是宏观经济学家有关，但我想，如果自下而上地研究，我们可能会看得更清楚一些。

首先，我们可以测算一下，如果资本项目实行开放，那么人们对外汇的需求到底有多大？其中多少是真实的需求，多少是投机性的需求？多少外汇是用于对外投资的，多少是用于证券投资？同样，我们还要测算非居民对本币的需求有多大。经过这样的测算，我们就能清楚地知道资本项目开放到底会带来多大的冲击。

其次，我们要研究国外投资者的动机。资产收益差可能是国外投资者到国内投资的动因，但从目前的 QFII 看，资产收益差对国外投资者的吸引力可能不像我们想象的那么大。目前，大部分 QFII 进入中国市场的主要方式是买一个指数基金，一直放在那里不动，委托中国金融机构进行操作。甚至有一些机构，其 QFII 额度获批三四年了，却不进行投资。国外投资者在投资中国的房地产市场、股票市场、债券市场时，要考虑很多因素，例如市场容量、交易活跃程度、市场波动性等。目前，A 股市场的一些个股是容易买进、难以卖出。一些国外投资者把 A 股市场的股票当作非流动资产、PE 资产进行投资。而当他们的非流动性资产的额度已经满了的时候，就不会考虑投资 A 股。从 QFII 这样的情况看，即使资本项目开放，外资也可能不会大规模流进冲击国内市场。这与我们的想象是不同的。

我们再看国内投资者投资境外市场的意愿。2008 年 QDII 开放，第一批 QDII 有一大半亏了，有的亏了 50%~60%，最惨的是清盘。现在很多 QDII 的额度用不完，国内投资者投资国外证券市场的需求并不大。另外，由于中国居民对其他国家的市场不了解，他们对外投资的愿望可能也不是太强烈。

第二篇

金融改革是否有先后顺序

资本账户开放并不是一个孤立的改革，与其紧密联系的另两项金融改革是利率市场化改革和汇率市场化改革。那么这三项改革有没有次序问题？是协调推进，还是逐项推进？利率、汇率市场化的实现是否是资本账户开放的必要前提？

　　以中国人民银行若干学者为代表的一派认为，"先内后外"的改革观点存在局限，国际经验表明金融改革开放没有固定顺序，而我国的实践表明金融改革开放往往是协调推进的，利率、汇率改革和资本账户开放之间不是简单的先后顺序，它们互为先决条件，应协调推进、渐进并举。另一派则提出，从国际国内经济环境及国际经验来看，在相关的金融改革取得实质性进展之前如果我们过早地开放资本账户，可能会带来新的金融风险。所以，从金融稳定和经济效益方面考虑，我们首先要进行利率、汇率和金融市场改革，然后再推动资本账户进一步开放。

　　本篇第一篇文章为中国人民银行调查统计司课题组撰写的报告《协调推进利率、汇率改革和资本账户开放》，其协调推进各项改革的观点十分鲜明；紧接着，课题组组长、中国人民银行调查统计司司长盛松成及中国人民银行货币政策二司司长李波在中国金融四十人论坛内部研讨会上的发言是这一报告内容的延展、补充和深化；国家外汇管理局国际收支司司长管涛以"双轮驱动"形象地表明了改革与开放的关系；瑞穗证券首席经济学家沈建光则从人民币国际化的角度出发，认为资本项目开放、离岸市场建设、利率与汇率改革应协同推进。

　　另一派，哥伦比亚大学教授魏尚进认为，最佳的改革顺序是先进行国内金融改革，然后推动汇率和利率改革，相对要推迟的是资本账户进一步开放和人民币国际化；中国社会科学院张斌认为金融开放的次序很重要，现有的汇率体制是首先需要被解决的问题；北京大学国家发展研究院副院长黄益平倾向于利率市场化和汇率市场化走在资本项目开放之前；瑞银证券中国首席经济学家汪涛认为，首先应推进国内结构性改革和金融改革，而资本账户开放应审慎进行。

协调推进利率、汇率改革和资本账户开放 *

中国人民银行调查统计司课题组 **

当前，我国金融改革和开放的核心内容是利率市场化、汇率形成机制改革、资本账户开放和人民币国际化等。有学者沿用不可能三角理论以及利率平价理论等，推演出利率、汇率改革和资本账户开放须遵循"先内后外"的改革次序，认为在完成利率市场化和汇率形成机制改革前开放资本账户，就会遭受外部冲击，形成巨大风险。事实上，不可能三角理论和利率平价理论具有局限性，并不完全适合中国目前的实际情况。若要等待利率市场化、汇率形成机制改革的最终完成，资本账户开放可能永远也找不到合适的时机，最宝贵的战略机遇期可能已经失去。过分强调前提条件，会使改革的渐进模式异化为消极、静止的模式，从而贻误改革开放的时机。资本账户开放与所谓的"前提条件"并不是简单的先后关系，而是循序渐进、协调推进的关系。利率、汇率改革和资本账户开放的所谓次序，并非必须。我们应抓住有利时机，积极推进资本账户基本开放，同时进一步推进利率市场化和汇率形成机制改革。

不可能三角、利率平价与金融改革次序论

蒙代尔不可能三角理论是指固定汇率、资本自由流动和货币政策有效性三者只能选其二。一般来说，大国都希望保持货币政策

* 本文于 2012 年 4 月 17 日发表在中国人民银行网站上。

** 课题组负责人盛松成系中国金融四十人论坛特邀成员、中国人民银行调查统计司司长；
课题组成员：徐诺金、闫先东、朱微亮。

的有效性，因此，若要实现资本自由流动，就必须放弃固定汇率制。蒙代尔本人并没有做过如此明确的表述，克鲁格曼将"资本的自由流动、固定汇率制和货币政策有效性，这三者不能全部满足"，归纳为不可能三角理论[①]。

凯恩斯利率平价理论则是指经风险调整后，国内外利差应等于汇差（本币远期汇率升、贴水数），套利的收益刚好弥补套汇的损失。根据这一理论来看，比如国内利率高于国外利率，本币就将贬值。凯恩斯最早提出了这个想法，恩其格（Einzig）予以整理，学术界称之为"凯恩斯－恩其格猜测"[②]。

依据不可能三角理论和利率平价理论等，有学者提出"先内后外"的金融改革次序论。次序论的理论逻辑是资本管制可隔离境内外金融市场，一方面能保持汇率稳定，另一方面使资金不能自由流动，从而保证了国内货币政策的有效性。为了维持货币政策的有效性，金融改革必须"先内后外"，即首先实现国内利率市场化和汇率自由浮动，使境内外资金市场动态满足利率平价条件，于是市场不存在投机资金的套利压力，最后顺理成章开放资本账户。反之，"在国内改革包括经济改革、汇率改革还没到位的情况下，完全开放金融市场绝对会带来灾难性的风险"。因此，"我们应充分认识到，资本项目开放，必须有人民币汇率完全浮动作为前提"，"中国的当务之急是调整汇率政策实现国际收支平衡，其次是实现货币政策由数量调控到价格调控的转变——即实现利息率自由化，然后是推进资本项目自由化，最后才是人民币国际化"，"在全面开放资本项目之前，中国应首先实现利率和汇率的市场化"，"如果资本可以自由流动而利率却缺乏灵活性，那么就会像亚洲金融危机时期那样，一旦遭受外部冲击，结果将是严重的"。因为，"这种情况下很难防范投机性攻击"。

---

① Paul R.Krugman, Maurice Obstfeld and Marc J.Melitz, *International Economic Theory and Policy*, 9th Edition, 2012.

② David A.Peel and Mark P. Taylor, "Covered Interest Rate Arbitrage in the Interwar Period and the Keynes–Einzig Conjecture," *Journal of Money*, *Credit and Banking* 34（2002）: 51–75.

不可能三角理论的局限性

不可能三角理论至少有三个方面的局限性。第一个局限性在于没有充分考虑大国经济规模大，其货币政策能对其他国家的政策选择产生较大的影响。极端情况是大国货币已成为国际交易和投资的计价、结算货币，其他货币只能紧钉大国货币。此时大国独立实施货币政策，其他国家只能进行相应操作。比如大国实施紧缩的货币政策，本币利率上升、国内外利差扩大。其他小国担心资金外流不得不相应提高利率，于是国内外利差恢复先前水平，也不会出现资金的异常流动。可见，固定汇率、资本自由流动和货币政策的有效性有条件可以成立。

第二个局限性表现在，不可能三角理论中的"三角"分别为资本完全自由流动（或完全管制）、固定汇率制（或浮动汇率制）和货币政策有效（或无效）。然而，这些绝对状态并非常态。现实情况往往是资本不完全自由流动或不完全管制，汇率也并非完全固定或完全浮动。各国金融改革与开放也往往是一个循序渐进、协调配合、逐渐由中间状态向前推进的过程。IMF 不完全统计数据显示（见表1），2011 年全世界采取中间汇率制（包括传统钉住、稳定机制、爬行钉住、爬行区间和区间钉住）的国家接近一半（占 43.1%，比 2008 年提高 3.1 个百分点）。固定汇率制至今少有国家问津。只有厄瓜多尔、立陶宛和中国香港地区等实行货币局制度。美元化只有巴拿马一国实行。真正实行自由浮动汇率制的国家也不多，实际上只有美国、日本等少数几个发达国家，而且这些国家也并非完全不干预汇率。处于中间状态的国家通过创新调控方式，保证了货币政策的有效性。比如新加坡经济开放，汇率变动对其经济增长、通货膨胀和利率都有很大影响。该国采用 BBC 的汇率制度有效缓解了三角冲突 [1] 。克鲁格曼承认，"不可能三角并不意味着不存在中间

---

[1] BBC 是单词 Basket、Band 和 Crawl 的缩写，即在设定的汇率波幅内爬行钉住一篮子货币。

状态"，"在资本部分自由流动条件下，货币当局要同时维持利率和汇率稳定，就需要大量干预市场，并且干预的力度要大于在资本管制的条件下"[①]。

表 1 IMF 成员国汇率制度安排

单位：%

	2008 年	2009 年	2010 年	2011 年
硬钉住	12.2	12.2	13.2	13.2
无单独法定货币	5.3	5.3	6.3	6.3
货币局	6.9	6.9	6.9	6.3
软钉住	39.9	34.6	39.7	43.2
传统的钉住	22.3	22.3	23.3	22.6
稳定机制	12.8	6.9	12.7	12.1
爬行钉住	2.7	2.7	1.6	1.6
爬行区间	1.1	0.5	1.1	6.3
区间钉住	1.1	2.1	1.1	0.5
浮动	39.9	42	36	34.7
不设定路径的管理浮动	20.2	24.5	20.1	18.9
自由浮动	19.7	17.6	15.9	15.8
其他	8	11.2	11.1	8.9

资料来源：AREAER 数据库。

第三个局限在于未考虑宏观审慎管理措施也能有效缓解三元冲突。宏观审慎管理的重要内容是结合运用传统工具和创新型工具，逆周期调节经济运行，防范经济风险。近年来，我国运用央票发行和差别准备金动态调整等创新型工具，部分冲销了外汇占款增加带来的流动性，使货币政策的有效性增加了"一个角"。按照一个政策目标需对应一个独立的政策工具的丁伯根原则，在蒙代尔"三角"中增加宏观审慎管理工具，这有助于缓解"三角冲突"。比如智利对非居民存款的无息准备金要求、一些国家对金融

[①]　参见 Paul R.Krugman, Maurice Obstfeld and Marc J.Melitz, *International Economic Theory and Policy*, 9th Edition, 2012, p.510。

机构的外汇头寸比例限制等宏观审慎管理工具都在一定程度上缓解了"三角冲突"。

蒙代尔也承认,"要对蒙代尔 - 弗莱明模型的应用有所限定。模型的结论并非不可避免。它们并不适用于所有国家"[1]。"这并不是说,国际宏观经济模型的结论适用于所有国家。资本市场高度发达、货币可兑换的发达国家,最适合应用蒙代尔 - 弗莱明的分析架构。发展中国家的资本流动受国家主权风险的强大影响,货币饱受周期性通货膨胀压力的困扰,蒙代尔 - 弗莱明模型能够提供的建议就少得多"[2]。

蒙代尔还指出,"我假设,资本自由流动的极端情况是本国利率不能与国际一般利率水平有任何差异。但这一假设难免言过其实"[3]。

利率平价理论的局限性

利率平价理论的基石是有效市场理论。根据后者,足够多的套利交易能充分掌握套利机会,于是套利资金决定一国的利率水平和汇率水平。但是就像不可能三角理论一样,利率平价理论也有局限性。

首先,大国国内资金一般远远多于套利资金,套利资金难以决定大国的利率和汇率以及它们的变动。大国的利率水平及其变化主要决定于其国内的经济金融环境,如央行货币政策的利率传导、通货膨胀压力、资金使用效率以及金融资源配置状况,甚至包括受社会文化影响的消费和储蓄习惯等。大国的货币政策操作不仅能引导国内利率的变动,而且能影响国际利率水平。同样,

---

[1] 蒙代尔:《蒙代尔经济学文集》第三卷,中国金融出版社,2003,第 143 页。

[2] 蒙代尔:《蒙代尔经济学文集》第三卷,中国金融出版社,2003,第 142 页。

[3] Mundell, Robert A, "Capital Mobility and Stabilization Policy Under Fixed and Flexible Exchange Rates." *Canadian Journal of Economics* 29（1963）: 475–485. 原文如下:"I assume the extreme degree of mobility that prevails when a country cannot maintain an interest rate different from the general level prevailing abroad. This assumption will overstate". 参见蒙代尔《蒙代尔经济学文集》第三卷,中国金融出版社,2003,第 83 页。

大国的汇率也基本不取决于套利资金的流动，而主要受国内经济金融条件的影响，包括产品竞争力、贸易结构、货币购买力以及通货膨胀预期等，同时受国际汇率制度的影响。一些经济学家甚至宣称，汇率决定是国家权力的延伸。在一国内部，汇率是相关利益集团和拥有特定政治经济政策目标的政府之间相互博弈的结果；在国际上，汇率是大国实现或巩固有利于己的世界经济政治安排的一个重要工具，国际汇率体系所反映的实际上是国际政治的权力结构 [1]。

其次，市场并不像某些人宣称的那样有效，诸如竞争不充分、信息不完全、资本不完全流动、"从众行为"以及"动物精神" [2] 等现象都说明市场并非那么有效，利率平价理论未必符合实际情况。

再次，利率平价理论假定市场只有一种金融资产，或者各种金融资产之间可以相互替代，因此市场只有一种利率。然而，实际情况是利率有很多种。利率平价理论并没有说明，究竟是存贷款利率、国债利率、票据利率等其中的一种，还是各种利率都符合该理论。

凯恩斯指出，要使利率平价理论"放之四海而皆准"，就必须要有资金自由流动、足够大的套利空间和足够多的套利资金，三者缺一不可。但实际上，"我们一定要记住，那些时刻准备从一个市场冲入另一个市场以套取微薄收益的流动资金绝不是无限的，而且相对整个市场规模，也并不总是足够的" [3]。

---

[1]　参见 Goodhart, Charles, A.E, "Two Concepts of Money Implications for the Analysis of Optimal Currency Areas", *European Journal of Political Economy* 14（1998）：407–432；Mark P.Taylor, "The Economics of Exchange Rate", *Journal of Economic Literature*, 33（1995）：3–47。

[2]　国外有许多研究 "Herd Behavior", "Animal Spirit" 等非理性现象的文章，证明市场远非有效。参见 Robert J. Shiller, *Market Volatility*, 中国人民大学出版社，2007，第 4 页。在该书第 7 页，Shiller 明确指出，"即便有效市场假设的某些含义能够被数据资料所证实，投资者的看法在投机性资产的价格决定过程中也具有重要作用"。

[3]　参见 Keynes, John Maynard, A Tract on Monetary Reform.（London：Macmillian 1923）．pp. 107–108。原文如下："It must be remembered that the floating capital normally available, and ready to move from centre to centrefor the purpose of taking advantage of moderate arbitrage profits between spot and forward exchange, is by no means unlimited in amount, and is not always adequate to the market's requirements"。

国际经验也证明，一国利率形成或者汇率形成并不完全是由套利资金决定的，尤其是大国的利率或汇率主要不是由套利资金决定的。20世纪70年代末，日元持续贬值，由190日元/美元（1978年9月）贬值至250日元/美元（1980年4月），同期美国联邦基准利率远高于日元贴现利率，平均利差超过7个百分点。1995~1998年，日元又开始贬值且日本实施"零利率"政策，美元和日元利差平均为4.5个百分点。按照利率平价理论，会有大规模投机资金从日本涌入美国，从而自动调节美国和日本的利率和汇率。但事实上，尽管全球金融市场出现日元套利交易，然而日元、美元并没有按照利率平价理论所推断的那样，要么利差缩小，要么日元升值。在此期间，日元汇率由1995年4月14日的83.25日元/美元，持续贬值为1998年6月15日的146.45日元/美元，而同期美国联邦基准利率由6.09%微降至5.78%，日元贴现率则由1.25%大幅降至0.25%，美、日利差由4.84%扩大至5.53%[1]。

英、美两国例子同样证明利率平价理论不一定成立。在20世纪80年代初，西方国家逐渐走出危机阴影。美国联邦基准利率由1981年1月末的17.25%降至1984年9月末的11.23%，同期英镑基准利率由14%降至10.5%。尽管这3年联邦基准利率平均水平（12.2%）高出英镑基准利率（11.2%）1个百分点，但英镑兑美元汇率仍由2.4029美元/英镑贬值至1.1861美元/英镑。这3年来卖出英镑、买入美元的套利年收益率超过10%。套利收益并没有如利率平价理论所预测的那样快速收窄，而是时有反复。反之，为刺激IT泡沫破灭后的美国经济，美联储将联邦基准利率由2002年1月末的1.85%降至2003年年末的0.94%，而同期英国基准利率基本保持在4%，英镑兑美元汇率则由1.4322美元/英镑持续升值为1.7516美元/英镑。该期间套利收益呈逐步扩大态势，利率平价理论同样不成立。

---

[1]　Laurence S. Copeland：《汇率与国际金融》，机械工业出版社，2011，第143页。

国际经验表明，利率、汇率改革和资本账户开放没有固定的先后顺序

首先是美国成功的例子。美国采用"先外后内"改革次序，依次实行本币国际化、放松资本管制、汇率自由化和利率市场化。二次世界大战后，美国凭借布雷顿森林体系和马歇尔计划，奠定了美元的世界中心货币地位。在 1972~1974 年石油危机期间，美国与沙特阿拉伯签署一系列秘密协议，强化了美元在石油等大宗商品交易中的计价货币地位。紧接着，在布雷顿森林体系解体后（1974年），美国废除了一系列资本管制措施（包括 1964 年的"利息平衡税"、1965 年美联储要求国内金融机构自愿限制在国外的贷款和投资等 [1] ），开放资本账户。1978 年，美国接受 IMF 条款，实行浮动汇率制度。1982 年，美国开始利率市场化改革，废除《Q 条例》，但直到 20 世纪 80 年代中期才真正实现利率市场化 [2] （见表 2）。

其次，我们接着看日本的例子。日本尽管基本遵循"先内后外"改革次序，却没能避免"失去的二十年"。1971 年，史密森协议要求日元兑美元汇率波幅由 1% 扩大至 2.5%，标志着日元汇率"无海图航海"时代的开始。日元利率市场化开始时间较早，但持续时间较长。1977 年，日本实现国债利率市场化。1979 年日元引入可转让存单（CD），渐进地实现存款利率市场化。1994 年日本完全取消利率管制。日本资本账户开放时间相对较晚，在 20 世纪 90 年代前后才基本实现资本账户开放。尽管日本遵循"先内后外"改革模式，但由于改革时间过长，也未把握好改革力度与节奏，日本失去了经济结构调整的大好机会，最终"失去二十年" [3]。（见表 2）

---

[1]　参见 A.Bakker，B.Chapple《发达国家资本账户自由化的经验》，第三章，中国金融出版社，2002。

[2]　1929 年，美国经历了大萧条。此后，美联储颁布了一系列金融管制条例。其中《Q 条例》内容包括银行对 30 天以下存款不付息、存款利率设上限，以及除商业银行外的其他金融机构不得进入存款市场等。1982 年，美国国会通过《解除存款机构管制和货币管理方案》，实行利率市场化改革，分阶段废除了《Q 条例》。

[3]　参见日本经济产业省审议官（副部长）石毛博行《汇率变动对日本经济的影响》，北京长富宫演讲稿，2010 年 1 月 21 日；关志雄：《中国摸索向完全浮动汇率制转变》，《比较》2009 年第 2 期。

表 2　部分国家金融改革步骤

	利率市场化	汇率自由化	资本账户开放	本币国际化	改革效果
发达国家					
美国	废除《Q 条款》（1982）	名义上自由浮动，实质干预较多（1973）；浮动汇率（1978）	取消管制（1974）	布雷顿森林体系（1945）；马歇尔计划（1947）；石油美元计价协议（1970年代）	重要国际货币（1925）；全球本位货币（1945）
日本	国债利率市场化（1977）；引入CD，利率市场化（1979）；取消利率管制（1994）	名义上浮动汇率，实质干预较多（1971，史密森协议）；浮动汇率（1973）	放松资本流入管制（1979）；放松资本流出管制（1985年左右）；取消跨境交易限制（1995）	《外汇法》（1980）；东京离岸市场（1986）；清迈协议（2000）	SDR货币篮子（1974）；放宽境外贷款和汇兑限制（1980）；重要国际货币
德国	1967 年取消利率管制，1973年取消信贷规模管理，实现利率市场化	名义上浮动汇率，实质干预较多（1971，史密森协议）；浮动汇率（1973）；欧元区（1999）	1958年马克可兑换，1959~1981年多次反复，最终完全放开	马斯特里赫特条约（1991）	重要国际货币
英国	不公布最低贷款利率（1981）取消抵押贷款指导（1986）	浮动汇率（1973）	1958年英镑可兑换，1961年限制对英镑区外的直接投资，1958~1979年多次反复，最终完全放开	英镑银、金本位（1560~1920）	重要国际货币
新兴国家					
智利	先短期后长期，增加央行票据利率拍卖工具（1987~）	比索贬值，并扩大波幅（1985）；由钉住美元转为钉住一篮子货币（1992）	始于FDI、境外证券投资限制（1985）；渐进放松资本管理		经济增速加快；通胀下行；经常项目明显改善；国内外利差收窄
印度尼西亚	放松利率管理（1983）；逐步取消信贷规模控制	扩大一篮子货币汇率波幅（1994）	取消流动限制，放宽FDI限制（1985）		经济增速加快；物价水平有所提高；经常项目明显恶化；国内外利差扩大
韩国	先贷款后存款，先长期后短期取消利率管制（1993~1995）	采用对美元平均汇率制，波幅0.4%（1990），波幅扩大至0.8%（1992）	取消FDI限制（1989），总体管制程度较高		经济增速平稳；物价水平有所上行；经常项目有所恶化；国内外利差基本稳定
泰国	取消1年期以上存款利率上限（1989）；取消储蓄存款和贷款利率上限（1992）	由钉住美元改为有管理浮动（1997）	取消FDI、境外证券投资、境外贷款限制（1977）；基本取消流入限制（1992）；分步取消境外贷款、境外投资限制（1990~1994）		经济增速平稳；物价水平大幅上行；经常项目明显恶化；国内外利差扩大

再次，我们再对比英国和联邦德国的情况，可见，改革次序大致相同，结果却可能不同。英德两国分别在 1958 年和 1959 年实现英镑和联邦德国马克的可兑换，但之后多次反复，实行资本管制或放松管制。在布雷顿森林体系解体后，英德两国在 1973 年实行浮动汇率制，在 1979 年前后最终完成资本账户开放。有所不同的是联邦德国在 20 世纪 70 年代中期实现了利率市场化，而英国直到 1986 年才真正实现了利率市场化。为了应对跨境资金冲击，尽管两国采取了类似的措施，资本管制时松时紧，多次反复，但英国经历多次危机，而联邦德国的经济基本没有受到危机的威胁。1992 年，受投机资金冲击，英镑退出欧洲汇率机制（ERM）。（见表 2）

最后我们观察韩国的改革历程。当年韩国金融改革条件如汇率制度、财政状况以及工业化进程等，与中国目前的情况相似。韩国的教训值得我们吸取。1990~1992 年韩国将韩元兑美元日均波幅扩大至 0.8%，1993~1995 年韩国先贷款后存款、先长期后短期实现利率市场化，但对资本管制问题非常谨慎，资本管制程度较高。韩国只允许非居民有限进入股票市场以及增加居民在国外发行证券的种类；允许外资银行从国外借款，但对国内公司直接境外借款实行管制；非居民对非银行境内机构的贷款须事先审批[1]。尽管韩国遵循"先内后外"的改革次序，1997 年亚洲金融危机依然重创了韩国经济（见表 2）。

我国利率、汇率改革和资本账户开放需要协调推进

实际上，所谓金融改革次序问题不仅是理论问题，更是实践问题。从中国实践看，"先内后外"的改革次序只是一种理想化设计，而实际情况往往是内外协调推进并相互促进。利率、汇率改革和资本账户开放就像两条腿走路，只有两条腿协调迈进才能走得稳、

---

① 　R.巴里.约翰斯顿、V.桑德拉拉加：《金融部门改革的次序》，中国金融出版社，2000，307 页。

走得快，至于左腿在前还是右腿在前并没有固定的次序。2000 年，我国金融机构资产质量很差，四大国有商业银行不良贷款（一逾两呆口径）余额约 1.8 万亿元，不良贷款率为 29.2%，处于技术性破产的边缘。当时有人认为，加入 WTO、开放金融市场无异于"引狼入室"。事实证明，"与狼共舞"极大提高了我国金融竞争力，有力促进了我国金融业健康发展。引入战略投资者、政府注资、剥离不良贷款及改制上市等一系列改革，极大地提高了中资金融机构的管理能力和赢利水平。截至 2011 年年末，我国商业银行不良贷款率为 1.0%，拨备覆盖率为 278.1%，资本充足率为 12.7%。我国银行业资产质量处于全球银行业较高水平，远高于 BaselIII 标准。历史经验表明，利率、汇率改革和资本账户开放不存在严格的先后顺序，而应该是协调推进和相互促进的关系。

多年来，我国利率、汇率改革和资本账户开放正是协调推进的过程。从资本账户开放看，2002~2009 年，我国共出台资本账户改革措施 42 项。外汇管理已由"宽进严出"向"双向均衡管理"转变，逐步减少行政管制，逐步取消内资与外资企业之间、国有与民营企业之间、机构与个人之间的差别待遇。从结构看，按照 IMF2011 年《汇兑安排与汇兑限制年报》，目前我国不可兑换项目有 4 项，占比 10%，主要是非居民参与国内货币市场、基金信托市场以及买卖衍生工具等。部分可兑换项目有 22 项，占比 55%，主要集中在债券市场交易、股票市场交易、房地产交易和个人资本交易等四个方面。基本可兑换项目 14 项，占比 35%，主要集中在信贷工具交易、直接投资、直接投资清盘等方面。

从人民币汇率形成机制改革进程看，人民币汇率体制经历了从计划经济时代的高估配给汇率制（1949~1979 年），到转轨经济时期的双重汇率制（1979~1994 年），再到单一的浮动汇率制（1994 年至今），从事实上的钉住美元汇率到参考一篮子货币有管理的浮动汇率制的阶段 [①]。

[①]　易纲：《改革开放三十年来人民币汇率体制的演变》，《中国经济 50 人看三十年》专辑，2008。

从利率市场化成果看,货币市场和债券市场已经实现利率市场化,存贷款市场上也只有人民币存款和人民币贷款尚未完全实现利率市场化。在 2011 年年末,人民币存款余额 80.9 万亿元,均处于存款利率上限,占全部利率产品余额的 44.6% ;人民币贷款余额 53.3 万亿元,大部分贷款利率高于贷款基准利率,按照市场供求状况定价(见表 3)。近年来,以市场化定价的理财产品、银行表外创新业务等发展迅速。2011 年实体经济以未贴现的银行承兑汇票、委托贷款和信托贷款方式合计融资 2.52 万亿元,占当年社会融资规模的 10.9%。

表 3 2011 年年末中国利率产品市场化状况

单位 : 亿元

货币市场		债券市场		存贷款市场	
市场状况	余额	市场状况	余额	市场状况	余额
同业拆借（1996 年放开）	8852	金融债（1998 年放开）	74598	外币贷款（2000 年放开）	33917
回购（1997 年放开）	22942	国债（1999 年招标发行）	73827	外币存款（2004 年放开）	17333
贴现（2005 年与再贴现利率脱钩，实现市场化）	15120	企业债（2007 年参照 SHIBOR 利率报价）	51628	人民币存款利率管上限（2004 年）	809369
				人民币贷款利率管下限（2004 年）	532820
				同业存款（市场化定价）	23018
				委托存款（市场化定价）	52118
				委托贷款（市场化定价）	51968
				信托贷款（市场化定价）	17579
				理财产品（市场化定价）	31732

注 : 1. 贴现规模为金融机构人民币信贷收支表中的票价贴现余额。

2. 同业拆借和回购分别为金融机构的同业拆借和卖出回购。

3. 金融债包括国家开发银行金融债及政策性金融债、银行普通债、证券公司债、银行次级债及混合资本债、资产支持证券。

4. 企业债包括企业债、公司债、短期融资券、超短期融资券、中期票据、中小企业集合票据及非公开定向融资工具、可转及可转可分离债。

5. 同业拆借、回购及现券买卖均为交易规模,其他为余额数。

资料来源 : 中国人民银行。

　　更重要的是，作为一个大国，我国利率和汇率主要不决定于国际资本流动。我国利率主要决定于国内经济金融环境，汇率则主要决定于我国相对其他国家的贸易条件。国内经济金融环境主要包括居民的消费和储蓄习惯、资金使用效率、资金供求状况、企业赢利能力、物价水平以及货币当局的利率调控能力等。贸易条件则主要包括劳动力成本、技术条件、产业结构、资源禀赋以及货币当局调控汇率的能力等。目前，我国经济总量和贸易总量均居世界第二，且发展速度居世界前列，经济结构和贸易条件也不断改善。现阶段，我国外汇储备 3.18 万亿美元，银行业金融机构金融资产超过 110 万亿元，金融运行总体稳健。这些都是我国利率、汇率稳定最有利的条件。国际资本流动不可能成为我国利率、汇率的主要决定因素。

　　当前，我国加快资本账户开放正处于难得的战略机遇期。首先，我国企业"走出去"已进入战略机遇期。过剩的产能向对外直接投资提出了要求，雄厚的外汇储备为对外直接投资提供了充足的外汇资金，西方金融机构和企业的收缩给中国投资腾出了空间。其次，人民币国际化正处于难得的战略机遇期。开放资本账户，拓宽人民币流入、流出渠道，将进一步提高人民币在国际贸易结算及国际投资中的地位，也将进一步促进香港离岸市场的建设，加快离岸人民币金融工具的创新。可以设想，随着人民币国际计价、国际支付以及国际投资等职能逐步实现，人民币成为国际储备货币将为时不远。我国当前需要进一步推进利率市场化、汇率形成机制改革等各项金融改革，渐进审慎地开放资本账户，将开放的风险控制在最小范围。加快推进资本账户基本开放，不需要等待利率市场化、汇率形成机制改革或者人民币国际化条件完全成熟，但这绝不意味着利率市场化、人民币汇率形成机制改革不向前推进。利率市场化、汇率形成机制改革、人民币国际化与资本账户开放是循序渐进、协调配合、相互促进的关系，具体的改革开放措施应该成熟一项，推进一项。

我国需要协调推进金融改革开放[*]

盛松成[**]

2012 年，中国人民银行调查统计司课题组先后发表两篇报告。一篇是 2 月 23 日发表的《我国加快资本账户开放的条件基本成熟》，一篇是 4 月 17 日发表的《协调推进利率、汇率改革和资本账户开放》。第一篇报告侧重于政策研究，第二篇报告侧重于理论研究。我们在这两篇报告中提出了四个主要观点：第一，我国推进资本账户开放的条件基本成熟；第二，提出人民币资本账户开放路径，即后来被某些媒体解读为所谓的路线图；第三，开放资本账户要优先放松对企业"走出去"的管制，因为我国推进资本账户开放的首要目的是鼓励企业"走出去"，为企业"走出去"尽可能地创造条件；第四，协调推进利率、汇率改革与资本账户开放（由于字数限制，下文用"金融改革开放"指代"利率、汇率改革与资本账户开放"）。

在这两篇报告的基础上，我今天集中论述三个观点：一、开放资本账户应该优先放松对企业"走出去"的管制；二、推进资本账户开放不等于不防范风险；三、我国应该协调推进利率、汇率改革与资本账户开放。

开放资本账户应该优先放松对企业"走出去"的管制

（一）当前企业"走出去"的管制较多

我国长期以来的资本管理理念与政策是"宽进严出"，到现在

---

* 本文是作者在 2013 年 7 月 21 日中国金融四十人论坛第 82 期"双周圆桌"内部研讨会上的主题演讲，由中国金融四十人论坛秘书处整理，经作者审核。

** 盛松成，中国金融四十人论坛特邀成员、中国人民银行调查统计司司长。

还没有根本改变。如果资本流入使外汇储备每年增加几千亿美元，大家不会太担心；但是如果短期内，甚至一周、十天内的流出资本比较多，我们可能就会有些恐慌。在吸引外商直接投资的领域，我国基本没有限制，但是在对外直接投资方面，我国中小企业、个人投资者"走出去"的渠道很窄。中小企业对外投资的项目审批严格，个人投资者受每年 5 万美元购汇额度限制，并且我国尚未开放非金融机构和个人直接投资国外股票和债券等金融产品。2012 年，《浙江省温州市金融综合改革试验区实施方案》第 4 条规定"开展个人境外直接投资试点"，目前仍处于试点阶段，没有完全展开。2012 年，中国对外直接投资 624 亿美元，而外商对我国直接投资 2535 亿美元，是我国对外投资的 4 倍多。另外，外商投资企业利润留存，可用于再投资金额也高达 1000 亿美元以上。截至 2012 年年末，中国对外直接投资累计 5028 亿美元，而外商直接投资累计 21596 亿美元，后者是前者的 4 倍多。

（二）鼓励企业"走出去"是我国经济的重大战略方针

在正常情况下，我国企业的产能利用率为 85%~90%。目前，我国部分支柱行业产能过剩。2012 年钢铁行业产能为 9 亿多吨，实际上生产了 7 亿多吨，产能利用率为 72%；水泥产能利用率为 72.7%；自主品牌汽车产能利用率为 58%。部分新兴产业也出现产能过剩，风电设备产能利用率为 69%，光伏电池产能利用率为 57%。这些支柱产业的产能在国内不能完全消化，国外市场就成为一个很好的发展空间。可见，鼓励企业"走出去"也是我国经济结构调整的需要。从根本上说，鼓励企业"走出去"，拓展世界市场（包括各种直接投资）是我国经济的重大战略方针。

（三）企业"走出去"有利于缓解外资流入压力

长期来看，不仅是过去，而且在未来比较长的时间内，我国总体资本流入的压力远大于资本流出的压力。未来 30 年，中国生产者（25~64 岁）数量对净消费者（25 岁以下和 64 岁以上）数量之比高于 100%，意味着我国生产能力强，储蓄率高。同时，我国国民总储蓄率长期保持在 50% 以上（2012 年为 50.3%）。按照"储蓄 – 投资 = 经常项目差额"恒等式，高储蓄率一般对应经常项目顺差。所以我国经常项目的长期流入压力较大。2009~2012年，我国直接投资项顺差与 GDP 之比的平均值为 2.59%，证券投资项顺差平均值为 296 亿美元，说明我国的资本与金融项目的长期流入压力也较大。

（四）企业"走出去"有利于缓解国内货币被动投放压力

截至 2013 年上半年，我国外汇储备余额为 34967 亿美元，接近全球外汇储备的三分之一，约为日本的 3 倍。对应投放基础货币为 24.99 万亿元人民币，占我国全部基础货币的 96.9%。我国外汇储备余额约为 22 个月的进口量，远超 3~6个月的国际合理标准。还有一项数据容易被大家忽略，即假定我国外汇储备平均年收益率为 3%，仅此一项每年将增加外汇流入 1050 亿美元，折合外汇占款近 7000 亿元人民币。假定广义货币乘数为 4（2013 年 6 月末，广义货币 M2 乘数为4.09），则对应新增广义货币供应量为 2.8 万亿元人民币，每年 M2 的增速由此提高约 2.5 个百分点。截至 2013 年上半年，我国新增外汇储备 1851 亿美元，相应新增外汇占款 1.32 万亿元，同比多增 1.04 万亿元。我国每年大概增加外汇储备 2000亿~3000 亿美元，加上外汇储备年收益约 1000 亿美元，一年增加的外汇储备就有 3000 亿~4000 亿美元，这相当于我国目前外汇储备余额的 10%，也意味着我国三至四年的外汇储备增量就是日本目前的外汇储备余额。

（五）企业"走出去"有利于跨境人民币使用

2013 年 5 月末，根据环球银行电信协会（SWIFT）发布的数据，人民币在全球结算占比为 0.84%，创历史新高，居世界第 13位。从 2012 年 1 月起，人民银行在公布社会融资规模、存款、贷款、货币供应量的同时，也公布了人民币跨境结算数据。人民币跨境使用取得了一系列成果（见表 1）。

表1 人民币跨境使用的主要成果

	官方使用：国际储备	民间使用：货币替代和投资
价值储藏	包括尼日利亚等8个亚非国家持有人民币储备资产，其中尼日利亚持有约200亿元人民币，折合33亿美元	截至2013年4月末，香港人民币存款6772亿元，占香港总存款的10.1%，占香港外币存款的19.9%
		境内外机构在香港累计发行人民币债券3059亿元
		财政部在香港累计发行人民币国债570亿元
		截至2013年6月26日，QFII累计获批434.63亿美元，RQFII累计获批1049亿元，QDII累计获批858.57亿美元
	官方使用：载体货币	民间使用：结算货币
交易媒介	16国签署1.6万亿元的双边本币互换协议	2013年前5个月，跨境货物贸易人民币结算业务达1.16万亿元，占海关进出口11%；跨境服务贸易及其他经常项目结算金额达5518亿元
	根据清迈倡议实现了中日韩与东盟国家的双边互换；人民币与日元直接交易	2013年前5个月，人民币对外直接投资结算达144亿元，外商直接投资结算金额达1218亿元
	官方使用：锚货币	民间使用：计价货币
记账单位	目前尚无其他货币钉住人民币	越南、老挝等周边国家的商品计价
		香港的人民币产品，含债券、股票和基金；汇丰银行在伦敦发行10亿元人民币债券，是人民币走向世界的重要一步

推进资本账户开放不等于不防范风险

（一）一个认识误区：资本账户开放与风险防范是对立的

当前对资本账户开放和风险防范的关系的认识有一个误区，就是认为资本账户开放和防范风险是对立的。事实上，这两者不仅不对立，而且资本账户开放的程度越是提高，就越要提高风险意识。学术界公认的资本账户开放四大条件包括宏观经济稳定、金融监管完善、外汇储备充足、金融机构稳健。就这四大条件来说，我国现在的宏观条件处于良好状态。2012年，我们发布报告认为可以加快资本账户开放，因为很多国家，例如俄罗斯和印度，在资本账户开放时的宏观条件和国际条件都比我们的情况差得多。2012年，我国经济增长率为7.8%，比世界平均水平高4.6个百分点；财政赤字占GDP之比为1.54%，而欧洲安全标准为低于3%；经常项目顺差占GDP的2.3%；短期外债余额占外汇储备总额的16%，而国际标准安全线为100%；银行业不良贷款率为0.95%，而国际良好区间为2%~5%；银行业加权平均资本充足率为13.3%，比巴塞尔协议III的标准高5.3个百分点；银行业加权平均核心资本充足率为10.6%，比巴塞尔协议III的标准高4.6个百分点；物价基本稳定，人民币汇率双向波动，市场利率较为真实地反映了资金供求状况。其中，我国短期外债占比只有16%，但是这不意味着我们可以放开短期外债。对于这种投机性很强的短期外债，一定要管起来，因此我很赞成实行短期外债额度总额管理。

（二）我国金融市场能有效缓冲资本账户开放的风险

亚洲开发银行的数据显示，2012年我国债券市场规模为3.81万亿美元，成为世界第三大、亚洲第二大债券市场，仅次于美国和日本。其中，企业债余额为1.04万亿美元，政府债余额为2.77万亿美元。截至2013年5月末，我国股票市场市价总值为24.78万亿元，世界排名第四，其中A股市价总值为24.6万亿元，B股市价总值为1788亿元；流通市值为19.64万亿元，其中A股流通市值为19.46万亿元，B股流通市值为1780亿元。可以说，我国金融市场规模是很大的，能够成为资本账户开放风险的缓冲带。

（三）防范资本账户开放风险的主要举措

第一，协调推进利率、汇率改革与资本账户开放，防范人民币资本账户开放风险。我认为，协调推进利率、汇率改革与资本账户开放本身就是防范人民币资本账户开放风险。2012年7月19日，中国人民银行宣布放开贷款利率下限。从利率市场化的角度来讲，这是一个重要的里程碑。这也说明我们各项改革都是协调推进的。

第二，优化资本账户各子项目的开放次序，防范资本账户开放风险。利率、汇率改革和资本账户开放没有固定的顺序，应该成熟一项，开放一项，协调推进，但是资本账户本身的开放还是有次序的，最需要开放的要先开放，风险最大的要晚开放。也就是说，有利于企业"走出去"的要早开放，很可能遭受短期投机冲击的要缓开放。像刚才说的，短期外债可以慢慢来，长期不开放都可以。

第三，推进资本账户开放并不意味着没有对资金跨境流动、金融交易的监管，而是应该根据国内外经济情况的变化，保持政策的灵活性和针对性，包括采取临时性特别措施。很多国家都这样做过。2009年，巴西宣布对外国证券投资征收2%的资本税，以抑制资产泡沫和本币急速升值；2011年，欧盟委员会正式提议欧盟国家统一征收金融交易税，计划自2014年开始实施；南非、泰国、智利、印度尼西亚等国的央行都推出了旨在防范短期套利热钱大进大出的相关措施。在2012年的报告中，我们提出要谨慎推进，相机决策，遇险即收。今天我想强调的是，越是开放，越是要加强风险防范意识。我们目前研究的重点应该是如何推进资本账户开放和如何防范风险，而不应该局限于讨论该不该开放。我们应该讨论怎么开放，哪些应该早一点开放，哪些有风险而需要慢慢开放，开放了以后有哪些风险等等。这方面的研究还不够。我们正在研究推进资本账户开放后如何进一步防范风险。

协调推进利率、汇率改革与资本账户开放

（一）"先内后外"金融改革开放观点的理论局限

"先内后外"的金融改革观点是指一个国家在完成利率市场化和汇率形成机制改革之后，再开放资本账户。这里的"内"指的就是利率和汇率改革，"外"指的是开放资本账户。实际上，在金融改革中，"内"还有很多内容，包括金融体制改革、民间资本进入金融业等，如果我们都要完成对内改革再开放资本账户的话，这在中国几乎不可行。"先内后外"金融改革开放观点的理论基础是不

可能三角理论和利率平价理论。这两个理论本身是成熟理论，其逻辑是：资本流动、固定汇率和有效货币政策三者只能取其二。大国一般选择独立有效的货币政策，因此要么以资本管制维持固定汇率，要么汇率浮动，资本可以自由流动。比如在固定汇率制下通过提高利率来抑制通货膨胀，则国内外利差提高，外资流入，货币当局不得不予以冲销，于是丧失货币政策的独立性。在利率市场化和汇率形成机制改革完成前，如果国内外利差和汇率变动不满足利率平价条件，套利资金将大幅流出（或流入），追逐套利机会，影响国内金融稳定。因此，金融改革最优顺序是利率市场化、汇率形成机制改革，再开放资本账户，最后才是本币国际化。然而，"先内后外"的观点存在以下局限。

首先，"先内后外"没有充分考虑大国情形。大国的汇率主要受产品竞争力、贸易结构、货币购买力以及通货膨胀预期等影响。大国的利率水平及其变化主要决定于其国内的经济金融环境，如利率传导、通货膨胀压力、资金使用效率以及金融资源配置状况等。现实情况表明，小规模的套利资金难以决定大国的利率和汇率水平，而利率平价理论和不可能三角定理认为一国利率和汇率主要是由国际资本流动决定的。我想强调的是，一个国家，尤其是大国，它的利率和汇率的变动主要不取决于国际资本的冲击和流动，而取决于这个国家国内的基本经济状况以及该国与外国的贸易条件。例如，日元汇率由 1995 年 4 月 14 日的 83.25 日元 / 美元，持续贬值到 1998 年 6 月 15 日的 146.45 日元 / 美元，而同期美国联邦基金利率由 6.09% 微降至 5.78%，日元贴现率则由 1.25% 大幅降至 0.25%，美、日利差由 4.84% 扩大至 5.53%。再比如，美联储将联邦基金利率由 2002 年 1 月末的 1.85% 降至 2003 年年末的 0.94%，而同期英国基准利率基本保持在 4% 左右，英镑兑美元汇率则由 1.4322 美元 / 英镑持续升值到 1.7516 美元 / 英镑。

其次，"先内后外"对市场并非完全有效。利率平价理论假定市场只有一种金融资产，或者各种金融资产之间可以相互替代，因此市场只有一种利率。然而，实际情况是利率有很多种。凯恩斯

（1923）指出，"那些时刻准备从一个市场冲入另一个市场以套取微薄收益的流动资金绝不是无限的，而且相对整个市场规模，也并不总是足够的"。对利率平价理论，学者们主要是理论推导，实证结果有一些，但是反证更多。有很多国家，包括发达国家在内，利率相差很多，而汇率并没有根据利率平价理论而变动，有的时候变动是相反的。所以，利率平价理论和不可能三角定理，在理论上很完美，但是在实践当中往往是有局限性的。

再次，"先内后外"没有充分考虑经济中大量存在的"中间状态"。不可能三角中的"三角"分别为资本完全管制（或完全自由流动）、固定汇率制（或浮动汇率制）和货币政策有效（或无效）。然而，这些绝对状态并非常态。固定汇率制至今少有国家问津，只有厄瓜多尔、立陶宛和香港地区等实行货币局制度。美元化只有巴拿马一国实行。真正实行自由浮动汇率制的也不多，实际上只有美国、日本等少数几个发达国家，而且这些国家也并非完全不干预汇率。再比如说，我国的汇率形成机制不能说是固定汇率制，也不能说是完全浮动汇率制。我国的资本账户既不是资本管制的，也不是完全自由流动的。这些都是"中间状态"。

最后需要强调的是，不可能三角理论和利率平价理论主要适用于小国经济，对大国经济的解释并不理想。

（二）国际经验表明金融改革开放没有固定的顺序

从历史上已经完成了金融改革的国家来看，美国是"先外后内"："二战"后，美元成为中心货币；1972~1974年，美元计价地位加强；1974年，美国取消资本管制；1978年实现浮动汇率制；20世纪80年代开始利率市场化改革。日本是"先内后外"：1971年，史密森协议要求日元波幅由1%调至2.5%，汇率实行浮动；1977年实现国债利率市场化；1994年实现利率完全市场化；20世纪90年代基本实现资本开放。英国和德国改革顺序基本相同，结果完全不同：英国经历多次危机，而德国经济受到危机的冲击较少。1992年，受投机资金冲击，英镑退出欧洲汇率机制（ERM）。所以，从国际经验来看，金融改革开放并没有固定的顺序。有人说美国的例子不适合中国，我也觉得不是很适合。既然美国的经验不符合中国的实际，那么在有些国家（主要是小国）的经验基础上得出的理论，如不可能三角定理和利率平价理论，为什么就适合中国呢？

（三）我国实践表明金融改革开放往往是协调推进的

首先，我国改革开放的成功经验之一是协调推进各项改革开放措施。在十四届三中全会文件中，我国协调推进改革的策略被概括为"整体推进、重点突破"，也就是既注意改革的循序渐进、协调推进，又不失时机地在重要环节取得突破，带动全局的改革。协调推进金融改革开放是我国金融体制改革的一个基本特点。在长期的改革过程中，既不可能某一项改革单兵突进，也很难等到其他改革完成后再进行某一项改革，而只能是成熟一项、推进一项，各项改革相互配合、相互促进、协调推进。不仅是金融改革，其他各项改革基本上都是这样。2000 年，我国金融机构资产质量很差，处于技术性破产边缘。当时有人认为，加入 WTO、开放金融市场无异于"引狼入室"。事实证明，通过引入战略投资者、政府注资、剥离不良贷款及改制上市等一系列改革，极大地提高了中资金融机构的管理能力和赢利水平。截至 2013 年第一季度末，我国商业银行不良贷款率为 0.96%，拨备覆盖率为 291.95%，资本充足率为 12.28%。我国银行业资产质量处于全球银行业较高水平。

其次，协调推进利率、汇率改革和资本账户开放是金融改革开放的内在要求。这三者是一个有机的整体，是相互促进、相互依赖、互为前提的关系。资本账户开放允许国内外投资者自由进入国内金融市场，由此形成的利率、汇率能充分反映资金的内在和外在成本，为利率、汇率改革提供有效的价格信息。反过来，利率、汇率改革能消除或减弱金融市场上存在的扭曲现象，减少套利行为，缓解资本账户开放可能带来的资金流入或流出压力。利率、汇率改革和资本账户开放的内容非常丰富，每一项改革都是一个长期的过程。现在，贷款利率基本实现了市场化，而存款利率的市场化并不是在短期内能完成的，汇率改革也不可能在半年、一年内就能完成的。过分强调资本账户开放的前提条件，容易使渐进模式异化为消极、静止的模式，从而延误改革的时机。"若要等待利率市场化、汇率形成机制改革最终完成，资本账户开放可能永远也找不到合适的时机。资本账户开放与所谓的'前提条件'并不是简单的先后关系，而是循序渐进、协调推进的关系。利率、汇率改革和资本账户开放的所谓次序，并非必须"。"多年来，我国利率、汇率改革和资本账户开放正是协调推进的过程"。——这两段话取自我们的报告，代表了我们一直坚持的观点。

最后，协调推进有利于金融改革开放的成功。凝聚改革共识是改革成功的关键之一。在中国历史上很多变法之所以功亏一篑，主要原因之一是无法形成社会共识。因此，改革只能是不停地实验、不停地试错、不停地推进。1996年12月，我国在汇率并轨的基础上，接受了IMF第八条款，实现了人民币经常项目可兑换。按照设想，我国将很快开放资本账户，完成汇率形成机制改革。然而，1997年亚洲金融危机爆发，原先的设想不得不暂停下来。由于中国国情复杂，改革只能是协调推进，借鉴而不是照搬西方理论。金融改革开放不能等到哪一项或哪几项完成后，才启动另一项或另几项，而必须是各项改革协调推进、相互促进。

加快推进资本账户基本开放绝不意味着利率市场化、人民币汇率形成机制改革不向前推进。我想强调三句话。第一句话是歌德在《浮士德》里面说的，原文是"一切理论都是灰色的，唯生命之树长青"。我引用这句话是为下面两句话铺垫：任何经济理论都是有局限的，关键看它是否符合当时当地的实际情况；任何经济理论都是对以往经济运行的总结，不一定都能指导未来的经济实践。

（四）实证检验表明我国需要协调推进金融改革开放

利率平价理论和不可能三角定理有一定的局限性，而且并不完全适合中国的国情。对"先内后外"的金融改革开放的观点，学术界尤其是国外学者研究很多，实证文章甚至达到几百篇，但是对协调推进金融改革的研究很少。我们尝试在这方面做了实证研究。

通过对1970~2007年跨国面板数据的实证检验（见表2），我们得出以下三个结论：

第一，协调推进金融改革开放能够显著地促进人均收入增长。金融改革开放的当期变动会降低经济增速（系数为11.90），但接下来一年却可以提高经济增速（系数为13.39），因此总体上促进经济增长。

第二，协调推进金融改革开放对通货膨胀的作用不显著。

第三，协调推进金融改革开放能显著地提高该国的金融发展水平。

表2　1970~2007年，跨国面板数据实证检验

$$Y_{i,t}=\alpha Y_{i,t-1}+\beta_1 X_{i,t}++\gamma_1 \text{int}_{i,t}+\gamma_2 fx_{i,t}+\gamma_3 cfa_{i,t}+\lambda x1_{i,t}+\mu_i+\eta_i+\varepsilon_{i,t}$$

GDP		CPI		△ M2GDP	
GDP 滞后一期	0.25*** 0	CPI 滞后一期	0.06** –0.03	△ M2GDP 滞后一期	–0.09 –0.17
gov	–0.48*** 0	M2	1.01*** 0		
pop	–1.54** –0.03				
△ trade	–0.07 –0.13				
X1	–11.90*** 0	X1	32.59 –0.17	△ X1	27.28* –0.09
X1 滞后一期	13.39*** 0	X1 滞后一期	–25.13 –0.26	△ X1 滞后一期	–1.38 –0.85
工具变量	GDP 滞后二期、edu	工具变量	CPI 滞后二期	工具变量	△ M2/GDP 滞后二期、M2
Hansen 统计量	196.54[246] （0.99）	Hansen 统计量	82.93[272] （0.99）	Hansen 统计量	5.96[10] （0.81）

注：1. Hansen 统计量为动态面板模型设定检验统计量，[ ]中的数据为模型自由度参数，（）中的数据为 p 值。

2. ***、**、* 分别表示在1%、5% 和10% 水平上显著，括号内为 p 值。

3. X 为协调推进金融改革开放变量，其他为控制变量。

通过对 1979~2012 年我国宏观数据的实证检验（见表3），我们得出以下两个结论：

第一，协调推进金融改革开放能促进经济增长，但也在一定程度上带来物价上涨的压力。

第二，协调推进金融改革开放，一般不会影响经济金融发展的平稳性。

表3 1979~2012 年，中国数据实证检验

$$Y_t = A + BY_{t-1} + CX + \varepsilon_t$$

对经济金融发展的影响

	GDP	CPI	M2GDP
GDP （滞后一期）	0.66** −4.59	1.11** −4.17	−1.00* （−2.58）
CPI （滞后一期）	−0.21* （−3.12）	0.49** −3.97	0.14 −0.75
M2/GDP （滞后一期）	−0.001 （−0.06）	0.0002 −0.01	1.03*** −30.6
常数项	5.614* −3.2	−6.44* （−1.96）	12.72* −2.65
X1	−4.99 （−1.63）	−10 （−1.75）	−10.24 （−1.23）
△ X1	5.11** −2.11	6.55 −1.45	9.05 −1.37
△ X1 （滞后一期）	3.41** −2.2	5.51* −1.9	−0.24 （−0.06）

对经济金融平稳性的影响

	△ GDP __ V	△ CPI __ V	M2GDP __ V
△ GDP __ V （滞后一期）	0.18 −0.96	0.5 −1.69	−0.01 （−1.74）
△ CPI __ V （滞后一期）	−0.11 （−1.02）	0.13 −0.75	0.01 −1.66
M2/GDP __ V （滞后一期）	−1.01 （−0.27）	−6.32 （−1.05）	0.78** −6.09
常数项	0.26 −0.54	0.99 −1.3	0.02 −1.24
X1	−1.39 （−1.52）	−2.04 （−1.39）	−0.01 （−0.35）
△ X1	1.42* −1.74	1.36 −1.04	−0.002 （−0.06）
△ X1 （滞后一期）	1.32* −2.38	0.89 −1	−0.01 （−0.38）

注：1. 滞后阶数的选择以施瓦茨信息准则（SC）为依据。

2. ***、**、* 分别表示在 1%、5% 和 10% 水平上显著，括号内为 p 值。

3. 后缀 "V" 表示波动率。

4. X 为协调推进金融改革开放变量，其他为控制变量。

（五）2012 年以来我国协调推进金融改革开放的重要措施

（1）利率市场化改革。2012 年 6 月 8 日，将金融机构人民币存款利率浮动区间的上限调整为存款基准利率的 1.1 倍，人民币贷款利率浮动区间的下限调整为贷款基准利率的 0.8 倍。2012 年 7 月 6 日，将金融机构人民币贷款利率浮动区间的下限扩大为贷款基准利率的 0.7 倍。2013 年 7 月 20 日，全面放开金融机构贷款利率管制，取消金融机构贷款利率 0.7 倍的下限，取消票据贴现利率管制，对农村信用社贷款利率不再设立上限。

（2）汇率形成机制改革。2012 年 4 月 16 日，人民币兑美元汇率每日波动幅度由 0.5% 扩大至 1%，外汇干预明显减少。

（3）人民币跨境使用。2012 年 4 月 20 日，汇丰银行在伦敦发行人民币债券 10 亿元。2012 年 6 月 1 日，人民币与日元开展直接交易。

（4）资本账户开放。2012 年 3 月 8 日，温州金融改革综合方案允许"开展个人境外直接投资试点"。2012 年 4 月 3 日，新增 QFII 额度 500 亿美元，QFII 总额度升至 800 亿美元，新增 RQFII500 亿人民币。2012 年 5 月 9 日，美联储首次批准中国工商银行、中投公司和中央汇金公司控股收购美国东亚银行 80% 的股权。2013 年 1 月，人民银行提出做好合格境内个人投资者试点准备工作。2013 年 5 月 18 日，中国证券监督管理委员会（证监会）和国家外汇管理局发文，简化 QFII 审批程序。2013 年 6 月 19 日，国务院常务会议确定"推进个人对外直接投资试点工作"。2013 年 7 月，中美经济战略对话中，双方同意以准入前国民待遇和负面清单为基础，开展中美双边投资协定实质性谈判。

可见，过去的一年，我国在协调推进利率、汇率改革、人民币跨境使用、资本账户开放等方面取得了一系列的进展。

资本项目可兑换与相关改革应渐进并举[*]

李 波^{**}

十八大报告有两句关于金融方面的表述，"稳步推进利率和汇率市场化改革，逐步实现人民币资本项目可兑换"。既然大家都在学习十八大精神，今天我们一起来讨论这两句话的具体含义。

资本项目可兑换的宏观收益

我把中国对外开放的过程简单分为三个阶段。第一阶段是从1979 年开始到 20 世纪 90 年代初，引进外商直接投资。第二阶段是 20 世纪 90 年代中后期到 21 世纪第一个十年，人民币实现经常项目可兑换，同时加入 WTO。第三阶段，也就是 21 世纪 20 年代，使人民币资本项目实现可兑换，便利资本双向流动。如果说在第二阶段我们融入了全球贸易体系和制造业分工体系，在第三阶段我们则需要更多、更好地融入全球金融市场和金融体系。

第三阶段实现资本项目可兑换的意义可能跟第二阶段加入WTO 类似。加入 WTO 的目的是要融入全球贸易，是贸易自由化的过程。实现资本项目可兑换的核心问题则是，加入全球贸易体系和制造业分工体系后，要不要加入全球的资本和金融体系？因此，实现资本项目可兑换是资本自由化的过程。

资本项目实现可兑换有六点宏观收益：第一点是我国改革开放和加入 WTO 的经验表明"开放是改革之母"，在金融业改革开放

---

    *   本文是作者 2012 年 12 月 9 日下午在中国金融四十人论坛第 71 期"双周圆桌"内部研讨会上的主题演讲，由中国金融四十人论坛秘书处整理，经作者审核。

  **   李波，中国金融四十人论坛成员、中国人民银行货币政策二司司长。

紧迫的形势下，资本项目实现可兑换有利于推动经济金融进一步改革开放；第二点是考虑到公民的财产权和高储蓄，实现资本项目可兑换可提高国民福利，落实公民跨境配置资产的权利；第三点是由于资源瓶颈和市场经济的要求，实现可兑换有利于企业和居民有效地参与全球资源配置；第四点是在全球规则制定、国际货币体系改革和人民币国际化的大背景下，资本项目可兑换有利于提高中国以及人民币的国际地位；第五点是可兑换能够增强货币的信心，有利于管理通货膨胀预期；第六点则是在资本管制有效性下降的背景下，实现资本项目可兑换将提高宏观调控的有效性。

关于这六点宏观收益，我要强调其中两点。我们为什么要实现资本项目可兑换？有人说"开放是改革之母"，开放可以推动改革。中国加入 WTO 就是最好的例子，加入 WTO 促进了各方面的改革，比如政府管理体制的改革，大量取消行政审批，政府透明度的提高。中国在经过引进三资企业和加入 WTO 之后，下一步对外开放的核心到底是什么？我们认为核心应该是资本项目实现可兑换，即开放金融体系和金融市场，可兑换应该是对外开放的进一步深化。

关于宏观收益需要强调的第二点是中国面临资源瓶颈，仅仅靠自身的资源来实现下一步发展是不可能的。我们如果想用全球资源来解决中国发展的瓶颈问题，那么只做贸易并不能使中国真正地参与全球的资源配置，因为很多资源配置是靠资本配置实现的。如果我们要参与全球资源配置，就要开放资本市场，加入到全球资本配置中去。我们的企业和居民走出去的一个很重要的条件就是实现资本项目可兑换，而现在企业的购汇过程很复杂，老百姓则不允许到境外投资。因此从宏观上考虑解决可兑换问题，可以从资源和资本的全球配置入手。

资本项目可兑换的风险

当然，资本项目可兑换肯定是有风险的，我们一定要把收益和风险分析清楚，这样才能有的放矢地设计开放的路线图和时间表。

那么资本项目可兑换的风险是什么呢？

　　资本项目可兑换的风险主要有两个方面。第一，热钱的流入和流出可能影响金融稳定，比如金融市场和银行体系的稳定，也可能影响实体经济。举个例子，亚洲金融危机的导火索就是资本大量流入和流出，最后导致东南亚很多国家的经济出现了大的问题。

　　热钱的风险到底在哪里？其实热钱的风险也是两点。首先是外债的币种和期限错配。从亚洲金融危机可以清楚地看到，如果一个国家大量借入外债（尤其是短期外债），一旦出现风吹草动，外资撤走，本币贬值，这将对该国货币体系，甚至实体经济造成致命的冲击。所以，如果一国实现了资本项目的可兑换，必须要管好外债，尤其是币种错配的外债。其次是短期投机资本对金融市场和房地产市场的冲击。热钱、投机性资本在短期内大进大出，容易使该国的股市、债市和房地产市场大起大落，也会影响金融稳定和实体经济发展。过去十几年，很多国家引入了针对短期投机性资本的托宾税（金融交易税），通过加大短期资本流进流出的成本，限制热钱对该国金融市场可能造成的冲击。

　　资本项目可兑换的第二个风险就是资本外逃。中投公司副总经理谢平曾在一篇文章中谈到，所谓的资本项目可兑换就是让资金合法进出，因此合法的资金不会存在外逃的问题。而不管资本项目是可兑换还是不可兑换，非法资金都只走非法渠道。所以，资本外逃和资本项目是不是可兑换没有直接关系。

　　可见，资本项目可兑换真正面临的问题有两个。一是能不能管好外债，另一个则是能不能管好短期投机性资本。如果这两个方面都能够管好，我认为资本项目可兑换的风险是可控的。

　　当然，资本项目可兑换不可能有百利而无一弊。如何进行利弊比较？我认为应该要看宏观条件如何，宏观需求如何和风险可否管理。传统教科书认为实现资本项目可兑换需具备四个基本条件：宏观经济稳定、金融机构稳健、外汇储备充足和金融监管完善。现在和十年前、二十年前相比，条件好了很多，管理风险的手段也多了很多。同时，现在的中国也比任何时候都更需要参与资源和资本的全球配置。

关于资本项目可兑换的争议与误解

我简单谈一下关于资本项目可兑换的一些争议和误解。

对资本项目可兑换问题有一个误解，周小川行长用了一个词——"四位一体"来形容，它的含义是指实现资本项目可兑换意味着汇率自由浮动、资本完全自由流动和人民币国际化，四者是互为条件的。同时我们也面临改革顺序的问题：资本项目可兑换、利率市场化、汇率改革和人民币国际化，到底应该先从哪个入手？

资本项目可兑换并不意味着汇率完全自由浮动，也不意味着完全解除资本流动管理，它只是一个区间概念。现在全世界有60多个国家或经济体已经宣布实现货币可兑换，但我认为应该把这60个国家或经济体看成一个光谱，右端的是美国、英国等发达国家，它们对汇率和资本流动的管理比较少，左端则是巴西、俄罗斯和印度等发展中国家，管理要多一些，但其货币在资本项目上也是可兑换的。我们不应该绝对地认为，一定要等利率和汇率完全实现市场化之后，或者解除所有资本流动管理之后，才能推动资本项目可兑换，这几方面应该是协同推进的关系。

所以，当我们深入到细节后，就可以发现资本项目可兑换与其他改革不是简单的顺序问题，它们是彼此相互推进的关系。因为不管是利率还是汇率的市场化，最终都需要解除外汇管制，而解除管制则是实现资本项目可兑换的具体步骤。换句话说，如果资本项目不可兑换，意味着没有完全理顺外汇市场供求关系，也就很难让人相信汇率已经市场化。

改革的可行性问题也需纳入考虑范围。举个例子，假如摆在我们面前有两条路，一条是大渡河，风险较大但敌人很少；另一条则是重兵把守的一马平川。如何选择呢？选择平原，可能比较符合经济学教科书上的道理，但是重兵把守不易过关；大渡河虽然险要，但敌人比较少，也许反而容易走通。所以，改革顺序不能完全按照教科书，应根据现实情况有一定的灵活性。下面我将就现有争议展开阐述。

首先，人民币国际化与其他相关改革的顺序不是简单的先后关系。部分学者批评人民币国际化顺序，他们认为现在中国还没有实现汇率市场化和人民币可兑换，就先让人民币在国际上使用起来，这岂不是本末倒置？我认为这个说法没错。从教科书来讲，确实应该先在资本项目可兑换和汇率改革上有了大的进展后，再逐渐允许货币在国际上使用。但是，货币的国际使用和货币可兑换、汇率改革的关系并不是简单的先后关系，要根据改革的可行性，在现实与理想之间做出选择。

其次，改革的顺序要参照市场需求。这几年国际上对人民币的使用需求确实比较大，如果等汇率改革和资本项目可兑换完全到位之后，才允许货币走出去，我们可能就会错过机会。我们可以在风险可控的前提下，先放开一些风险容易控制的渠道，比如贸易结算和直接投资，当然这些渠道也可以反过来推进可兑换的进程。现在的人民币跨境使用政策实际上就是扩大了其可兑换程度，比如为了配合人民币贸易结算，我们开放了银行间市场，允许境外央行、人民币业务清算行和商业银行进行有额度管理的投资，扩大了债券市场的对外开放程度（IMF公布的40项资本项目里包括非居民的债券投资）。所以，人民币跨境使用也是在直接推动资本项目可兑换。

最后，我想重点讲的是，有些评论人士认为资本项目可兑换需要全面解除资本流动管理。经过几次金融危机，大家对"实现资本项目可兑换后，也可以管理资本流动"已经达成共识，IMF也承认对资本流动进行适当管理是合理、可以接受的，很多宣布实现资本项目可兑换的国家也对资本流动进行管理。

坚持改革与开放双轮驱动：
稳步开放中国资本账户 *

管　涛 **

2013 年 5 月 6 日，国务院常务会议研究部署了 2013 年深化经济体制改革的重点工作，明确要"提出人民币资本项目可兑换的操作方案"。于是，关于人民币资本项目可兑换的路线图和时间表引起了社会广泛地讨论。有人支持，有人反对。其实，双方分歧并非不可弥合，关键是澄清资本项目可兑换的内涵，厘清改革与开放的关系。

资本项目可兑换并非一放了之

资本项目可兑换是指取消对资本和金融交易及汇兑的限制。但现实世界里从没有完全的自由。特别是本轮国际金融危机爆发以来，主要经济体量化宽松货币政策不断加码，全球流动性泛滥、利率持续低迷。在世界经济曲折复苏，不确定、不稳定因素较多的大背景下，国际短期资本在各个市场兴风作浪、快进快出，无论新兴市场还是发达国家都不胜其扰。连一向对资本账户开放持积极态度的 IMF 近来也开始转变立场，支持各国审慎渐进地开放资本账户，赞同采取宏观审慎管理措施（MPMs）和资本管制措施（CFMs）影响或管理跨境资本流动。因此，实现人民币资本项目可兑换并非完全不管，也不是只管对外借债、证券投资和金融衍生品交易以及反

---

*　本文是作者于 2013 年 6 月向中国金融四十人论坛提交的交流文章，后发表于《中国外汇》2012 年 09 期。

**　管涛，中国金融四十人论坛成员、国家外汇管理局国际收支司司长。

洗钱、反恐融资和反避税，而是要在取消大多数传统的资本管制措施的同时，建立起替代的、基于宏观审慎目的、更高效的监管手段。

根据 IMF 的解释，所谓宏观审慎管理，不是基于个体风险和针对跨境资本流动，而是逆周期调节，防范系统性金融风险，维护金融稳定。有时，宏观审慎管理与资本管制措施本身也是重叠的。例如，对导致国内信贷膨胀和资产泡沫的银行对外借款进行管理，就既可以视为资本管制，也可以视同宏观审慎管理。特别需要指出的是，在国际上，各种形式的托宾税已经从临时性的资本管制措施，逐渐演变成一个常规的宏观审慎管理安排。如智利、巴西、阿根廷等资本大量流入时引入的无息存款准备金制度（URR）和金融交易税（IOF 或 FTT）安排，并没有随着流入放缓而取消，甚至资本流出压力较大时也仅是将税率或准备金比例调为零。在 2013 年年初，欧盟部分成员达成协议，拟于 2014 年 1 月 1 日起引入金融交易税。

改革与开放互为条件缺一不可

抛开理论和技术层面的争议，人民币资本项目可兑换支持派与反对派之间分歧的核心是改革与开放的次序。以开放促改革，打破当前许多重点领域改革无法推进的僵局，是人民币资本项目可兑换支持者的重要依据。而反对者则认为，如果相关改革没有到位，资本账户开放是自毁长城。双方都可以举出许多于己有利的正反两面的例子，各执一词。但改革与开放是中国经济建设这驾马车的两个轮子，要始终坚持双轮驱动。否则，无论哪个快、哪个慢，都容易翻车。

改革与开放本为一体，恐难截然分开。汇率形成机制、外贸管理体制、外资管理体制等改革，本身既是对外开放的重要内容，又是金融体制、投融资体制、现代企业制度、行政审批制度等对内改革的重要组成部分。而且，在经济全球化日益发展的今天，强行割裂国内与国际两个市场、两种资源既不可能，也无必要。

只强调改革而忽视开放，可能错失良机。国际收支持续较大顺差是中国经济失衡的重要外在表现，既源自中国经济对内失衡，又反过来加剧国内宏观调控和结构调整的困难。资本账户不开放尤其是资本流出渠道不畅，是贸易顺差格局下国际收支市场调节机制缺失的重要体制机制障碍。在汇率形成上发挥市场供求的基础性作用是人民币汇率机制改革的既定方向，但浮动汇率不能解决均衡汇率，市场出清的汇率也并非均衡汇率。日本、德国、中国台湾等国家和地区，在贸易顺差较大时，都是一边扩大资本输出渠道，一边增加汇率制度弹性。2013 年人民币汇率在国内经济继续下行、外部市场环境欠佳的情况下再度走强可能有一定的"虚火"，一边境内机构和个人用汇依然限制多多，另一边无风险的利差交易盛行，国内外汇供求关系扭曲。人民币汇率的资产价格属性凸显，2013 年第一季度的外汇储备资产增加额（剔除估值效应）中的近 2/3 来自资本净流入（含净误差与遗漏），其中主要是非直接投资形式的资本净流入，人民币汇率存在超调风险。一旦由此触发资本流向逆转，酿成信心危机，恐打乱我国改革开放的总体部署。

　　只强调开放而忽视改革，可能操之过急。加入世贸组织是中国以开放促改革的又一成功实践。然而，这并非放之四海而皆准。由于国际资本流动的超调特性，贸易部门对外开放的成功经验不能简单地移植到金融部门对外开放。东南亚国家正是通过出口导向型战略实现经济起飞，迈入金融开放行列后，引爆了席卷整个新兴市场的亚洲金融危机。开放未必一定带来改革，相反，新兴市场、转轨经济在金融开放后的相关改革没有到位，发生金融危机的案例却比比皆是。同时，在我国不计成本扩大出口和引进外资现象较为普遍的情况下，"以开放促改革"还可能助长对外资却不对内资开放、重利用外资却轻对外投资之风，这将进一步加剧不公平竞争和国际收支失衡的矛盾。

　　总之，我们不能为了改革而改革，为了开放而开放，而要有统筹规划、整体设计。讲改革时要考虑开放的选项，讲开放时也要涉及改革的内容，两者不可偏废。

坚持双轮驱动稳步推进可兑换

注意把握改革与开放的平衡。坚持改革与开放双轮驱动，就是人民币资本项目可兑换要与宏观调控、金融监管、风险控制和市场承受等能力相适应。在设计人民币资本项目可兑换的时间表时，如果评估改革总体落后，则可兑换不能操之过急，反之，则可兑换可以相应加快。在设计可兑换的路线图时，需要逐项评估，可能有些方面是改革滞后，有些方面是开放滞后，那么前者对应的资本交易项目开放应该拖后，而后者对应的开放可以提前。经济活动是市场内生而非政策设计的。资本账户开放的时间表和路线图并无严格的、唯一的最优次序，要有一定的灵活性。关键是守住风险底线，把住资本账户最后开放或者不能开放的项目，其他项目成熟一项开放一项，在风险可控的情况下可以允许试错。同时，根据预先设定的政策目标和政策成本变量，动态评估改革的利弊得失，合理调节改革的进度和力度。

积极建立健全宏观审慎管理。资本项目可兑换并非一放了之，而是要建立起全新的管理框架。在可兑换的过程中，要建立健全宏观层面的逆周期调节的宏观审慎管理机制，保持宏观经济稳定，防止国内经济金融运行大起大落。要逐步用微观层面、基于防范系统性风险的宏观审慎管理工具，取代传统的市场准入管理和数量控制措施，用其他部门监管和行业自律替代传统的外汇管理。要逐步从肯定式立法转为否定式立法，坚持适度监管、有效监管，而不求管得面面俱到、事无巨细。要逐步减少对行政手段的依赖，更多运用汇率、利率、税率以及常规性的托宾税措施等价格工具调节跨境资本流动。如果评估改革总体滞后，那么上述审慎管理措施就要设计得更加周密，甚至要保留更多的资本管制措施，为改革和调整争取时间。在加强跨境资金流动监测预警的基础上，不断充实政策储备，完善应对跨境资本过度流入和集中流出的紧急预案。对因预案触发的资本管制措施应该是临时性的，一旦市场环境变化就应及时调整或取消。

大力发展国内金融市场体系。健康的金融体系是抵御资本流动冲击的第一道防线。建立健全多层次多元化的金融市场体系，提高市场深度和广度，提升市场流动性，增强市场抗冲击能力。健全法制，明晰产权，促进社会资本的形成。在扩大开放中培育具有国际竞争力的境内金融机构，改善公司治理，建立有效的激励约束机制，不断优化对外投融资的风险管理水平。加强投资者教育，树立正确的金融风险意识，培育买者自负的投资文化，培养健康的投资理念。任何开放经济都会面临资本流出流入的冲击。面对金融日益开放的形势，要培育市场对跨境资本流动波动的平常心，不必过分解读、过度反应。

进一步提高统计数据的透明度。在推进人民币资本项目可兑换进程中有效防范和化解涉外经济金融风险，事关国家安全，责任重大。在放松管制的同时，应加强统计监测。美国次贷危机的教训，就是对金融衍生品交易既无监管又无数据，市场信息严重不对称，金融高度杠杆化。透明不一定能消除危机，但不透明一定会增加危机发生的概率。应该按照"公开是原则、不公开是例外"的原则，及时、准确、完整地披露相关统计数据和信息，让各类市场主体特别是市场专业机构和人士去识别风险和控制风险。相关部门应用数据和事实说话，对外释疑解惑，引导舆论、稳定预期。

在人民币国际化框架下协同推进四大改革 *

沈建光 **

过去，中国政府通过资本管制、利率管制、固定汇率、采取出口导向的发展战略，促使经济得到迅速发展。然而，金融危机使国内对"人民币成为国际储备货币"的呼声一度高涨，当前的资本管制及不灵活的汇率利率情况也需要顺势而变。

事实上，自 2002 年以来，中国资本项目自由化已取得了巨大的进步。当前，中国已经具备了资本项目开放的最初条件，即高速的经济增长、较高的储蓄率，经常项目盈余、大量的外汇储备、稳健的财政状况、较低的银行不良贷款、较多的外商直接投资、发展中的国内资本市场及最少的外部债务等。

笔者相信，正如在中国人民银行调查统计司课题组在《我国加快资本账户开放的条件基本成熟》报告中所提及的那样，我们应该适时加快推进资本账户开放进程。

一般来说，一国经济体的初始条件同样确定了其资本账户自由化的潜在风险。伴随着通货膨胀压力下降、房地产泡沫受控以及"热钱"流入流出相对平衡，开放资本账户之前最需要的是加强金融体系建设和整个金融监管。应采取依次开放资本账户方式以降低风险，确保平稳过渡。当然，这一过程同样需要更加灵活的汇率和更为市场化的利率做支撑。

---

* 本文原题为《资本项目开放的路径与风险》，系作者于 2013 年 3 月向中国金融四十人论坛提交的交流文章，发表于《财经》2012 年（增）1 期。

** 沈建光，中国金融四十人论坛特邀成员、瑞穗证券亚洲公司董事总经理、首席经济学家。

配套人民币国际化

资本项目开放应该在人民币国际化的框架下考虑。对中国而言，人民币国际化包含两大重要含义，即基本可兑换性以及人民币成为国际储备货币的一员。在这样的框架下，人民币国际化需在四个方面稳步推进：资本项目逐渐、有序开放；人民币境外流通及离岸市场发展；利率市场化；一个基于市场化原则的有弹性的汇率机制。

从人民币可兑换的几大要素来看，资本项目开放在 2013 年时明显加速，无论是在直接投资还是证券投资分项上，已有不少项目达到 IMF 分类中的"部分开放"。

具体来讲，逐步开放资本项目管制直接关系到境内外资金的自由流动，能够便利企业和居民跨境配置生产力及资产，深化国内金融市场化步伐。人民币离岸中心则是资本项目管制开放的突破口和试验田，通过人民币在岸和离岸市场的互动将有效地丰富人民币金融产品以及促进人民币从贸易流通货币向投资货币，乃至于储备货币的转型。而开放资本项目管制终究离不开利率市场化与汇率机制改革，利率市场化作为减少银行表外风险的重要一环，将在各银行"吸储大战"的背景下继续深化。尽管离岸市场波动压力仍不足以影响在岸市场汇率，一个更有弹性的人民币汇率制度改革也已箭在弦上。

推动人民币国际化的四大改革，资本项目开放、离岸市场建设、利率与汇率改革不应单一来看，或者用先后顺序来区分，而是应该循序渐进、同时并举。仅从资本项目开放而言，与其他三项进程的推进同样密不可分。

首先，资本项目开放与汇率形成机制改革相辅相成，相互促进。中国政府之所以对资本项目放开采取颇为谨慎的态度，在很大程度上是出于对国际热钱流入的担心及资本跨境流动对国内经济的冲击。人民币汇率变动更是吸引热钱流入流出、导致投机行为发生的主要原因。但在资本项目管制下，即使推动浮动汇率改革也是有局限的。毕竟只有在资本项目开放的情况下，才能真正体现货币的供求关系，促进货币市场价格的形成。换言之，资本项目严格管制之下的汇率价格，又怎么可以被认作是真正意义上的浮动汇率呢？

考虑"不可能三角"理论的存在，即资本自由流动、货币政策的独立性与汇率的稳定性三者不能同时实现。笔者认为，资本管制逐步放开、货币政策独立性以及采用浮动的汇率政策是决策层明智的选择。

其次，资本项目开放与其他两项的关系也甚为密切。在资本项目逐步开放的过程中，如果没有完全市场化的利率体制，可能会导致套利机会的增加和资本交易的波动，并将对政策的决定产生不利影响，枉费自由化所做的努力。而资本市场开放，包括 RQFII、港股 ETF 等，都离不开离岸人民币市场的配合。香港作为人民币离岸中心，可以支持人民币资本项目开放，并且为人民币回流提供渠道，与资本项目开放共同促进人民币的国际化进程。同时一些资本项目开放允许使用人民币作为结算货币，大大加深了人民币国际化的影响力。因此，这四项改革，不应单一来看，或者用先后顺序来区分，而是应该循序渐进，同时并举。

2012 年笔者曾在《财经》年刊上发表文章《人民币国际化意义与路径初探》，提出应从人民币国际化这一层面看待相关问题，首先逐渐实现人民币可兑换，其次使人民币成为世界储备货币的一员。

开放路径循序渐进

中国对资本项目自由化，采取了审慎而积极的态度，即"统筹规划、循序渐进、先易后难、分步推进"的原则。资本管制主要采取基于行政审批与数量限制的直接管制方式。然而，不同的实体和资本账户所采取的管制程度有所不同。例如，对外商投资企业和国内金融机构的管制较少，而对国内企业，特别是非金融机构的管制则相对严厉。

（1）跨境直接投资（FDI 和 ODI）

中国对外直接投资（ODI）一直发展缓慢，直到最近十年，在"走出去"的政策指导下，中国政府放宽了对外投资的限制，并且提供政府资金支持企业对外投资。

金融危机以来，中国对外投资已经有了一定的进展。对外投资流量已达到全球流量的 5.2%，位居全球第 5，首次超过了日本、英国等传统对外投资大国。同时，中国 2010 年对外投资的累计投资存量达到 3172.1 亿美元，位居全球第 17 位。

考虑到日益增加的投资数额，中国政府推出人民币结算，特别是在对外直接投资方面，这将有助于中国企业走出国门，并为人民币国际化创造机会。

（2）跨境证券类投资（QFII 和 QDII）

为了避免短期资金流动，中国政府对外商投资者投资国内一直审慎地对待。2003 年，中国开始允许合格境外投资者投资国内人民币计价的 A 股市场，从而有效地促进了长期资金流动。截至目前，累计共有 142 家获批 QFII（合格的境外机构投资者）资格，批准额度为 224.4 亿美元。

合格的境内机构投资者（QDII）也于 2006 年推出，即允许国内金融机构投资海外市场。类似 QFII 投资者，QDII 的成员不受现有或者潜在的资本控制。国内投资者可以通过合格的资产管理机构、保险公司、证券公司以及其他资产管理机构投资海外市场。2006 年开始，中国的对外投资整体上呈现稳步发展态势，但受全球金融危机的影响，其进程有所放缓。截至目前，中国总计批准了 752 亿元的实际对外证券投资额。QDII 的扩张为在岸资金提供了更多的选择。

2013 年年初，中国又推出了期待已久的"小 QFII"计划，并授之以 200 亿元人民币（31.3 亿美元）的初始配额，这将极大地促进离岸人民币向国内回流，增强离岸人民币的吸引力。此外，小 QFII 不占用现有 QFII 的额度，为境外资金回流开辟了另一条通道。

与此同时，内地将通过交易所交易基金推出港股组合 ETF，港股组合 ETF 的推出可以促进中国内地投资者参与香港上市股票交易。

（3）外国债务与借款——贸易与项目融资

外国债务与借款方面我们控制得仍较为严格。当前，国内的外资企业可通过海外市场举债并不受任何限制，而境内机构则需要取得资格，并通过国家外汇管理局批准其借贷金额。此外，国内金融机构只能发行经有关当局事先批准，符合外汇负债 / 资产比例管理规定的对外贷款。国内非金融机构严格禁止提供任何外部贷款。

当前，中国政府鼓励贸易融资及项目融资试点计划，为在岸流动性流向海外提供渠道，支持人民币从受欢迎的贸易结算货币转向投资货币。另外，鼓励发展银行间债券市场以及发行境外人民币债券等方式，将有助于人民币境外流动性返回到国内。

这样看来，资本项目开放的各种举措，比如加大跨境证券投资（RQFII、港股 ETF 等）以及人民币结算的直接投资，已经于近年陆续开展或已开始启动。我们相信资本项目开放的步伐不会停止，而将会从证券投资、直接投资和外债三个方面循序渐进地开展。

吸取日本经验教训

如果将中日两国资本项目开放阶段的经济做一比较，我们可以发现中日两国存在以下三点共同之处，第一，20 世纪 70 年代，日本面临的经济形势与当前的中国很像，包括经济的高速增长与资本管制，来自国内外的开放压力等。第二，日本在贸易自由化和可兑换改革方面"走走停停"，类似中国的"试点"计划。第三，日本由经常账户可兑换（1964 年），到实现全面可兑换（1984 年），用了整整 20 年的时间。同样，中国人民币在经常项目下可兑换于 1996 年就已经完成，中日两国自由化阶段均长于其他国家。

他山之石，可以攻玉。日本的经验值得借鉴，主要有以下几个方面：首先，20世纪80年代的"广场协议"教训十分深刻。由于日元兑美元大幅升值导致的资本流出以及出口增速放缓，并且使货币当局采取了较为宽松的货币政策，从而诱发新一轮资产泡沫的出现。当前，对中国而言，尽管美国已经不具备迫使人民币大幅度本币升值的条件，但由于美元具备"过分特权"，即通过QE，不断地增加美元供应，以减少实际外债以及贸易顺差。人民币币值不可避免地受到压力。从长期来看，如果人民币继续目前每年5%的升值趋势以及一个相对高的年通货膨胀率，人民币将在没有达成任何实际的双边汇率协议的情况下，在技术上完成了一个慢性"广场协议"。这样看来，被动升值和抵制升值皆非良策，让人民币早日实现"双向浮动"才是解决单向升值陷阱的良方。

另外，实际有效汇率币值的稳定对推进货币国际化十分重要。日元在20世纪80年代汇率经历了大幅波动，撇开与美元双边汇率不谈，日元实际的有效汇率（REER）在80年代后半期升值近50%，而在20世纪80年代末和90年代初又急剧贬值30%左右，大大削弱了日元作为世界主要流通货币的吸引力。

其次，20世纪80年代，日本的资本自由化过程过于迅速，利率自由化相对滞后。尽管自20世纪70年代中期以来，日本国内债券市场逐渐回升，但一直没有得到较好的发展。而国内资本市场发展滞后，意味着放开资本账户带有潜在风险。对中国来讲，资本项目自由化需要利率自由化支持。

再次，本币国际化必须与国内金融改革配合。日本20世纪80年代推动日元国际化是失败的，究其原因是当时日本的决策者希望通过各种保护措施，使日本免受国际金融市场波动的巨大影响，但这种"隔离"式的保护却与日元国际化的初衷相互矛盾。在20世纪80年代中期，日元国际化主要体现在日本金融机构在海外的扩张，但国内金融受海外的影响和竞争仍然有限。日元离岸市场仍然主要由日本企业作为买卖方，因而东京离岸市场演变为一个管制宽松版本的国内市场，而并没有实质上造成日元广泛地跨境和国际使用。

因此，日本经验也从另一个层面佐证了人民币国际化的四个步骤不是割裂的，而是联系紧密的有机体，应共同推进人民币国际化进程。

警惕两大潜在风险

尽管资本项目开放总体利大于弊，但在操作过程中，应该充分注重防范以下两大风险。

（一）宏观调控难度增大，行政手段作用削弱

资本项目开放以及人民币国际化对中国政府的最大挑战，便是增加了政府宏观调控的难度，削弱了行政手段稳定国民经济的作用。具体而言，由于境外人民币数量增多，人民币现金和流动性需求都会难以监控，央行通过公开市场冲销过剩流动性的难度增大。而现如今，人民币资本项目并未完全放开，便已出现了离岸市场与在岸市场的高利差。部分内地企业能用较低的债务成本在香港离岸市场发行人民币债券，事实上已经对宏观调控政策造成了冲击。

由于中国外汇储备的不断增加，外汇管制已从"宽进严出"向"严进宽出"转变，在一定程度上防止了热钱流入。因此，国家外汇管理局开放了金融机构向境外开立备付信用证以支持企业境外融资，简称"内保外贷"。具体来说境内企业可以将人民币资金以定期存款的形式抵押给境内银行，境内银行可以据此存款向境外开出人民币备付信用证，以担保此企业的境外子公司从境外银行融资。

香港金融管理局数据显示，2010 年在内地非银行类客户贷款增加的 4440 亿港元中，约 60% 是内地银行存款提供抵押的，或由内地银行提供担保的。这些客户在香港获得贷款后将资金回流至内地，以赚取高息差以及人民币升值带来的巨大收益。这尽管对境内外商业银行和公司本身都有巨大的吸引力，但资金回流到内地后，结汇所带来的外币会被商业银行转售至央行，无形中更

增多了央行的外汇储备。类似的风险，随着人民币国际化日益加深，可能会进一步扩大，而若资本项目开放之后，对金融市场的影响亦不能小觑。

另外，伴随着海外人民币储量逐渐增多，央行今后的货币政策决定也变得更加艰难。一方面，国内持续通货膨胀需要通过稳健的货币政策逐渐平抑；另一方面，由于高利差，海外人民币进入国内市场的需求逐渐增大，与此同时，由于香港通过发行人民币债券融资成本相对较低，会有更多企业寻求在香港发行债券，不利于央行对流动性的统筹管理。

（二）人民币汇率波动可能加剧，短期资本流动加大市场风险

伴随着资本项目开放以及人民币国际化的推进，市场供需对人民币汇率的影响显著增大。如果资本项目开放速度加快，境外人民币需求增大，人民币汇率要保持现有的缓慢升值步伐的难度也进一步升高。同样，由于人民币国际化带来的套利路径亦能反转，如果境内利率下调，境外利率上升，出现资金净流出的可能性增大，人民币汇率也会受到巨大影响。因此，从长远来看，进一步改革人民币汇率形成机制，十分必要。

离岸人民币存款的逐步增加，不可避免地将离岸人民币汇率波动的传导效应增大，对在岸汇率造成一定程度的冲击。尽管当前离岸人民币市场汇率波动，由于其相对较低的流动性，仍不足以影响在岸市场汇率，但鉴于离岸人民币存款储量的继续扩大以及投资渠道的进一步丰富，这种相对独立的汇率走势不可能永远持续。在岸汇率终将会受离岸汇率影响，乃至逐渐趋同。因此一个更富弹性的人民币汇率机制有助于在岸外汇市场的发展，暂时抵御离岸汇率对在岸市场的潜在冲击。

总之，伴随着资本项目不断开放，相关风险，特别是配套金融改革所带来的潜在风险不能小觑。这不仅体现在政府的宏观调控措施的有效性会大幅下降，也体现在短期资本流动以及人民币币值稳定都难以通过过去的行政手段进行及时的调整。

正如中国人民银行调查统计司课题组在《我国加快资本账户

开放的条件基本成熟》的报告中提到的，资本项目开放的次序是资本账户开放成功的基本条件。报告中提到资本账户开放的一般原则具有借鉴意义，即"先流入后流出、先长期后短期、先直接后间接、先机构后个人"，具体步骤是先推行预期收益最大的改革，后推行最具风险的改革，先推进增量改革，渐进推进存量改革。下一步，如何协调配合人民币国际化四项改革协同推进，如何选择金融改革的具体秩序和操作方法以及如何使用适当的监管措施防范风险都是应当思考的重点。

中国金融改革次序错位的风险[*]

魏尚进[**]

中国的金融制度改革最近又引起热议。思考中国金融改革的未来，主要涉及由内到外五个方面，即解决大而不倒的银行带来的潜在系统性风险、汇率改革、利率市场化、资本账户的开放、人民币的进一步国际化。

由于上述五者之间有必然的联系，选择正确的改革顺序的出发点是增加金融稳定，提高效率。我认为，最佳的改革顺序首先是进行国内的金融改革，其中包括要解决银行的内部治理与外部监管问题，然后推动汇率的改革和利率的改革，相对要推迟的应该是资本账户开放和人民币进一步国际化。

另外，要让金融改革达到预期效果，还需要某些非金融领域的配套改革。其中最重要的是国有企业的进一步改革及资源价格的改革。由于这些改革不在央行及其他金融监管机构的传统权限之内，所以改革的配套需要在更高的政府层面实现。

但是现在可以看到一个令人担心的趋势，就是非经济因素正在改变由内到外的改革顺序，使最佳的改革顺序与实际的改革顺序产生矛盾。目前中国金融改革的实际步骤，首先着手的是推动最外部的人民币国际化以及加大幅度放开资本账户的限制，而利率和汇率改革一拖再拖，银行的内部治理进一步地改革特别是解决大而不倒的银行带来的潜在系统性风险则基本没有提到改革日程上。

第一，中国金融改革其实应首先改革大而不倒的商业银行，因为其过大已带来了效率损失和不必要的系统风险。一个银行从很

---

   *   本文系作者于 2013 年 6 月向中国金融四十人论坛提交的内部交流文章。

   ** 魏尚进，中国金融四十人论坛成员、哥伦比亚大学金融学教授。

低的起点开始，扩大规模有"规模经济"的益处。但若其规模超出了"最佳规模"后，反而会使效率下降，成本上升。更可怕的是银行一旦超大，就会给社会带来系统性风险。规模适中的银行，看准了风险，经营得好，赚来的利润是自己的；若看错了风险，经营得不好，也是自己负责甚至关门倒闭。但规模超大的银行情况很不一样，看准了风险赚来的利润是自己的，但若看错了风险造成巨大的亏损时，国家与社会不得不埋单。这种本质上的不对称显示出超大银行构成了潜在的系统性风险。

超大银行造成了银行业务竞争乏力，很多银行服务的收费成本高于国际惯例。虽然超大银行本身拿到了垄断利润，但居民与企业却需承受额外的负担，从整个社会来看是弊大于利。

从目前的情况看，国有银行在贷款方面偏向国有企业的现状，使国有金融企业的治理问题雪上加霜。在这样的背景下，一旦放开资本账户，允许海外资金进入，就容易造成储蓄资本快速流进流出，因而造成金融危机。我们不能总依赖资本管制这根临时性的救命稻草，而应从实际着手处理商业银行潜在的系统风险。

第二，汇率制度改革对中国非常重要。因为更加有弹性的汇率制度是维持中国物价稳定的重要工具，而物价的稳定是促进中国和谐社会的重要手段，而通货膨胀则是加剧财富分配不平衡的主要诱因。在通货膨胀的情况下，富人的非消费类收入可利用投资的工具多，因而受到通货膨胀的负面影响较少，而穷人反之，大多数中低收入者是将资金放在银行，受制于较低的银行利率和负值的实际利率。虽然中国目前的通货膨胀率较低，但是这不表明通货膨胀不会在今后抬头。从和谐的角度出发，中国需要增加汇率制度的灵活性，以免在未来本国和国外的理想货币政策不一致时，被迫采取引入外国过分宽松的货币政策。

第三，利率改革。现行的利率政策为商业银行带来超额利润的同时，也维持着金融壁垒，这使改革步履维艰。而我们看到在成熟的市场化金融体系中，商业银行应通过各种金融服务来赢得利润。而利率改革的重要意义是可以通过竞争，淘汰管理不好的银行，让银行必须找到新的办法来增加利润。这会使很多居民在缺乏投资渠道的情况下，得以保障其资本收入。

国有控股企业的进一步改革与资源价格的改革这两项非金融领域的改革是否成功会影响利率改革能否达到预期效应。现在国有控股企业的高管，关心的不仅是为所有者创造价值，同时还有对规模的强烈追求。后果是国有企业有过度投资的冲动。如果利率改革造成贷款利率下降（存款利率上升），会进一步助长国企过度投资的行为。在资源行业中大量使用自然资源的国企与部分民企，由于尚未支付资源的市场价格或环境的合理社会价格，也造成了对自然资源及环境资源的过度使用。银行贷款成本的下降更会助长对资源的浪费与环境的破坏。从这些意义上说，这些非金融领域的配套改革的成败可以影响利率改革的成败。

第四，金融领域的改革是资本账户的进一步开放。中国对流出和流入的资本都有限制，对流出的限制多于流入。虽然很多经济学家认为资本账户的开放可以提高效率，但如果看实际证据，特别是发展中国家的经验，很难看到这样的效果。比如韩国一直到20世纪90年代中期才实行资本账户开放，但是这项开放政策实行不到两年韩国就进入了金融危机，其原因就是韩国国内存在扭曲，对资本账户没有限制，一旦出现风险，海外投资和韩国国内储蓄都出现"羊群效应"，一涌而出，会加剧韩国经济的动荡。从这个意义上来说，在发展中国家的国内金融扭曲没有解决的情况下，资本账户开放带来的后果是增大了危机。因此资本账户的开放并不是迫在眉睫的改革项目。

第五，人民币的国际化。一国货币的国际化有很多层次：低层次的国际化是提高本币的使用频率，使其在公司债中广泛应用；高层次的国际化，是使企业在日常运作中使用本国货币。世界上有200多个经济体，世界银行有185个成员，它们自身的货币多半不是国际货币，国际交易基本上都是用少数国家的货币，比如美元。而人民币国际化的前提是资本可以自由出入，从这个意义上说，人民币还没有达到自由兑换的程度。

　　有一种流行的说法就是用对外的金融改革来倒逼国内的金融改革。这种想法从理论上说，用得好、用得巧的话很有益，但其中的风险一定要想清楚。比如说，为了降低高速公路上司机在昏睡状况下开车或酒驾，可以想象的一个改革方案是强制汽车厂家在方向盘上装一把刀口对着司机心脏的锋利匕首。这样通过增加司机酒驾睡驾的成本，可以"倒逼"司机自觉改掉许多开车不小心的坏习惯。但没有国家会采用这种倒逼的改革方案。

　　总而言之，金融改革的秩序选择，非金融领域的配套改革，一定要兼顾金融稳定与经济效益。

金融开放的次序问题很重要 [*]

张　斌 [**]

目前，我们面临人民币国际化问题，这是其他国家不大会遇到的问题，也不会把它作为政府的主要目标。实现货币国际化的国家并不多。人民币国际化实质其实就是资本项目开放，这两个问题在一定程度上是一致的。离岸市场发展当中遇到的问题也就是变相的资本市场开放当中要遇到的问题。

是现在就开放资本账户，还是放一段时间以后再开放？如何协调资本账户开放和利率、汇率自由化之间的次序？我觉得次序问题是很重要的，因为国际上已经看到了很多失败的教训。我们可能没有标准的答案，但是通过考察一些负面例子，可以看到次序问题的重要性。过去中国短期宏观经济稳定容易受到境外资本的冲击，为保持宏观政策的独立性，我们被迫采取了干预的措施。这个宏观影响，我们很难去评估。但我认为，用利率手段甄别、遏制通货膨胀比行政手段可能更有效率。

至于三元悖论的问题，我觉得，理解三元悖论，需要搞清它的前提，它的前提是在国际资本金融市场一体化比较高的情况下所产生的矛盾。但事实上，大部分国家可能都处在中间地带，资本项目部分开放，汇率部分自由化，货币政策也部分独立。从事实来看能够认可这种状态，但是目前对这种状态的评估，对中国来说并不是太乐观。

单从国际投资头寸表来看改革的次序，确实非常有局限性，

[*]　本文系作者在 2012 年中国金融四十人年会平行论坛之主题为"全球化背景下的金融开放与通货膨胀"的青年论坛上的发言，由中国金融四十人论坛秘书处整理，经作者审核。

[**]　张斌，中国金融四十人论坛特邀研究员、中国社会科学院世界经济与政治研究所全球宏观经济研究室主任。

因为它只是对外的资产负债表，不是整个国民财富的资产负债表。理想的模型应该把金融开放放到增长模型里去讲，这样在逻辑上才能完整，然而现在理论界很难做到这一点。因此只能从局部视角出发，提供一些参考。我们希望从局部视角就可以看到，我们国家存在以下事实：如果我们现在放松资本流入相关的管制，不管放松管制是通过人民币国际化途径，还是其他途径，都会有很大的问题。其实我觉得，管制不是问题，汇率体制才是问题的根本。过去我们是好的干预，持有人想从中套利，却需要很高的交易成本。现在，资本账户开放，也就降低了交易成本，这反而会带来问题。

究竟是浮动汇率好还是固定汇率好？我认为并不是一定的。有的大国采用固定汇率制，有的大国则采用浮动汇率制。但我认为这两个体系是不兼容的。所有国家都采取固定汇率可能也行，所有国家都采取浮动汇率可能也行，但是固定汇率和浮动汇率放在一块就容易出问题。固定汇率在布雷顿森林体系之下，本身很难持续。比较理想的方式还是 G20 国家全部采取浮动汇率制度。当然，由于这个市场是有缺陷的，因此 20 个国家可以共同委托 IMF 来代理干预汇率，但更多的时候是浮动汇率。这时我们可以定一个标准，一年浮动超过 5% 或 10%，就需要出面进行干预，但干预不是由本国央行来进行，而是由中间机构 IMF 来进行。不管对本国，还是对其他国家而言，有一定的规则是好事，规则是一个公共产品，需要大家来维护。

资本账户开放在发达国家，比如在德国，跟发展阶段确实没有什么太大的关系，发展阶段更主要是针对发展中国家而言的，发展中国家的一些特殊情况需要考虑。但有一点可以达成共识，那就是我们即使不考虑发展阶段，经常项目余额占 GDP 的比重也需要维持在一定范围内，就像我国负债占 GDP 的比重应该维持在一定的范围内一样。中国的问题是经常项目余额在 GDP 中的占比太高。如果经常项目余额占比太大，则不光是外部失衡的问题，内部经济结构也面临失衡的问题，并且收入分配的问题也会出现，整个经济增长的潜力也可能会受到一定的破坏。

利率、汇率市场化应走在资本项目开放之前 [*]

黄益平 [**]

各类资本项目的开放程度存在很大差别

对资本项目开放，我谈一些相对比较技术的问题。

我们对资本项目管制做过一些基本测算，在参考了国家外汇管理局几百个文件后，按照 12 项分类测算出一个资本项目管制指数（如图 1 所示），结果与 Quinn、金荦过去所做的指标相差不大。总体看来，我国从 1978 年改革开放到现在，还是有长足的发展。如果看不同的分类（如图 2 所示），各类的管制存在很大的差别，

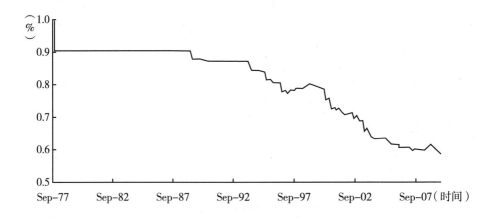

图 1　资本项目管制指数

资料来源：苟琴、王戴黎、鄢萍和黄益平：《短期资本流动与资本管制的有效性》，《世界经济》2012 年第 2 期。参考 Quinn（1997），金荦（2004）和 Cheung and Ito（2007）。

* 本文系作者在 2012 年 3 月 25 日中国金融四十人论坛第 58 期"双周圆桌"内部研讨会上的主题演讲，由中国金融四十人论坛秘书处整理，经作者审核。

** 黄益平，中国金融四十人论坛成员、北京大学国家发展研究院副院长。

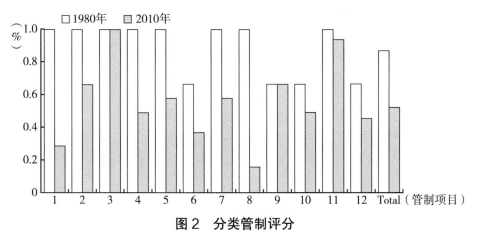

图2 分类管制评分

注：1. 股票市场；2. 债券市场；3. 货币市场；4. 共同基金；5. 衍生产品；6. 商业与金融信贷；7. 担保；8. 对外直接投资；9. 外国直接投资；10. 外国直接投资清算；11. 房地产投资；12. 个人资本交易。

资料来源：苟琴、王戴黎、鄢萍和黄益平：《短期资本流动与资本管制的有效性》，《世界经济》2012 年第 2 期。参考 Quinn（1997），金荦（2004）和 Cheung and Ito（2007）。

比如对对外直接投资、外国直接投资的限制比较少，而在货币市场、房地产投资、个人资本交易等方面的限制则比较多。

资本项目管制对经济的影响机制

我们对资本管制、金融管制对经济的影响进行了一些经济学分析，认为可能存在两种不同的机制，一种是麦金农效应，另一种是斯蒂格利茨效应。

麦金农反对金融抑制，反对资本项目管制，他认为限制国内企业和居民在国际资本市场的借进与借出，客观上会对福利效益造成影响。

而与之相对的是斯蒂格利茨的观点，他认为资本管制可能会对效益有影响，但如果在一个金融体系不能有效运转的国家，资本项目放开反而会产生负面效果。按照他的看法，有些管制可能是有效的，特别是在发展中国家。一方面，金融抑制可能对经济有利，因为政府可以促使储蓄很快输送到投资上，而如果金融体系在放开后短期内不能有效运行的话，中间就可能有一个断档，这就是一些国家改

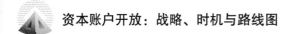

革效果不是很好的原因。另一方面,管制可以保障金融和经济的稳定,如果自身体系不完善,监管不健全,放开管制可能会对经济伤害更大。

在表 1 中,CACI（资本项目管制指数）测算的是资本项目管制指标对经济增长的影响。我们可以发现,过去 30 年这一影响在发生改变。在早期的时候,管制对经济增长是有正面作用的,但是到最近,负面作用变得越来越突出。因此,原来可能是以斯蒂格利茨效应为主导,现在慢慢地转向了以麦金农效应为主导,即效率损失变得更为重要。当然,这里面的具体原因可能有很多。

表 1　资本管制对增长的影响

因变量 （Dependent Variable）	1979~1989 年		1990~1999 年		2000~2008 年	
实际国内生产总值（RGDP）	1	2	3	4	5	6
资本项目管制指数（CACI）	1.042***	1.062***	0.269**	0.065	−0.242	−0.254***
	（0.201）	（0.219）	（0.126）	（0.156）	（0.034）	（0.045）
投资（INV）	0.066	0.064	0.206***	0.249***	0.112***	0.101***
	（0.069）	（0.071）	（0.045）	（0.049）	（0.017）	（0.019）
贸易（TRADE）	0.031	0.031	0.028**	0.023	0.004	0.003
	（0.034）	（0.034）	（0.014）	（0.014）	（0.006）	（0.012）
教育（EDU）	−4.624	−4.994	1.023	9.061	0.119	0.199
	（6.351）	（6.571）	（4.627）	（6.511）	（0.381）	（0.711）
政府（GOV）	−0.406***	−0.391	−0.780***	−0.982***	−0.114***	−0.157**
	（0.124）	（0.139）	（0.142）	（0.168）	（0.045）	（0.079）
国有企业（SOE）	0.022	0.033	0.091***	0.110***	−0.020	−0.038*
	（0.058）	（0.076）	（0.034）	（0.035）	（0.012）	（0.023）
时间趋势（Time Trend）		0.0004		−0.004**		−0.001
		（0.002）		（0.002）		（0.001）
年份特定效应 （Year-specific Effect）	YES	YES	YES	YES	YES	YES
省份特定效应 （Province-specific Effect）	YES	YES	YES	YES	YES	YES
观察值（Observations）	275	275	250	250	225	225
R²	0.125	0.125	0.187	0.165	0.572	0.513

资料来源：苟琴、王戴黎、鄢萍和黄益平：《短期资本流动与资本管制的有效性》,《世界经济》2012 年第 2 期。参考 Quinn（1997）,金荦（2004）和 Cheung and Ito（2007）。

中国是否已经准备好

（一）目前有比较好的条件，而未来则可能变得不利

一个国家要开放资本项目，有一些基本条件，其中最重要的几项无非是宏观经济状况、财政状况、金融资产质量和外部账户。从现在来看，这几个方面的情况都比较好。但是我想说的一点是，如果中国现在不改革，不排除这些指标以后会发生一些变化，甚至发生恶化。比如，我们的外部账户盈余对资本项目开放可能是一个非常有利的条件。而人民币汇率有一定的升值空间，也比较有利，因为如果一个国家的货币被高估，放开资本项目就很危险。现在条件比较有利，但是对三五年以后的状况，每个人的分析是不一样的，有些人甚至预测几年后我们会走向逆差。

宏观经济环境也是一样，我们现在的通货膨胀和经济增长相对来说比较稳定，短期内有一定周期性波动。但是从趋势来看，未来的增长潜力在下降，通货膨胀压力会上升。如果现在不改革，也许以后在改革时面临的外部环境不会像现在这么有利，可能将面临更大的挑战。

（二）现在应该推进改革

一个更重要的问题是，现在不改革行不行？我认为，不改革的成本可能会越来越大。除了资本管制对经济增长的效应由正变为负，还存在一个资本项目管制有效性的问题。如果管制本身变得越来越无效，不放开管制反而可能成为金融不稳定的一个重要因素，带来货币政策独立性的问题和其他的一些金融风险。比如在资本项目没有放开的情况下，国内的资本要么跑到国外去，要么在国内没有投资机会，从而集中于一些较小的领域，我认为中国房地产市场的泡沫就可能与此有关。

另外，我们在考虑这些经济条件、金融条件是否具备的时候，其实有一个很重要的问题，就是如果等着这些条件具备，可能永远也等不到那一天。举个例子，很多反对汇率机制更加灵活的人认为，

企业现在没有使用对冲、保险等工具，所以不能放开，一放开企业就会被冲垮。但这有点像鸡生蛋、蛋生鸡的问题，如果汇率没有波动，谁会去买那么贵的对冲产品？对金融机构也是一样，很多人说金融机构现在可能应对不了资本流动的冲击。可是如果现在不放开，不让金融机构慢慢地经受考验，可能永远不会做好准备。

如果把我们自身的基本条件，和以前新兴市场国家放开资本管制时的条件相比较，应该说没有太大的差距。而一般来说，从经常项目开放到资本账户开放，平均需要10年，有很多国家甚至用时更短，但我们现在已经超过15年了。

资本项目开放可能带来的风险

何东等对中国资本项目开放之后的资本流动和跨境资本流动状况做过一个预测（如表2所示）。他们的假定是到2020年资本项目已经基本放开。总体来说，中国对外直接投资可能会进一步增加，对外证券投资也会大幅度增加，反过来，进入国内的直接投资也会增加，但总体上往国外走的资本规模会远远超过往国内走的资本规模。

但是我有一点疑问，"官方外汇储备"在2010年是2.8万亿元，现在实际上是3.2万亿元。他们预测到2020年的时候会达到5.5万亿元。对此其他人有不同的看法，有人说会到5万亿元，有人说到3.8万亿元就差不多了。这背后有一个假设，就是汇率干预会到什么时候。他们对汇率的预测是2010~2020年实际汇率升值9%略多，我认为这是一个很保守的估算。从估算来看，资本项目开放对汇率可能有一些贬值的压力，因为资本项目开放是鼓励资本往外走。但是何东等人认为货币最后还是会直接升值，因为中国经济的增长速度高于世界其他地区的平均增长。他们用了一个简单的公式，得出如果我国人均GDP增长比世界人均GDP增长快1个百分点，实际有效汇率会升值0.6个百分点。这个对头寸的预测大致是有道理的，但是如果我做测算，我会把更多的资金用于直接投资和证券投资，我认为我们外汇储备增长的速度应该大幅减缓，当然到底能否慢下来，最后还要由官方决定。

表 2　预测国际资本流动

	2010 年 （十亿美元）	2010 年 占 GDP 的比例	2020 年 （十亿美元）	2020 年 占 GDP 的比例
直接投资资产	311	5.3%	5133	26.8%
直接投资负债	1476	25.1%	6947	36.3%
直接投资净值	−1166	−19.8%	−1815	−9.5%
证券投资资产	257	4.4%	5459	28.5%
证券投资负债	222	3.8%	3418	17.9%
证券投资净值	36	0.6%	2040	10.7%
官方外汇储备	2847	48.4%	5502	28.8%
净外国资产	1717	29.2%	5728	29.9%

资料来源：Dong He, Lilian Cheung, Wenlang Zhang and Tommy Wu. 2012. *How Would Capital Account Liberalisation Affect China's Capital Flows and Renminbi Exchange Rate?* Hong Kong Monetary Authority.

这说明了除资本外逃以外，资本项目开放以后，对外资本流动可能会大幅增加。因此我们讨论资本项目开放的路径和时机是有意义的。开放是必然的，但是我们需要知道到底会有什么样的风险。

我认为，资本项目开放主要有以下三个方面的风险：

风险一：资产危机

第一个风险是国际收支体系的风险或者是货币危机。中国在短期内这个问题比较小，但是不排除大幅度的资本跨境流动可能会对资本市场或者资产价格造成非常大的冲击。举个例子，现在大家都在买房地产，如果几年以后资本大幅外流，是否会对国内的资产价格、对金融体系稳定造成比较大的冲击？

风险二：银行危机

第二个比较大的风险是银行的问题，资本项目开放和利率市场化可能会对国内银行造成比较大的冲击。现在对中国银行业有很多"是否存在暴利"的讨论，我觉得这个问题并不重要。在我看来，最大的两个问题是：第一，有没有限制进入门槛；第二，有没有干预价格。现在这两个问题都是存在的。

如果放开资本管制，最终导致的对银行的冲击在于两个方面。第一，银行资产负债表可能产生萎缩，起码是相对萎缩。银行的一部分客户，包括存款和贷款的客户，慢慢转向资本市场，尤其是债券市场，而另外一部分客户需要资产投资组合多样化。第二，放开利率管制必然导致利率的竞争，因而银行利润可能会受到较大的冲击。肖钢曾经预测，放开利率管制以后利差会减少一半。因此总体来说银行面临的压力会比较大。其他国家也曾经发生过类似的事情，资本项目一开放，利率管制一放开，银行利润就受到非常大的冲击。

这其中涉及的一个比较大的、我自己也不是很确定的问题是：中国银行业改革进行了 10 年，是否已经解决了想解决的问题？是否有能力面对国内、国际竞争以及资源和价格的竞争？有相关专家提出，一旦放开利率管制，中国的银行会通过利率竞争去抢存款，而不考虑风险。如果这一分析是正确的话，就意味着很多银行的行为和机制问题其实都没有解决。这可能是一个比较大的风险，如果把资本项目放开的话风险会更大。

风险三：经济衰退

第三个风险是不排除出现金融危机和经济衰退的可能。现在如果放开资本管制，一个需要判断的问题是资金的成本是会上升还是下降？我自己感觉可能会上升。如果资金成本上升得非常快，对产业会形成怎样的调整压力？举个例子，国家发改委有官员说现在我们钢铁行业有 6 亿吨的生产能力，10 年以后如果资金成本、能源成本全部上升，还是否能剩下 3 亿吨的生产能力？当然具体多少数字我不知道，但是我相信其中一大部分生产能力是因为我们人为地压低了很多投入品价格导致的。这样的话，如果资金成本调整速度过快，经济活动调整的压力可能就会非常大。这是否会对经济造成比较大的冲击，可能需要我们密切关注。

　　所以，总体上我非常支持加快改革，同时我认为现在的条件也比较有利，但是我们确实需要关注可能带来的风险。当然有风险并不影响开放，因为大多数人讨论资本项目开放都指的是基本开放，而不是完全开放。即使是那些我们认为资本项目已经非常开放的国家，也并不是零控制（如表3所示）。基本开放是对大部分有必要开放的项目放开管制，比如个人资本项目的交易和直接投资，而一些不确定性强的项目，比如证券投资、房地产投资等，在短期内可能仍会受到较多的限制。

表3　IMF 资本项目交易分类管制程度（完全开放√；非 ×）

	中国	美国	日本	俄罗斯
汇回要求	×	√	√	√
资本和货币市场工具	×	×	×	×
衍生品及其他工具	×	×	×	√
信贷业务	×	×	×	×
直接投资	×	×	×	×
直接投资清盘	×	√	√	√
地产交易	×	×	×	√
个人资本账户	×	√	√	×

资料来源：中国人民银行研究局报告。

有关路径选择的几个问题

（一）资本项目基本开放还需要金融机构和资本价格两方面的准备

　　资本项目基本开放需要什么样的条件？除了宏观经济的基本条件已经具备，有两个问题还需要我们讨论。第一，金融机构的改革是否基本到位。第二，国内是否还存在严重的市场价格扭曲。因为如果国内市场价格或利率存在非常严重的扭曲，放开资本管制必定会导致过度的资本流动。这两个问题不解决，很难避免金融危机。所以，金融机构和资本价格这两方面的准备还需要加快。

（二）利率、汇率市场化应该走在资本项目开放之前

一个经常被讨论的问题是，利率和汇率的改革应该在资本项目开放之前、之后，还是同时进行？从其他国家的经验来看，并没有一个统一的模式，很多国家的利率管制完全放开是在资本项目开放之后，也有很多国家的汇率在资本项目放开以后仍相对受限制。所以这个问题似乎没有一个明确的结论。但从现在的条件来看，我个人倾向于利率市场化和汇率市场化走在资本项目开放之前。

我们其实可以把汇率和利率市场化的问题本身分成两个不同的层次，第一个层次是价格水平的扭曲程度是否严重，第二个层次是市场机制能否引进。比如我们在讨论利率时，其实涉及利率水平和利率机制两个问题。当然我们可以先把资本项目开放，而不完全取消利率管制，但如果我们保持现在这样的严重实际负利率，会给金融体系和资本流动造成冲击。我认为，价格水平的扭曲可能对资本流动冲击更大，这是第一步需要解决的。虽然此前中国香港、美国、瑞典等国家和地区没有先放开利率、汇率。但它们是否曾经这样做过，就说明我们是否也可以这样保持下去，对此我持保留意见。

结　语

从开放的步骤来看，目前基本条件已经具备，但现在可能还需要做一些基础性的工作。第一，金融机构的改革现在到底走到了哪一步？银行的治理结构达到了怎样的水平？第二，资本价格水平是不是需要调整？第三，开放的顺序应当如何？我个人认为还是应该先将利率和汇率市场化，然后再讨论把资本项目基本开放。

　　对开放的时机，大家的看法不太一样，我比较激进一些，认为基本开放其实并不是什么大不了的事情，对不是非常确定的、有比较大风险的项目，还可以保持一段时间。台湾其实走的就是类似的道路，而几乎没有哪个国家是完全开放的。但是如果继续保持现在的资本项目管制，第一是开放的可能性正在不断降低，第二是成本正在不断提高。

资本账户开放之前应大力推进国内金融改革[*]

汪 涛 张 宁[**]

我国当前应该抓紧时机，大力推进改革，启动经济新的、可持续的增长点，这已成为一个广泛的共识。笔者认为，我国应该着力推进的重大改革包括要素价格改革、公共财政和税收体制改革、户籍和土地使用制度改革、国有资本经营改革以及金融领域改革等。最近一段时间，关于加大金融改革力度尤其是加快资本账户开放的呼声日益高涨。加速资本账户开放，在三、五年甚至更短的时间内实现人民币资本项目的自由兑换，据说这已经是政府既定的目标。笔者认为，无论从当前的国际国内环境还是各国历史经验教训来看，资本账户的开放都应该在国内金融改革取得更重大的进展、金融体系更加健全之后进行。目前的重点应当首先推进国内结构性改革和金融改革，而资本账户的开放应该审慎进行。

支持资本账户开放的一个重要理论支撑，是开放可以提高资金配置的效率，尤其是发展中国家能利用国内外两个资本市场、降低居民消费波动，从长期来说促进经济增长、增加国民福利（Rogoff，1999）。然而，这一逻辑主要适用于储蓄率低、资金匮乏、国内资本的边际回报高的国家。对中国而言，国内储蓄率和投资率都大大高于其他国家，资金并非经济增长的限制因素。恰恰相反，居高不下的储蓄率和封闭的资本账户是我国得以维持低利率、高投资、稳增长的重要支撑条件（Zhu，2012）。开放资本账户后，国内资金的外流的确可以提高资金使用效率，但其对国内投资、经济和金融体系带来的负面冲击也将是相当严重的。而且，从长远来看，中国

* 本文是作者于 2013 年 7 月向中国金融四十人论坛提交的内部交流文章。

** 汪涛，瑞银中国首席经济学家；张宁，瑞银中国经济学家。

仍是一个处于较低水平的中等收入国家,未来投资和发展的空间巨大,加上人口老龄化将带来储蓄率的下降,国内发展仍然需要资金。因此,关键是要通过结构改革,包括国内利率市场化和金融体系的改革,提高国内资金的使用效率和要素生产率,实现经济的可持续增长。

在实证研究中,资本账户开放对经济增长的作用并未形成完全一致的结论(IMF,2012a;2012b)。基于不同的国家样本和不同的时间序列的选取,对其促进经济增长的作用得出的实证研究结论也不一样。例如,部分研究表明,资本账户开放对发达国家经济增长具有显著的促进作用,而对低收入国家或非工业化国家的作用不明显(Edwards,2001;Klein,2003;Klein,Olivei,2008)。此外,如果将 20 世纪 80 年代债务危机和 1997 年亚洲金融危机等关键时间段考虑在内,那么资本账户开放对经济增长作用的显著性往往会大幅降低(Rodrik,1998;Eichengreen,Gullapalli,Panizza,2011)。另外,部分研究认为,资本账户开放对经济增长的作用可能是短期的和外生的(Henry,2007)。在资本账户开放初期,由于这些国家的国内利率往往高于国外利率,国际资本会大量流入,信贷和投资增长迅速,进而导致经济增长大幅提高而脱离其原本的稳态增长率。然而,随着利率差异的逐渐消失,资本流动趋于平稳,该国的经济增长又逐渐回归稳态。实证研究也显示,从中长期看,以投机为目的的资本流动和短期债务会损害经济增长。只有在国内金融体系健全、监管机制完善的情况下,扩大中长期资本和 FDI 的规模,从而提高全要素生产率,才能确保资本账户开放对经济增长产生促进作用(Bussière,Fratzscher,2008;Bonfiglioli,2008)。

近几十年各国的经验教训表明,如果没有其他领域的结构改革的配套支持,金融领域改革是孤掌难鸣的。而在企业、财政和其他结构性改革滞后的情况下,过快推行金融自由化和资本市场过早开放往往会引发信贷泡沫和金融危机。而从金融领域的改革来说,在推进国内利率市场化滞后、金融监管有待完善、货币政策传导不畅、汇率管制严格的情况下，过早地开放资本账户，往往会带来严重的后果。新兴市场国家如阿根廷、智利、巴西、俄罗斯，在亚洲金融危机中遭受沉重打击的印尼、韩国、泰国等，无一不是在相关配套改革滞后的情况下过快地开放资本账户，随后便付出了惨重的代价（Stiglitz，2000）。此外，日本、西欧等一些发达国家也都为过早开放资本账户而付出了高昂的代价。因此，包括 IMF 这样在传统上鼓吹开放资本账户的国际机构，在亚洲金融危机后也深刻反省了以往的理论和实践，近年来不断警示新兴市场国家在资本账户开放上要谨慎，甚至在全球金融危机后一再提示这些国家应加强对资本流动的管控，为本国的经济政策提供保护空间（IMF，2012c）。IMF 近期又提出建议，中国资本项目开放应该在国内金融体系和汇率制度改革取得显著进展的情况下谨慎进行（IMF，2013）。

在最近的全球金融危机中，我国的金融体系没有受到很大的冲击和损失，得以保全。这其中的主要原因，一方面是在全球金融危机之前的十年，我国进行了一系列的金融改革，主要大型国有银行完成了债务重组、股份制改革和上市，到 2008 年银行体系正好轻装上阵，要翻开崭新的篇章。另一方面也是非常重要的一点，我国的资本账户是管制的——银行系统无法参与交易，也没有大规模参与交易和持有国外的次债、欧债或相关衍生产品，而深受全球金融危机冲击的国外金融体在我国的信贷和资本市场上也微不足道。也就是说，资本账户开放有限使我国的金融体系在全球金融危机中躲过一劫，我们并不能因此沾沾自喜，以为我们的金融系统管理比欧美更完善、更有效率、风险控制更健全。

应该看到，亚洲金融危机以来，我国金融改革和开放都取得了很大的成就，这包括四大国有银行重组上市、银行贷款和货币政策管理的改革、培育发展银行间市场、利率市场化的推进、引入外资加大金融系统开放等。但同时我们也应该清醒地认识到，我国的金融体系在经营模式和风险管理上都还存在较大问题，债券市场发展滞后，金融市场不成熟，在存贷款利率长期管制之下银行和企业对风险的定价和管理能力仍然缺乏。货币政策受到政府多重宏观目标的重压，而且手段比较有限，透明度也不高。近两年在银行信贷受管制和宏观调控的背景下，充裕的流动性带来了银行表外业务及非银行信贷业务的大发展，使金融行业的风险显著增加。

当然，有人提出开放资本账户可以促进国内金融改革，就像加入 WTO 促进国内企业提高竞争力一样。持这样观点的人也许忘了中国在加入 WTO 之前已经在经济和贸易改革上做过的十几年的努力，包括价格闯关、国企改制抓大放小、大幅降低关税、汇率改革、民营和外资企业的壮大和发展等。在已经推进了重大改革的基础之上和国内企业活力和竞争力明显增强之后，中国加入 WTO、融入全球市场才给我们的经济带来了更大的收获。同样，我们认为，在加大开放资本市场的力度之前，我们应该先大力推动国内相关领域的改革，为之后推进资本账户开放和人民币国际化打下坚实的基础。

当前，世界经济还未从全球金融危机中完全恢复，未来数年主要经济体受到银行体系去杠杆化、财政持续收缩、经济结构调整的多重压力，增长前景堪忧。在全球主要央行多轮量化宽松的大背景下，全球流动性泛滥、利率过低、跨境资本汹涌、国际金融市场大幅波动。我国经济仍保持较快增长，利率高于其他主要国家，国内外利差明显，国外资本进入中国的意愿十分强烈。而国内企业和金融机构同样有较强的动机利用国内外融资成本和定价的差异进行套利。实际上，自 2012 年下半年以来，上述的套利规模已经非常大，我们估计 2013 年第一季度非直接投资净资本流入已超过一千亿美元。如果过快地开放资本账户，那么短期资本流入的压力和人民币升值的压力将陡增，而企业从国外融资规模的迅速扩大也会扰乱国内货币信贷政策的执行，并带来新的金融风险。

未来几年，随着美国经济率先复苏、美联储逐步退出量化宽松、国际利率水平回升，这有可能触发国际资本回流，使各种资产重新定价，并使我国资本市场出现大幅波动。过去一个多月，仅仅是美联储政策的传闻就已经把全球新兴市场尤其是东南亚国家资本市场搅扰得跌宕起伏、险象环生。在 1997 年亚洲金融危机前，美国利率上升、美元升值、大量国际资本和套利资金抽离东南亚国家是加速危机发生和扩大负面影响的重要因素之一。未来中国在推行经济和金融改革中还面临较多风险，目前相对封闭的资本账户能为解决国内结构问题提供相当的空间。我们应该从各国的历史经验和国际金融危机中吸取教训，加速推动国内经济和金融改革，而不是以尚未健全的金融体系和风险应对机制，在目前错综复杂的国际金融环境和泛滥的流动性下加速开放资本账户。

笔者认为，目前国内的金融改革应该重点放在以下几个方面：①深化银行体系改革，加强银行公司治理和风险管理，引入竞争，建立健全退出机制和存款保险制度；②深化资本市场的发展，推动发展多元化的金融体系和金融产品，尤其是中小金融机构和债券市场；③进一步推进利率市场化，加强银行间的竞争，提高银行的定价能力，增加资金配置的合理性；④增强汇率弹性，使汇率可以帮助货币政策而不是绑架宏观政策来应对外部冲击，减少我国货币政策在执行中来自国外经济金融环境的干扰。上述改革的目的是要健全金融体系，降低社会融资成本，提高资本配置的合理性和效率，降低系统性风险，并且让金融系统和货币政策当局有足够的手段和空间应对各种冲击。在国内金融改革进一步深化取得重大进展的基础上，可以稳步地开放资本账户。

参考文献

Bonfiglioli, Alessandra. 2008. "Financial Integration, Productivity and Capital Accumulation." *Journal of International Economics* 76（2）：337–355.

Bussière, Matthieu & Fratzscher, Marcel. 2008. "Financial Openness and Growth: Short-run Gain, Long-run Pain." *Review of International Economics* 16（1）：69–95.

Edwards, Sebastian. 2001. "Capital Mobility and Economic Performance: Are Emerging Economies Different." NBER Working Papers 8076, National Bureau of Economic Research.

Eichengreen, B. , Gullapalli, and U. Panizza. 2011. "Capital Account Liberalization, Financial Development and Industry Growth: A Synthetic View." *Journal of International Money and Finance* 30（6）: 1090–1106.

Henry, Peter Blair. 2007. "Capital Account Liberalization: Theory, Evidence, and Speculation." *Journal of Economic Literature* 45（4）: 887–935.

IMF. 2012a. "Liberalizing Capital Flows and Managing Outflows." IMF working paper. https: //www. imf. org/external/np/pp/eng/2012/031312. pdf

IMF. 2012b. "Liberalizing Capital Flows and Managing Outflows–Background Paper." IMF working paper. http: //www. imf. org/external/np/pp/eng/2012/031612. pdf

IMF. 2012c. "Institutional View on Liberalization and Management of Capital Flows: An Institutional View." IMF working paper.
http: //www. imf. org/external/np/pp/eng/2012/111412. pdf

IMF. 2013. "People's Republic of China: 2013 Article IV Consultation." IMF working paper. https: //www. imf. org/external/pubs/cat/longres. aspx?sk=40786. 0

Klein, Michael W. 2003. "Capital Account Openness and the Varieties of Growth Experience." NBER Working Papers 9500, National Bureau of Economic Research.

Klein, Michael W. & Olivei, Giovanni. 2008. "Capital Account Liberalization, Financial Depth and Economic Growth." *Journal of International Money and Finance* 27（6）: 861–75.

Rodrik, Dani. 1998. "Who Needs Capital–Account Convertibility?" in Stanley Fischer and others, *Should the IMF Pursue Capital–Account Convertibility?* Princeton University Press.

Rogoff, Kenneth. 1999. "International Institutions for Reducing Global Financial Instability." *Journal of Economic Perspectives* 13（4）: 21–42.

Stiglitz, Joseph E. 2000. "Capital Market Liberalization, Economic Growth, and Instability, " *World Development 28*（6）: 1075–1086.

Zhu, Xiaodong. 2012. "Understanding China's Growth: Past, Present, and Future." *Journal of Economic Perspectives* 26（4）: 103–24.

圆桌讨论：利率、汇率改革与资本账户开放的顺序 ①

资本账户开放和其他金融改革

主持人：关于资本账户开放讨论的一个焦点是资本账户开放与利率改革、汇率改革的顺序问题。这几项改革之间有什么关系，应该如何协调？

巫和懋：在改革的顺序上，利率市场化、汇率自由化和资本账户开放的启动不必分先后，但可能需要前两项改革都完成了，资本项目开放才能真正成功到达终点，否则会产生很多问题。现在开始审慎地加快资本账户开放，这个观点是正确的。但在这个过程中，要有其他改革的配合。如果资本账户开放的时间表分为短期、中期、长期三个阶段，那我们也要将利率市场化、汇率市场化按短期、中期、长期的步骤配合推进。

孙国峰：实际操作要看条件，哪项改革的条件先成熟就先推进哪一项。但它们之间无疑是有一定关系的，协调推进是有必要的。

关于汇率形成机制改革和资本项目可兑换的关系，有两种观点：一种观点认为，汇率改革应该先行，当汇率达到合理均衡水平之后，资本项目可兑换才不会导致大规模的资本流动；还有一种观点认为，资本项目开放应该先行，这样外汇市场的供求状况才能真

---

① 本部分圆桌讨论内容整理自中国金融四十人论坛于 2012 年 3 月 25 日召开的第 58 期"双周圆桌"内部研讨会及 2013 年 7 月 21 日召开的第 82 期"双周圆桌"内部研讨会。

在第 58 期"双周圆桌"内部研讨会上，CF40 学术委员黄海洲，CF40 成员黄益平、巫和懋，CF40 特邀成员盛松成、孙国峰，CF40·青年论坛会员、中国人民银行货币政策二司伍戈等就资本账户开放与相关金融改革的关系和"不可能三角"在中国的适用性展开了热烈的讨论。

在第 82 期"双周圆桌"内部研讨会上，CF40 特邀成员徐忠、鲁政委，CF40 特邀研究员张斌，CF40 特邀嘉宾、北京大学国家发展研究院教授卢锋等也就上述问题展开了深入的讨论。

正反映所有市场主体的愿望，才能形成真正的均衡汇率。这两种观点都有一定道理，但第一种似乎更有道理，因为决定均衡汇率的主要因素是经常项目。

我们再来看人民币国际化与资本项目可兑换的关系。现在人民币国际化到了第二阶段，我们将要通过资本项目输出人民币。现在的有利条件是人民币汇率趋近于均衡水平，境外主体不再过于担心人民币升值问题；不利条件是对外提供资金、投资以及企业"走出去"还在不同方面受到资本项目管制的限制。这两方面都对资本项目可兑换提出了新的要求。

关于利率市场化与资本项目可兑换的关系，我觉得，这两者之间的关系相对要弱一些。汇率偏离均衡水平的程度和波动的幅度会比较大，资本可以通过汇率实现快速套利；而资本通过利率套利则需要很长的时间，而且利率即使偏离均衡水平，绝对值也不会那么大。所以，在资本项目可兑换的改革中，利率市场化不是需要特别考虑的问题，我们应该主要考虑汇率形成机制的改革和人民币国际化。

张　斌：过去我国汇率一直是在央行管制下的持续单边升值，当汇率形成机制并没有实现市场化时，会带来套利投机资本的冲击。如果在这个时候放松资本流动，则我国可能要面临很大的流出压力。如果汇率形成机制没有实质调整，资本账户开放很可能走两步就退回来，同时政府公信力会受损，甚至可能爆发危机。

现在我们在金融体系中推行的改革都很好，但是如果国企、地方融资平台、投融资体制的问题没有理顺，还存在很强的预算软约束的话，金融体系改革又怎么可能改好呢？正是因为汇率机制和金融体系改革还未完成，所以我们才对资本账户开放表示担心。

盛司长的报告中强调"协调推进"，这个提法很好，但是结果很可能是汇率改革推不动，而金融体系市场化改革超出央行的权能范围，更难推动，只剩下资本项目比较好推动，阻力比较小。最后，"协调推进"的改革变成了只有资本项目的单边推进。如果是这样的话，到最后可能会加速投机资本的流动，这是我们担心的。

鲁政委：我仅仅支持在汇率基本完成自由浮动后开放资本账户。从国际经验来看，认为"即使汇率不自由浮动，资本项目也可以开放"的观点是错误的。因为：

第一，根据IMF近十年来实际汇率体制与外汇管制资料来分析，资本流动性越强的经济体，其汇率弹性也越高；反之，固定汇率与资本管制几乎总是孪生兄弟的关系（货币局制度除外）。

第二，上述经验规律之所以存在，是因为除非选择货币局制度（固定汇率但资本自由流动，放弃货币政策自主权），否则，若资本自由流动而汇率弹性不足的问题，在汇率高估时就会出现外汇储备偿付能力不足的问题，诱发货币危机。当出现问题后再刹车重归资本管制，往往也会使经济遭受重创且短期内无法复原。更为自由的汇率之所以重要，是因为其通过汇率的市场化波动保证了外储永远具有足够偿付能力。并且，只要所有市场主体都对汇率头寸暴露进行了避险安排，市场化的汇率波动就不会对实体经济造成过大的负面冲击。

第三，2006年之后，中美经济周期已经出现错位，采取货币局制度将使中国货币政策不仅无法对中国经济起到逆周期调节作用，反而还会加剧经济的顺周期波动，加大宏观经济风险。同时，作为经济大国，中国不可能放弃货币政策独立性。

第四，从全球主要经济体来看，资本开放似乎没有固定顺序，但这不意味着它们没有遵循统一的内在逻辑。这个逻辑就是要始终确保"可持续性"，特别是要确保外储的足够偿付能力。这实际上就是周小川行长曾反复强调"资本项目开放应在汇率达到均衡水平附近时进行"的原因。均衡就是外汇的供需平衡，但无法自由浮动的汇率显然无法保证外汇总是动态均衡的。

徐　忠：如果中国在对内尚未开放的情况下就贸然放开对所有资本项目的管制，那肯定会出问题。因此，资本项目管制需要逐渐放开，这就有一个顺序问题。只要国内还存在利率管制、能源价格管制，或者其他的管制，造成市场扭曲和价格垄断，那我们就不能完全开放资本项目。首先要对内开放，实现市场自由化，然后才能进行资本项目开放。

卢　锋：金融改革应把搞对价格、放宽准入、鼓励竞争等机制性建设议程置于更优先的位置。首先要为央行对汇市的干预引入制度性限制，通过建立完善浮动汇率制度以兼容经济基本面的人民币升值要求。其次要尽快分步骤放宽存款利率上浮区间以实现利率市场化目标。再次要切实落实民营资本准入政策，增加有序竞争。最后要利用目前经济增速走缓的时间窗口，瘦身央行资产负债表，逐步消除金融抑制，完善开放型市场经济的总需求管理政策架构。

同时也要积极放开对直接投资特别是对 ODI 的不必要管制和限制，并随国内资本市场改革的推进逐步稳健放开证券投资管制。在国内金融改革大体完成、内外结构性利差完成调整、人民币升值大体实现后，再基本放开货币市场等领域的短期资本流入管制。

颠覆"不可能三角"理论？

主持人：有人认为，根据"不可能三角"理论，在固定汇率制度下，开放资本账户会减弱我国货币政策的独立性。我们应该如何理解这个理论？

盛松成：对于"不可能三角"理论，连蒙代尔自己都认为，这个理论可以适用于小国，但对大国的适用性是非常有限的。

例如，英国的利率一向较高，而英镑相对美元又比较坚挺，按照"不可能三角"理论，这种情况是不可能长期存在的，必然会有大量资本流向英国。然而实际上，英国的利率继续维持高水平，汇率也继续坚挺。另一个例子是日本，日本的汇率波动很大，而利率则长期维持在很低的水平上。按照"不可能三角"理论，日本的资金应该大量流向美国，而实际情况并非如此。很多理论都只在一定范围内适用。我认为，这个理论不适用于所有的国家，可能适用部分国家，或者大部分国家。

黄益平：第一，我们一般理解的"三元悖论"就是极端的三个角，但实际上可能存在中间状态。第二，蒙代尔－弗莱明模型有小国经济和大国经济的案例，对于大国经济，如果改变利率等要素价格，就可能会对除自身以外的全球经济也产生影响。

如果存在利差和汇率失衡，放开资本账户会不会导致大规模的资本流动？这对本国以及世界经济会造成多大的冲击？小国经济的情况可能比较容易理解，但大国经济会是什么状况？另外，过去几年，也有一些介乎小国和大国经济之间的国家，比如印度、印尼和韩国，在全球经济危机期间受到很大冲击。我建议对此做一些实证研究。

鲁政委：其实，判断一国经济是否是大国经济要看其经济总量。当年违背"三角原理"而最终发生危机的经济体——英国（1992年）、韩国（1995年）、巴西（2000年）等——其实都位居全球前11大经济体之列，它们并不是经济小国。而实际上，最初也是加拿大的经验启发了蒙代尔提出"三角原理"。而加拿大的经济规模长期位居全球前十。

黄海洲：是否应该颠覆利率平价理论或者抛弃利率平价理论，可能需要进一步思考。如果说理论的适用性有问题，那另当别论。如果以颠覆利率平价理论作为改革的论据或出发点，那在此基础上推进改革或提出改革方向可能会令人费解。

伍 戈：关于浮动汇率和资本项目可兑换的关系，目前只有"不可能三角"这一个理论给出阐释，但这一理论没有说哪项改革应在前哪项改革应在后。主张先实现资本项目可兑换的人认为，如果资本不自由流动，人民币均衡汇率就难以真正实现。而主张先进行人民币汇率改革的人认为，如果人民币汇率失衡，资本项目可兑换就可能引起资本的大进大出。这两者在逻辑上都是有道理的。

第二波争论
ROUND2

资本账户开放是否应该"加快"

是否应设定开放的路线图与时间表

第三篇

资本账户开放是否应该"加快"

第二波争论发生的一个重要原因是人们对资本账户开放的紧迫性存在不同意见。资本账户开放是否应该加速？该怎样加速？

　　在 2012 年 12 月 9 日中国金融四十人论坛的内部研讨会上，多数与会学者认为当前已经具备加快推动人民币资本项目可兑换的条件，未来 3~5 年实现资本项目可兑换既必要也可行。

　　2013 年 5 月，中国金融四十人论坛内部重大课题《深化经济体制改革重点领域一揽子方案》之子课题《新形势下对外开放的战略布局》发布，报告明确地提出要加快人民币资本项目可兑换进程，提出了近期和中期的改革安排，提议在 2015 年年末实现可兑换。

　　自此，关于资本账户开放是否应该"加快"的讨论渐入高潮。香港金融管理局助理总裁何东认为加快资本项目开放是必要的，关键是建立有效的跨境资本流动管理体系；上海交通大学上海高级金融研究院执行院长张春认为加快开放资本账户是金融服务实体经济的必然；对外经贸大学金融学院院长丁志杰认为资本项目可兑换改革意义非凡，应在"十二五"期间就实现资本项目基本可兑换。

　　中国社会科学院张明博士针对支持加快资本账户开放的一方的八大理由提出了质疑，而中国人民银行货币政策二司的伍戈和温军伟则分别对这八项质疑进行了解答和反驳。张明博士的观点也基本涵盖了余永定、张斌等对资本账户开放持审慎态度的专家的看法。国务院发展研究中心社会发展研究部研究员丁宁宁也认为要冷静思考是否应加快资本账户开放的问题，提出不能靠"闯关"来实现资本账户开放。

人民币资本项目可兑换应"百尺竿头"[*]

中国金融四十人论坛研究部

人民币距离资本项目可兑换并不远

人民币可兑换是完善社会主义市场经济体制的既定目标，这在中国共产党十四届三中全会及其后的重要文件中均加以明确或强调。人民币可兑换进程与改革开放的深化相一致，最初是引进外资，1996 年实现经常项目可兑换，2001 年加入世界贸易组织后资本开放有序推进，先后实施了"走出去"、境内外合格机构投资者（QFII 和 QDII）、人民币跨境贸易投资结算、境外机构用人民币投资境内资本市场等，形成了贸易开放和资本双向流动逐步扩大的格局，日益趋近人民币资本项目可兑换。

从国际机构公认的 7 大类 40 项资本交易项目来看，国家外汇管理局评估目前我国有 10 项不可兑换，其余 30 项已基本或部分可兑换，除个人直接跨境投资、衍生品交易外，主要跨境资本交易都有一定正规渠道。2011 年我国国际收支统计的资本交易达 2.58 万亿美元，比 2001 年增长 14.7 倍，相当于当年 GDP 的 35.2%，比 2001 年提高 22.8 个百分点。这一比例明显高于其他金砖国家。

评估人民币可兑换状况还须考虑两个特殊因素，一是中国贸

---

[*] 本文系 2012 年 12 月 9 日中国金融四十人论坛第 71 期"双周圆桌"内部研讨会的纪要，发表于 2013 年 1 月 14 日出版的《21 世纪经济报道》。在本次研讨会上，CF40 特邀嘉宾、北京大学国家发展研究院教授周其仁、CF40 常务理事会副主席谢平、CF40 成员李波先后就"汇率与货币""汇率和利率市场化""资本项目可兑换的几个问题"做了主题演讲，与会成员和嘉宾围绕相关问题展开了深入的讨论。

易开放度高，企业、个人可能利用经常项目可兑换的便利来摆布本外币资金和从事一些受管制的资本交易。二是中国内地与港澳台的联系紧密，很多国内企业在三地和开曼等避税岛都有关联公司，规避资本管制并非难事。因此，人民币资本项目实际可兑换程度高于法律和政策限定。

3~5年内实现人民币资本项目可兑换是可行的

实现人民币资本项目可兑换有多方面的好处：有利于企业和居民风险管理和有效参与全球资源配置，解决资源瓶颈，提高国民福利；有利于深化金融机构、汇率利率市场化等国内金融体制改革，增强金融体系的服务能力和竞争力；有利于提高宏观调控的有效性，提升人民币的国际地位，有效管理通货膨胀预期。

当然，资本项目可兑换也会伴随一定的风险。资本项目可兑换有可能加大国内机构和市场的竞争压力和资产错配的风险，在一定条件下跨境资本的"大进大出"也会冲击国内市场。但对风险应予以恰如其分的估计，应破除对跨境资本流动的"原罪"意识和过度恐惧。

上述风险是可防可控的。首先，资本项目可兑换是有弹性和调整空间的制度安排，并非对跨境资本自由放任。即使已实现货币可兑换的美国等，也实施反洗钱、反恐融资、打击避税天堂等制度，并从国家安全角度严格审查重大跨境资本交易。其次，各国普遍对短期投机资本采取金融交易税、无息准备金等措施，并通过头寸限制、比例管理、信息披露等措施严格防止外币外债过度扩张和错配。在国际金融危机之后，IMF已认同涉及资本流动的宏观审慎管理对预防和防范危机的必要性和合理性。最后，国际社会普遍认同，在资本严重外流等特殊情况下还可采取临时性的国际收支保障和外汇管制措施。

当前，人民币资本项目可兑换的条件与十年前不可同日而语。在传统理论上的宏观经济稳定、金融监管相对完善、外汇储备充足和金融机构稳健等四个资本项目可兑换的条件更加成熟，比印度、俄罗斯等在当年宣布资本项目可兑换时的条件都要好。亚洲金融危机和国际金融危机给国内经济、企业和机构带来了一定的冲击，但也提高了宏观管理部门和微观主体的风险防范意识和能力。利率市场化、汇率市场化、资本项目可兑换、人民币国际化相辅相成，但并无绝对的次序安排，在改革实践中更不可能人为地设定先后顺序。事实上，四者自改革开放以来一直协调推进，互相创造条件和相互促进，均已取得了显著的进展。

未来5年是我国实现全面建成小康社会目标的关键时期。稳步推进人民币资本项目可兑换和汇率、利率市场化将进一步增强市场配置资源的基础性作用。资本项目可兑换是深化金融体制改革和对外开放的客观要求，面临难得的机遇"窗口期"，在3~5年内实现是完全可能的。

政策建议

人民币资本项目可兑换涉及多个方面，应加大顶层的设计力度，抓紧研究和论证整体协调推进的方案，形成明确的路线图和时间进度安排，并尽快对外公布，引导公众预期。当前应着力推进以下关键环节和重点领域的可兑换。

在资本市场方面，继续扩大QDII和QFII主体和投资额度，吸引更多境外长期和战略投资者。允许更多境外主体在境内发行人民币债券，研究择机推出股票市场国际板。

在对外投资方面，择机推出QDII2试点，允许合格的境内个人直接对外投资实业和股票、债券等金融产品，满足个人合理的对外投资需求。同时，建立非居民个人境内投资专户制度。按照"本币优先"的原则，继续支持和鼓励企业和个人用人民币从事跨境贸易和投资计价结算的需要。

在管理方式方面，加快清理相关法律法规，进一步减少行政审批，对事关重大、确需保留的准入可采用反垄断、国家安全等方式实施，取消或简化一般性的准入条件。

在风险防范方面，基于防范系统性、区域性风险的底线，加快从微观审批向宏观审慎管理的转变。外债由规模管控转向以负债比例、币种匹配等为核心的宏观审慎管理，统一中外资企业外债管理政策。健全跨境资金流动监测、风险预警和应急管理体系，重点防控短期投机性资本流动风险，加强反洗钱、反恐融资、打击避税天堂等监管。

协同推进汇率、利率等市场化改革。继续稳步推进利率市场化，加快市场利率体系和央行利率调控机制建设，建立存款保险制度。利用汇率趋向均衡的有利时机，逐步扩大汇率波动弹性，提高汇率形成的市场化程度。

新形势下人民币资本项目可兑换进程 *

黄海洲　　周诚君**

为了进一步扩大开放，促进金融为实体经济服务，提高我国参与全球资源配置的能力和效率，有必要加快人民币资本项目可兑换的进程，制定并公布人民币可兑换的路线图、时间表，明确在 2015 年年末实现可兑换。近期加快推进跨境贸易结算及资本市场跨境投资领域改革，中期可全面推进外债、资本市场领域的对外开放，同时构建与资本自由流动相适应的跨境资金流动监测预警体系，将资本项目可兑换纳入法制框架，加快推进相关法规清理。

引　言

中国共产党十八大报告明确提出，要"适应经济全球化新形势，必须实行更加积极主动的开放战略，完善互利共赢、多元平衡、安全高效的开放型经济体系"。"着力培育开放型经济发展新优势"，"全面提高开放型经济水平"。积极主动地推行开放战略，不仅是为了更好地参与国际分工、国际规则制定，促使社会主义市场经济体制更好地与国际接轨，更是推动我国经济发展转型，形成促进竞争机制充分发挥作用的国内统一市场的推动力量。

随着全球化的不断深入，尤其是在这次国际金融危机后，世

---

* 本文节选自中国金融四十人论坛内部重大课题《深化经济体制改革重点领域一揽子方案》之子课题《新形势下对外开放的战略布局》，课题报告全文发表于《新金融评论》2013 年第 3 期（总第 5 期）。

** 黄海洲，中国金融四十人论坛成员、中国国际金融公司销售交易部负责人；周诚君，中国金融四十人论坛特邀研究员、中国人民银行金融研究所研究员。

界各国经济复苏都面临着比较复杂的国内国际矛盾和冲突，长短期矛盾继续凸显，不平衡复苏格局短期难以取得明显改善，合作与竞争共存。美国短期动能减弱、长期动能增强；欧元区短期波动减弱、长期余震不断；日本短期市场欢呼、长期前景不明；新兴市场短期微弱复苏、长期依靠改革。

国际贸易与投资规则发展也呈现不同于以往的新趋势。一是服务贸易和投资协定成为新一轮国际贸易谈判和规则制定的核心内容。二是具有更高标准的新自由贸易协定将引领全球贸易新规则。三是 WTO 多边贸易体制将日益边缘化。

在过去的三十多年里，通过改革开放，引进资金，引进管理，培养人才，提高出口，提高外汇储备，改造银行，改造实体经济，我国提高了国际地位。展望未来，这些方面的改革红利继续存在，但边际贡献下降，中国应该重点着眼于寻找新的机遇，扩大开放，提高标准，以开放促改革。

对外开放的重大契机及建议

新形势下，中国正面临对外开放战略布局的重大契机：一方面，世界由单极向多级转变的趋势更加明显，中国的国际影响力正在不断提升；另一方面，美国和全球经济复苏所带来的机遇也为中国的发展提供了良好的外部条件。但是在新一轮的全球平衡中中国也面临着严峻的挑战。一是在认识上存在偏差；二是在理论上准备不足；三是在步骤上相对落后，开放水平相对较低；四是在标准上明显滞后，与国际新规则差距较大。

对此，我们提出以下建议：

（1）打破认识误区，加强宣传教育。到目前为止，我国仍然没有系统地、大范围地对新一轮自由贸易协定进行宣传、培训和普及工作。

（2）加强理论研究和技术准备，做好基础梳理工作。在此基础上，可以制定出我国在若干重点领域扩大开放的时间表、路线图，并以此为目标抓紧开展相关工作。

（3）以加快推进中、美BIT谈判为契机，推动服务贸易和投资协定领域标准的提高。这是我国顺应国际贸易发展新趋势及其通行规则的需要，有利于为我国后续扩大开放、提高标准打下良好的基础。

（4）加快实施更高标准的自由贸易区战略。中国加入WTO获益良多，目前需要更进一步，与其他国家建立更为紧密，更高标准的经贸关系，例如推进以跨太平洋战略经济伙伴关系协定（TPP）和跨大西洋贸易与投资伙伴协议（TTIP）为代表的自由贸易区谈判，发展不同层级的自由贸易区。

（5）以服务业领域扩大对外开放为突破口，取消限制，推动实质性扩大开放。当前宜重新全面审视我国加入WTO时保留的限制措施，下决心加快仍然留有保护和限制措施的行业特别是服务业的改革开放步伐，尽快主动推出取消限制和保护、进一步扩大开放的实质性举措。

（6）进一步扩大农业的对外开放。促进农业生产也参与全球分工，发挥比较优势，通过自由贸易更好地扩大粮食供给，保障我国粮食安全，节约土地、水资源。

（7）加快人民币资本项目可兑换的进程。在新形势下，为了进一步扩大开放，促进贸易投资便利化，更好地促进金融为实体经济服务，提高我国参与全球资源配置的能力和效率，增加国民福祉，有必要加快人民币资本项目可兑换的进程。

（8）通过扩大对外开放促进国内改革。在过去的三十年里，中国的经济制度经历了计划、转轨、发展三个阶段，而在未来的三十年中，中国经济制度将更加规范。一个规范的经济制度需要更加注重公平性、法制性和创新性。要尽快在金融、教育、医疗、文化等服务业全面扩大对内开放，真正落实民营经济"新三十六条"，扩大准入，取消对民营资本投资的各种限制，提高准入便利性，保护其投资权益。

（9）开放的同时也要注重监管。首先，应该着眼于如何推进开放，审批不能过严，步骤不能繁复，不然会抑制对外开放的活力。其次，要通过适当的监管控制对外开放的风险。最后，要以开放的心态进行全球配置，迎接全球化时代。

加快实现人民币资本项目可兑换

资本项目可兑换是指以投资或融资为目的，一国货币与外币之间可以自由兑换，并可以比较便利地使用本币或外汇开展跨境的资本项目交易。1993 年，中国共产党十四届三中全会首次提出要使人民币成为一种可自由兑换的货币；1996 年，我国承诺遵守IMF 第八条款，正式宣布允许经常项目可兑换；自 21 世纪以来，我国随着国力增强以及利率、汇率、国有银行和金融市场改革的深化，推进资本项目可兑换的条件越来越成熟。

目前，我国资本项目可兑换的程度偏低，同时影响了经常项目的可兑换，造成对外贸易和投资不够便利，"引进来"和"走出去"面临较多限制，不利于我国融入新一轮国际贸易投资一体化。同时，较低的资本项目可兑换水平，也造成了我国金融市场相对封闭，不利于金融机构摆脱惰性，影响了金融支持实体经济发展的能力。在新形势下，为了进一步扩大开放，促进贸易投资便利化，更好地促进金融为实体经济服务，提高我国参与全球资源配置的能力和效率，增加国民福祉，有必要加快人民币资本项目可兑换的进程。

一是制定并公布人民币可兑换的路线图、时间表，明确在2015 年年末实现可兑换。

二是对现有政策进行梳理，对已经"可兑换"或"基本可兑换"的项目进一步做实，比如货物贸易和服务贸易首付汇、直接投资项下绝大部分跨境收付与汇兑等，大幅简化审核手续，降低政策门槛，为企业提供更高的便利性和自由度。

三是近期加快推进跨境贸易结算及资本市场跨境投资领域改革。推动人民币成为更广泛的交易和结算货币，同时推行 QDII2、股票市场国际版、境外发行熊猫债等资本市场改革，推动形成以人民币定价的国际资产，并在条件基本许可的范围内加大试点和推广力度，测试人民币实现交易和定价国际资产的功能对我国金融体系的影响。

四是中期可全面推进外债、资本市场领域的对外开放。将外债管理转向以负债率和币种匹配为核心的宏观审慎管理；允许部分非居民金融机构进入我银行间市场；进一步扩大 QDII 和 QFII 主体资格，增加投资额度；允许境内银行和企业参与境外衍生品市场，允许非居民机构投资境内衍生品市场；允许个人接受或发放跨境贷款以及合法资金转移等。

同时，构建与资本自由流动相适应的跨境资金流动监测预警体系，健全风险防控措施。此外，要将资本项目可兑换纳入法制框架，加快推进相关法规清理。

需要注意的是，资本项目可兑换并不意味着跨境资本流动完全自由，大多数的货币兑换和跨境交易都是自由的，少数还需要管理，并按照法律法规的规定开展业务。因此，资本项目可兑换是一个有弹性和调整空间的制度安排，不是一个"非黑即白"的选择。国际经验也表明，资本项目可兑换后，仍然可以从金融稳定等角度对可疑资金、外债、短期资本流动等进行宏观审慎管理，从而有效地防范跨境资本流动可能带来的风险，趋利避害，发挥好资本项目可兑换在多个方面的积极作用。同时，各项具体开放措施在时间安排上也有一定的灵活性，可以根据我国国内外经济金融形势和改革基础条件的变化择机实施，成熟一项，推动一项。

以开放促改革

在未来的三十年中，中国经济制度将更加规范。我们有必要以扩大开放为推手，倒逼国内相关领域加快改革。当前，比较急迫和重要的对内开放和改革的领域是，尽快在金融、教育、医疗、文化等服务业全面扩大对内开放，重点是扩大准入，取消对民营资本投资金融、教育、医疗、文化等领域的各种限制，提高准入便利性，保护其投资权益。废止对外投资审批制度，支持企业"走出去"，通过价格杠杆引导市场主体的对外投资活动。

在开放的过程中我们可能会遇到以前从未经历的风险，也有可能需要面对新的挑战。对外开放的过程无疑是一个祸福相依的过程，我们会更加融入世界也意味着是与狼共舞。如何才能规避风险，追寻发展的契机？首先，应该着眼于如何推进开放，包括贸易领域和金融投资领域，审批不能过严，步骤不能繁复，不然会抑制对外开放的活力。其次，也要注重风险的控制，美国的次贷危机的原因之一就是监管缺失，由此引发的国际金融危机对全球经济打击很大，也摧毁了一批过度杠杆化的金融机构。但我们要做的不是因噎废食，而是寻找危中之机，通过适当的监管来控制对外开放的风险。

全球化是当今世界发展的一个重要趋势，随着现代科技的进步，交通工具的现代化和网络的普及，跨国公司业务的扩展，全球化的进程正在迅猛加快，任何一个国家的经济社会发展都会成为全球经济发展的一部分，一个全球化的新时代正在到来。无论是发达国家还是发展中国家，在全球化进程中都应制定正确的政策，在保护本国利益的同时，积极参与其中。要以开放的心态把握全球的资源，把握全球的需求，把握全球的人才，这样才能在全球化的过程中实现互利双赢。

破解资本账户开放迷思 *
——与张明博士商榷

伍　戈　　温军伟 **

近期，中国社会科学院世界经济与政治所张明博士发表了《资本账户开放迷思》一文（以下简称《迷思》）① ，就中国资本账户开放的八个问题提出了自己的看法。他认为，支持中国加快资本账户开放的八个主要理由似是而非，因此他反对在当前加快资本账户的开放。张明博士的观点触及到了中国推进资本账户开放的一些重要方面，有助于将这一讨论引向深入，厘清一些基本认识。但经过认真研读，我们发现《迷思》一文也存在诸多值得商榷之处。下面我们分别针对这八方面的"迷思"进行阐述，未必成熟，供大家讨论。

迷思之一："当前的资本账户管制是无效的，既然无效，不如放开"

《迷思》一文指出，有关方面以当前的资本账户管制是无效的为由主张加快资本账户开放，而张明博士则认为当前的资本管制大体上依然是有效的，并以内地人民币市场与离岸人民币市场上存在显著的息差与汇差作为资本管制有效的明证。

据我们观察，认为中国资本账户管制完全无效的观点似乎不多见，更多的只是在强调随着对外开放和金融创新的不断深化，目前以行政审批、登记等方式为主的管制手段的有效性在不断降

---

* 本文是作者于 2013 年 6 月向中国金融四十人论坛提交的内部交流文章。

** 伍戈，中国金融四十人·青年论坛召集人，供职于中国人民银行货币政策二司。温军伟，供职于中国人民银行货币政策二司。

① 《资本账户开放迷思》发表于《财经》2013 年第 14 期。可参见本书文章《加快资本账户开放的八大迷思》。

低，越来越不适应形势发展需要，也不利于全面监测和管控资本跨境流动的风险。这也是诸多学者研究得出的共同结论。例如，Eswar Prasad、Thomas Rumbaugh、王庆（2005）指出，在实践中，资本管制远非滴水不漏，其效力可能正在下降。盛松成等（2012）指出，至少存在三种逃避或规避管制的途径，即非法逃避管制、通过经常账户逃避管制、通过其他资本账户逃避管制。美国、德国的经验教训也表明，资本管制的效果有限[①]。而在岸与离岸市场息差与汇差的存在，并不能作为"中国资本账户管制依然有效的明证"。王信（2008）指出，如果人民币利率和国际上的美元利率存在利差就认为资本管制是有效的观点值得商榷，比如在 20 世纪 90 年代以后日本基本取消了资本管制，但日元利率持续低于美元利率。同样，鉴于在岸与离岸市场在流动性、市场主体、产品结构等方面存在的差异，汇差的存在也有其客观基础。

因此，总的来讲，中国资本管制有效性下降应是不争的事实。在这种背景下，通过转变管理方式，隐形资本流动"显性化"，同时建立健全的跨境资本流动的监测体系和宏观审慎的管理框架，将更有利于妥善管理和应对潜在的风险。

迷思之二："加快资本账户开放有助于优化资源配置"

《迷思》一文认为，加快资本账户开放有助于优化资源配置，在原则上是没有问题的，但在现实世界中面临两个挑战：一是放松资本管制未必能够促进经济增长，反而可能爆发金融危机；二是要通过资本账户开放来促进经济增长，是有一定的门槛要求的。

我们认为，资本账户开放意味着经济主体有更大的自由、更多的机会和更广的领域来配置资源，从而有助于优化资源配置，这是被诸多实证研究所证实的结论。Quinn（1997）使用 1960~1989

---

① 上世纪六十年代末开始，德国通过资本管制阻碍资本的大幅流入，但效果不理想。据 Koffergesch 估计，1973 年跨境非法实物交易和海外非法借贷分别达 40 亿和 70 亿德国马克，合计占同期德国 GDP 的 1.2%，高于其经常账户顺差规模（同期经常账户顺差 /GDP 比例约为 1%）。

年 66 个国家的数据，得出了资本账户开放与增长率正相关的结论。Klein 与 Olivei（1999）运用 82 个发达国家和发展中国家 1986~1995 年的资本账户开放指标与金融深化指标进行了回归分析，发现在总体上这些国家的资本账户开放促进了金融深化、进而促进了经济增长。IMF（2012a）研究发现，在总体上，近年来资本流动不断加剧，日益成为影响全球货币体系的重要因素，资本流动可以提高效率、促进金融部门竞争、便利生产性投资和平滑消费。在另一篇文章里，IMF（2012b）以过去 15 年实行资本流动自由化的 37 个新兴市场经济体为研究对象，同样找到了资本流动自由化促进经济增长的证据。当然，享受资本账户开放的好处确实有一定的门槛要求，上述 IMF（2012a）文章指出，一国来自资本项目开放的净收益以及资本项目开放的适当程度有赖于其特定的发展环境，特别是金融和机构的发展阶段，并非任何时候对任何国家来说资本项目开放都是最合适的目标。

诚然，全面开放资本账户需要一定的前提条件。实际上，从学界早期谈论较多的资本项目可兑换的四大条件，即宏观经济稳定、金融监管完善、外汇储备充足、金融机构稳健看，我国目前的条件比一些国家宣布实现资本项目可兑换时的情况要好很多。盛松成等（2012）研究表明，法国在资本项目开放前的 1972~1975 年时经济增速只有 2.7%、财政赤字占 GDP 的 0.2%、通货膨胀率高达 10.9%；西班牙在之前的 1989~1991 年时 GDP 增速为 3.8%、财政赤字达到 GDP 的 30.5%、通货膨胀率为 7.1%、经常账逆差占 GDP 的 3.3%；一些发展中国家的条件更差一些，如秘鲁在之前的 1992~1994 年时通货膨胀率高达 48.6%、经常账赤字占 GDP 的 6.1%。与这些国家相比，我国的条件比较优越，已经基本达到了"门槛"的要求，具备了实现资本项目可兑换的客观基础。事实上，有关金融危机的文献可谓汗牛充栋，这些文献表明资本账户开放与金融危机没有必然的联系，资本管制的国家也能爆发金融危机。其爆发的原因比较复杂，但不能完全归因于资本账户开放，宏观基本面的稳健才是抵御各种危机的良方。

迷思之三："加快资本账户开放特别是促进资本流出，将有助于缓解人民币升值压力"

《迷思》一文认为，一方面当前国际资本流动频繁，放松资本管制可能会加剧人民币对主要货币的汇率波动；另一方面，人民币汇率距离均衡水平不远，不存在通过放松资本账户管制来缓解人民币升值压力的强烈要求。

我们认为，从具体操作策略上讲，根据不同时期经济金融形势的变化，推进资本账户下各个子项目的顺序和步骤也可以灵活调整，有所侧重。长期以来，我国资本流动管理存在着"宽进严出"的不对称格局，资本流入压力较大。尽管如张明所指出的"从连续两年来中国经常账户顺差占 GDP 比率均低于 3% 来看，目前人民币汇率距离均衡水平已经不远"，但当前全球主要发达经济体继续实施宽松的货币政策，资本流入压力仍较为明显，这可能不是一个短期现象。在此情况下推进资本账户开放，可优先推进有助于资本流出的项目，比如合格境内个人投资者境外投资（QDII2）制度等。这种开放策略并不是主要仅仅着眼于汇率，而是要建立相对平衡的资本流入流出格局，但其客观效果无疑有利于缓解当前人民币面临的较大的升值压力，促进汇率稳定。

迷思之四："加快资本账户开放有助于倒逼国内结构性改革"

《迷思》一文承认在一定的前提条件下开放对改革有显著的促进作用，但资本账户开放可能挤压国内民间资本的发展空间，也很难显著地推进国内收入分配以及在若干服务业打破国有企业垄断格局等结构性改革，反而可能导致金融危机爆发，并进而延缓国内改革。

我们也认同资本账户开放不能倒逼解决所有结构性问题，但张明博士的误解恰恰在于将资本账户开放当成了能包治百病的"万能药（Panacea）"。开放对改革有显著的促进作用，这实际上是中国三十多年改革开放的一条基本经验。中国金融四十人论坛最近的一项研究成果 [1] 表明，对外开放不但提升了国内标准，促进了

---

[1] 黄海洲、周诚君：《新形势下对外开放的战略布局》，CF40 网站，2013 年 5 月。

各领域的改革与国际接轨，而且参与国际竞争和国际规则制定也倒逼国内体制改革：国有企业改革加快、民营经济迅猛发展、金融改革、投资体制、住房体制、社会保障体制改革全面推开。但需要指出的是，"以开放促改革"有十分宏大的内涵，资本账户开放只是其中的一项内容，我们不能指望仅靠资本账户开放就能解决国内的一切结构性问题（包括张明博士提到的收入分配差距问题等）。

我们认为，加快资本账户开放对国内相关改革的促进作用可能体现在：进一步提高经常项目的可兑换水平，便利对外贸易和投资，加快"引进来"和"走出去"步伐，帮助我国融入新一轮国际贸易投资一体化；改变我国金融市场相对封闭的状况，促使金融机构摆脱"惰性"，改善和提升民间金融机构的竞争力，构建更具竞争性的金融服务体系，提高金融支持实体经济发展的能力。至于张明所说的"如果加快资本账户开放最终导致了金融危机的爆发"，对此我们应具体分析中国现有的基础条件，不能简单臆断，也不能忽视后文将谈到的防范资本项目可兑换潜在风险的工具和手段。

迷思之五："加快资本账户开放有助于推动人民币国际化"

《迷思》一文认为这个判断完全没有问题，问题在于"为什么中国政府要大力推进人民币的国际化"，因为中国政府对人民币国际化是否能在现阶段对中国带来重要的福利增进表示怀疑，而且认为"货币国际化通常是市场选择的结果，而非政府人为推动的结果"。

可以看到，自从人民币跨境贸易结算政策出台以来，人民币国际化便成为一个热门的话题，赞成与反对者都大有人在。但一个基本共识是该次国际金融危机暴露了当今国际货币体系的严重缺陷，美元、欧元、日元等主要国际储备货币都面对各种严峻的问题，其币值的长期稳定性让人质疑。该次金融危机爆发后，一些国家提出了与我国开展货币互换的需求，与此同时，企业为了规避汇率风险也希望直接使用人民币进行贸易投资的结算。基于这些需求，中国与有关国家（地区）相继签订了一系列货币互换协议，出台了跨境贸易人民币结算政策。可见，人民币跨境使用从一开始就是由市场推动产生的，政府只是顺应市场需求，取消了一些不必要的限制，给企业和市场一个币种选择的机会，并逐步建立起相配套的人民币跨境使用的政策框架。

值得一提的是，人民币跨境使用的需求不但真实而且旺盛，人民币跨境结算额的突飞猛进和人民币离岸市场的快速发展即是明证。Eichengreen（2013）指出，一方面本币结算对中国的银行和公司有规避汇兑风险、降低汇兑成本在内的诸多便利，另一方面能降低对美元的依赖，使中国能主动应对美国调整政策的种种冲击。推动人民币国际化将在加快经济转型，促进经济结构由投资拉动向消费驱动、由出口导向到内需拉动、由制造业向服务业的转变上发挥积极作用。IMF 最近开展的一项调查（IMF，2013）显示，在 39 个有意调整外汇储备币种结构的央行中，三分之一的央行机构希望持有人民币，其中发达国家 5 个，中等收入国家 6 个，低收入国家 2 个。可见，人民币跨境使用或者"国际化"也绝非中国的"一厢情愿"，而是有切实的内外需求作支撑。值得一提的是，该调查同时显示，外汇市场深度、国债流动性和货币不可兑换等是制约各国央行将人民币纳入外汇储备的主要因素。因此，当前中国资本账户开放水平不但没有超前于人民币跨境使用，反而在一定程度上限制了人民币跨境使用的深入发展。加快资本账户开放可以消除一些不必要的限制，客观上有利于人民币"国际化"，但并不能说中国政府为了人民币"国际化"而加快资本账户开放。此外，张明反复强调"加快资本账户开放可能损害中国的宏观经济与金融市场稳定"（我们注意到这已是张明在文中第三次提到资本账户开放引发危机的问题），对此如不仔细研究，就有臆断之嫌，其推论的可靠性也难免大打折扣。

迷思之六："加快资本账户开放不需要遵循固定次序，可以与利率、汇率市场化改革平行推进"

《迷思》认为，"资本账户开放既需要遵循特定的次序，也需要一定的前提条件", 而中国必须具备的三个前提条件分别是: 人民币汇率形成机制市场化改革基本完成, 人民币利率市场化改革基本完成, 中国金融市场基本实现对民间资本充分开放。

我们认为, 上述判断也缺乏理论和现实的充分支持。理论上看, 资本账户开放与利率、汇率市场化改革的关系不是绝对的, 并不是只有在利率、汇率市场化改革完全到位后才可以启动资本账户开放。比如, 汇率市场化和资本账户开放的理论逻辑关系就不是那么简单: 一方面有观点认为, 只有先实现汇率市场化, 使汇率达到基本均衡, 才能防止资本账户开放后资本的无序流动; 但另一方面亦有观点指出, 放松资本控制是汇率市场化的基础, 如果没有资本账户控制的放松, 就不能充分反映外汇市场的真实需求, 也不可能有真正的汇率市场化。从国际实践经验看, 三者间也没有固定的改革次序可供遵循。张健华 (2011) 研究发现: 日本 1984 年宣布实现资本项目可兑换, 1985 年才开始利率市场化改革和实施自由浮动汇率制度; 韩国 1993 年宣布资本项目可兑换, 1997 年才完全实现利率市场化, 1998 年开始汇率自由浮动; 俄罗斯在 2006 年宣布资本项目可兑换之前的 1995 年完成了利率市场化改革, 但汇率并未自由浮动, 目前仍是有管理的浮动。汇率与资本项目可兑换关系方面更为特别的是中国香港, 港币可以完全自由兑换, 但港币实行钉住美元的联系汇率制度, 港币汇率完全没有自由浮动, 这并不妨碍港币成为全球可兑换程度最高的货币之一, 也不妨碍香港成为全球最自由的经济体之一。盛松成等 (2012) 在深入剖析不可能三角理论和利率平价理论局限性的基础上认为, 若要等待利率市场化、汇率形成机制改革最终完成, 资本账户开放可能永远也找不到合适的时机; 过分强调前提条件, 会使改革的渐进模式异化为消极、静止的模式, 从而延误改革开放的时机; 资本账户开放与所谓的 "前提条件" 并不是简单的先后关系, 而是循序渐进、协调推进的关系; 利率、汇率改革和资本账户开放的所谓次序, 并非必须; 如美国采用 "先外后内" 改革次序, 依次实行本币国际化、放松资本管制、汇率自由化和利率市场化, 而英国在 1973 年实行浮动汇率制, 1979 年前后最终完成资本账户开放，但直到 1986 年才真正实现利率市场化。

可见，不管在理论上还是实践中，资本账户开放的所谓前提条件都是相对的，不存在张明所说的硬性的前提条件。当然，我们承认这三者间需要适当的配合，资本账户开放确实对利率、汇率市场化提出了更高的要求，三个改革需要协调推进，而近年来中国在利率和汇率市场化方面的进展已经为加快资本账户开放打下了比较良好的基础。当前我国利率市场化改革已经取得了重大进展，除了存款利率有上限管理和贷款利率有下限管理以外，其他利率都基本实现了市场化，而由于各种金融创新，存贷款利率的"实际"上下限在现实中也已经有了松动。在汇率形成机制改革方面，我国不断完善以市场供求为基础、参考一篮子货币进行调节、有管理的浮动汇率制度，逐步放宽汇率波幅限制，汇率弹性已经显著增强，市场在人民币汇率形成中的基础性作用有明显的提升。未来，利率和汇率市场化改革还有望继续推进。所以，不管是从现有基础出发，还是从未来发展的角度审视，利率和汇率的市场化改革并不会形成中国加快资本账户开放的障碍，三者之间可以相辅相成，相互促进。至于资本账户的前提还应包括金融市场基本实现对民间资本的充分开放，我们认为，这更是没有理论和实证的支持。尽管如此，我们主张应一并推进对内开放和对外开放。

迷思之七："当前是中国政府加快资本账户开放的战略机遇期"

《迷思》一文列出了三个否认"当前绝非中国加快资本账户开放的战略机遇期"的理由：第一，主要发达国家均在实施新一轮量化宽松政策，短期资本流入压力较大；第二，在这一背景下，部分新兴市场经济体开始重新采纳一些资本流动管理工具；第三，就连长期以来以推动资本账户自由化为己任的 IMF 也认可资本账户管理可作为新兴市场国家管理国际资本流动的重要工具。[1]

关于第一个理由，当前主要发达经济体持续实施量化宽松政策，新兴经济体面临的资本流入压力确实较大。但问题在于，基于

---

[1] 《迷思》一文中"以推动资本账户自由化为己任的 IMF"的说法也值得商榷。

前文所提及的资本管制有效性下降的现实，我们仍无法避免短期投机性资本的大量流入。而且在资本项目存在"名义"管制的情况下，这些资本流入大多假借其他渠道，难以全面真实地监测，反而可能使我们误判形势，加大决策风险。而推进资本账户开放特别是优先开放更多的流出渠道，有利于促进流出流入的平衡；资本流入渠道显性化后，也可以比较及时全面地获取相关信息，反而有利于我们掌握实际情况并采取应对措施。

第二和第三个理由恰恰说明了"战略机遇期"的存在。在该次金融危机之前，IMF 曾是"华盛顿共识"的主要支持者，不主张对资本流动进行管理，只建议在危机期间实施临时性的管理措施。但在危机之后 IMF 的态度发生了明显转变（IMF，2012），转而认为对资本流动进行必要的管理是合理的，其中一个重要原因是在该次危机之前和危机期间发达国家普遍出现了流动性过剩的情况，而新兴市场国家面临资本流入十分强劲的挑战，影响了宏观调控的效果，部分新兴市场国家如巴西等国对短期投机性资本流入征收"托宾税"，IMF 对此逐步认同。实际上，在资本账户开放的同时根据需要施加一些资本管理措施是比较普遍的，并不局限于该次危机期间。值得一提的是资本项目可兑换在国际上没有十分明确的标准，资本项目可兑换并不排除必要管理。实际上，即使在非特殊情况下，宣布资本账户可兑换的国家也会或多或少地保留一些管理手段，比如反恐融资、反洗钱、防止过度利用避税天堂等方面的管理。可见，资本项目可兑换本来就是一个有弹性和调整空间的制度安排，这为各国根据各自国情有针对性地实施资本项目可兑换预留了空间，有助于各国统筹安排、协调推进。国际对资本账户开放在实践和认识上的发展变化，为我国创造了相对宽松的外部环境，无疑有利于我国更加稳妥审慎地推进这一目标。

迷思之八："中国庞大的外汇储备足以应对资本账户放开后的任何风险"

《迷思》一文表述了三层意思：一是从外汇储备 /M2 这一指标来看，中国的外汇储备可能并不高；二是资本账户会一夜放开，而放开后中国居民就会在极短的时间内到海外进行大规模多元化投资，再加上羊群效应，资本就会大举外流；三是一旦资本大举外流，我们的外汇储备显然难以支撑，由此将无法控制风险。

我们不知道张明博士是从哪里听到或看到"中国庞大的外汇储备足以应对资本账户放开后的任何风险"这一说法的，有关推理也略显简单且具有想象力。首先，中国外汇储备规模过大恐怕是一个基本的共识，外汇储备/M2这种指标是否合理，值得存疑。其次，资本账户一夜放开或许只在理论上存在，事实上中国的资本账户开放一直是稳步推进的过程，例如对QDII、QFII等资本账户开放都采取了逐步试点推进的过程。也不知文中关于"中国居民试图将四分之一的储蓄移至海外进行多元化投资"的根据是什么。另外，前面张明还在担忧外围流动性加剧给新兴经济体带来的短期资本持续大规模流入的压力，这里就又开始忧虑资本流出风险了，在逻辑上似乎有些凌乱。

我们认为，在稳步推进资本账户开放的同时，应及时建立健全风险防控体系。一是以全面监测作为管理跨境资本流动的基础。建立健全相关监测体系，实现资本跨境流动便利化和收集有效信息的统一，既不妨碍多数正常的经济活动，又能掌握资金流入流出和兑换的信息，以便应对可能出现的风险。二是建立健全宏观审慎政策框架。通过宏观审慎政策工具调节短期资本流动，特别是实现外债管理从传统的审批和规模管理转向宏观审慎管理，以负债率和币种匹配为核心，合理调控外债总规模，防止出现过大的币种错配。三是加强对短期投机性资本流动，特别是金融衍生品交易监管。在鼓励合理创新的同时，限制或禁止与实体经济严重脱节的复杂金融衍生品，坚持金融创新为实体经济服务的原则要求，同时按照最新的国际标准推动场外金融衍生品市场的监管改革。四是保持和加强反洗钱和反恐融资方面的管理，保持对非法资金跨境流动的高压政策，同时防止过度利用避税天堂。五是在紧急情况下采取临时性管理措施。如果发生金融或经济震荡，可以按照IMF的建议对资本流动采取临时性管理措施。在特殊情况下可考虑出台"类托宾税"政策，防止短期资本大进大出。

　　总的来看，张明博士抓住了中国推进资本账户开放的重要问题，充分显示了其敏锐的观察视角。但他在论证其观点的过程当中，可能存在一些遗漏或缺陷，降低了其观点的可信性。我们认为，张明博士主要的误解或者说"迷思"主要体现在以下四个方面：一是没有深刻地认识到资本账户可兑换的内涵，片面地以为资本账户可兑换与资本流动管理是"二选一"的选择题，实现资本账户可兑换就意味着排除所有管理；二是忽视了在全球化的背景下资本账户开放对促进国内实体经济改革与发展的积极作用，割裂了金融与实体经济的有机联系；三是机械地理解资本账户开放与有关改革的相互关系，将资本账户开放与利率、汇率等改革的次序绝对化，没有认识到资本账户开放与其他改革可协调推进；四是过分强调资本账户开放与金融危机的关系，没有认识到金融危机原因复杂，更多原因在于国内基本面不稳固给投机资本以可乘之机，同时也忽视了宏观审慎管理等对危机的防范作用。本文意在与张明博士商榷，如果能起到抛砖引玉的作用，将讨论继续引向深入，并就人民币资本项目可兑换问题达成一些基本共识，则善莫大焉。

参考文献

Barry Eichengreen. "Renminbi Internationalization：Tempest in a Teapot?" *Asian Development Review* 30（1）：148–164.

Eswar Prasad、Thomas Rumbaugh、王庆：《中国的资本账户开放与灵活汇率制度会不会本末倒置》，《国际经济评论》2005第7–8期。

IMF. 2012. "Effects of Capital Flow Liberalization：What Is the Evidence from Recent Experience in Emerging Market Economies." *Annual Report on Exchange Arrangements and Exchange Restrictions.*

IMF. 2013. "Survey of Reserve Managers：Lessons from the Crisis." IMF working paper. http：//www. imf. org/external/pubs/ft/wp/2013/wp1399. pdf

IMF. 2012. "The Liberalization and Management of Capital Flows：An Institutional View." Public Information Notice（PIN）No. 12/137.

Klein M. W., and Olivei G. P. 1999. "Capital Account Liberalization, Financial Depth, and Economic Growth." NBER Working Paper.

Quinn, Dennis. 1997. "The Correlates of Change in International Financial Regulation." *American Political Science Review*. 1997（91）：531–551.

黄海洲、周诚君，2013，《新形势下对外开放的战略布局》，CF40网站。

金荦，2005，《从国际经验看中国资本放松资本管制的政策选择》，《国际经济评论》第1–2期。

王信，2008，《中国资本管制有效性辨析》，《国际金融研究》第8期。

张健华，2011，《资本项目可兑换的国别比较》，《中国金融》第14期。

张明，2013，《资本账户开放迷思》，《财经》第14期。

中国人民银行调查统计司，2012，《我国加快资本账户开放的条件基本成熟》，《中国金融》第5期。

中国人民银行调查统计司课题组，2012，《协调推进利率、汇率改革和资本账户开放》，中国人民银行网站。

如何为加快资本项目的开放达成共识？*

何　东**

笔者认为，继续和加快中国资本项目开放的必要性主要有以下两个原因：第一，需要尽快建立与中国市场经济发展相适应的跨境资本流动管理体系；第二，需要尽快解决中国对外投资头寸资产和负债结构极度不平衡所带来的金融风险。在主要发达国家经济逐步复苏、货币政策恢复常态的环境下，我们应该创造宽松的制度和政策条件让中国非政府部门的资本流出，企业对外直接投资和个人长期证券投资应该是现阶段资本项目进一步开放的重点。

如果能在必要性方面达成共识，开放的具体步骤和时间表则应该由政府的主管部门根据国内和国际环境的演变情况做出相机决策。与其不断地为开放次序、路径和时间表而争论，还不如仔细思考和讨论一下，我们需要一个怎么样的跨境资本流动管理体系，这个体系既可以促进资本使用效率，又可以防范风险。

继续和加快资本项目开放的必要性

中国资本账户开放是中国经济迈向中高等收入的经济体、计划经济向市场经济转型完成的自然结果。既然是一个自然结果就没有必要刻意抵制、回避它，或者说去无限地拖延。虽然在全球金融危机以后，以 IMF 为代表的国际社会对跨境资本流动加强管理的必要性有了新的共识，但不可否认的是国际金融体系恢复到

＊　本文原题为《如何为中国资本项目的开放达成共识?》，系作者于 2013 年 7 月 21 日向中国金融四十人论坛提交的内部交流文章。

＊＊　何东，中国金融四十人论坛特邀成员、香港金融管理局助理总裁。

布雷顿森林体制下那种限制跨境资本流动的常态是很难想象的。对中国这样一个大型经济体来说，它和世界经济有千丝万缕的联系，长期限制跨境资金流动，既有巨大的福利损失，也很难持续有效。

资本账户开放和人民币国际化最根本的理由，就是让中国非政府部门更有效地管理风险，让私人部门能够把资产在境外和境内进行合理的分配。当前，中国对外净资产达到 1.8 万亿美元，其中官方储备为 3.5 万亿美元，显示私人部门实际上对外净负债 1.7 万亿美元，私人部门持有过多的国内资产和过少的对外资产，必然导致宏观层面投资效率的巨大损失。应鼓励企业和个人对外投资，在获得更高投资回报的同时能够分散投资风险。在这方面，日本的经验值得借鉴。日本的私人部门拥有大量的国外资产，每年海外投资收入占 GDP 的 2%~3%。如果中国能这样做，就能在国内经济增长放缓之后从海外获得可观的收入。如果有境外资产，但是以外汇持有，那就有很大的汇率风险；如果以人民币来持有的话，那就能规避汇率风险。因此人民币国际化的一个主要动机，就是让中国本国居民能够以自己的货币持有对外的债权。

从金融稳定角度看，开放资本账户有一定风险，但不开放资本账户的宏观风险也很大。"宽进严出"是国内流动性快速增长的一个主要原因。政府从私人部门购买外汇资产的同时，私人部门就源源不断地获得人民币资产，旺盛的投资需求必然导致房地产等资产泡沫，并使国内流动性管理变得十分困难。

应该建立怎样的跨境资本流动管理体系？

建立与中国市场经济发展相适应的跨境资本流动管理体系，需要做到以下几点。第一，需要将目前用行政手段进行微观层面前置审批的程序，改变为宏观审慎监管。第二，需要逐步减少使用数量型的工具(如额度管理)，更多的使用价格型的工具进行调节。第三，对短期和投机性资本流动要有严密的检测和管理体系。

笔者认为国家外汇管理局管涛司长对此做了很好的描述，"资本项目可兑换并非一放了之，而是要建立起全新的管理框架。……要逐步用基于防范系统性风险的宏观审慎管理工具，取代传统的市场准入管理和数量控制措施。要逐步从肯定式立法转为否定式立法，坚持适度监管、有效监管，而不求管得面面俱到、事无巨细。要逐步减少对行政手段的依赖，更多运用汇率、利率、税率以及常规性的托宾税措施等价格工具调节跨境资本流动。……在加强跨境资金流动监测预警的基础上，不断充实政策储备，完善应对跨境资本过度流入和集中流出的紧急预案。对因预案触发的资本管制措施应该是临时性的，一旦市场环境变化就应及时调整或取消"。[①]

利率市场化、扩大汇率弹性和资本账户开放次序

目前各界对利率市场化、扩大汇率弹性和资本账户开放次序的讨论，主要沿用国际经济学中所谓的"蒙代尔不可能三角"理论以及"利率平价"理论的分析框架。但是这些理论讨论的是"均衡条件"，并不适合用来讨论开放次序问题。

从中国经济三十多年来"双轨制—体制替代"的转型经验看，改革的过程就是价格发现和建立价格发现机制，提高资源配置效率的过程。处理利率市场化、汇率浮动和资本项目开放的关系，实际上就是要处理好在金融市场和外汇市场中的数量和价格关系。一方面，只有当资本项目进一步开放，跨境资本交易量达到一定规模，外汇市场的价格发现功能才能正常发挥；另一方面，在汇率形成机制的改革过程中，应根据市场提供的影子价格信号，逐步将汇率调整到相对均衡水平，只有在相对均衡水平上，更大范围地开放资本账户，才不会导致大范围资本套戥并影响金融稳定。国内货币和资本市场的发展与利率市场化改革的关系也是类似的。

有多种迹象表明，现在人民币实际汇率与均衡水平已没有太

---

① 管涛：《坚持改革与开放双轮驱动：稳步开放中国资本账户》，中国金融四十人论坛交流文章，2013 年 6 月。参见本书第二篇的相关文章。

大距离。国内金融中介活动一半以上采用的利率由市场自主决定。因此，下一步的改革，完全可以采取利率市场化、扩大汇率弹性和资本账户开放稳妥同步推进的策略。根据预先设定的政策目标，动态评估改革和开放的效果，根据当时国内国际环境的变化，合理调节下一步改革和开放的进度和力度。

加快开放资本账户是金融服务实体经济的必然 [*]

张　春 [**]

最近国内对中国资本账户开放（人民币在资本项下可兑换）的时间表和路线图有很大的争议。有许多学者和专家对资本账户较快地开放持反对和谨慎的态度，他们强调开放的好处小于开放的风险。虽然有些人对风险的分析略有夸大，但是我基本同意他们对风险的分析。在这篇短文里，我只想强调资本账户开放被大多数人忽略或者没有引起足够重视的一个因素，我认为这个因素是最基本和最重要的。如果把这个因素考虑进去，我相信对资本账户开放的收益成本分析会有很大的改变，大家会更倾向于更快地开放资本账户。

对资本账户开放大多数的讨论是站在政府监管部门或中国金融机构的角度来分析问题的。例如，探讨开放有利于国际金融中心的建设，探讨开放后怎样防止资本外逃。我不是说这个角度不重要，但是我想说的是我们更应该从中国居民和企业（中国实体经济）福利的角度来看问题。在全球金融危机后，我们都有了这个共识：搞金融不是为金融而金融，金融是为实体经济服务的。当今几乎所有机构都预测中国的实体经济在少至 5 年、多至 10 年内会成为全球的第一大经济体。届时中国实体经济所需要的全球化的金融服务是巨大的（理论上应该是全球最大的）。这些服务包括中国居民和企业全球化的投资和融资服务，全球的保险服务，以及全球化的消费、储蓄、支付、结算和现金管理。

---

　*　　本文原题为《更好地为中国实体经济服务是资本账户开放最应该考虑的因素》，系作者于 2013 年 7 月向中国金融四十人论坛提交的内部交流文章。

　**　　张春，上海新金融研究院特邀专家、上海交通大学上海高级金融研究院执行院长。

仅说投资这一项，世界上发达国家居民的投资组合里的资产有 15% ~ 30% 是外国资产。根据基本的资产组合理论（Portfolio Theory），由于不同国家的经济周期的不同步性，在一定程度上配置国外的资产可以大大降低投资组合的风险。对多个时间段的多种国内外实证研究证明，配置 20% 左右的外国资产可以在风险不变的情况下提升多个百分点的预期收益率（中国上百万亿的资产可以有数万亿的收益），也可以在预期收益率不变的情况下，大大地降低投资组合的风险。这对我们居民和企业资产配置效率和收益的提高是巨大的。

即使在中国经济还未达到全球第一的今天，中国的经济已经是全球最外向的经济实体。目前中国经济在发展和转型中遇到最大的瓶颈之一是金融对实体服务的不到位，应该拿到钱的企业拿不到钱，不该拿到钱的企业有太多的钱；想投资的居民没有很好的投资工具和分散风险的方法。开放资本项目可以为居民和企业提供更多的投融资机会，可作为一种分散风险的工具，是解决这个瓶颈的一个重要步骤。当然开放资本项目会对国内的金融机构带来竞争和挑战，所以开放的步伐需要渐进和稳健，但我们必须尽快开始，以满足实体经济迫切的需求，争取在十年内完成资本项目完全可兑换。

我们应该看到，即使有资本管制，随着实体经济的发展，越来越多有国际化实力和机会的居民和企业（例如中国的跨国公司和不少大中城市的居民）会寻求各种机会进行更有效的全球资产配置。而且在他们的业务甚至生活和居住全球化的今天，我们很难对他们进行有效的资本管制。他们会成为国外的金融机构的客户，中国的金融机构由于资本管制不能也没有实力成为竞争者。只有尽快但是稳健地开放资本管制，才能尽快增强中国金融机构的竞争力，不至于在中国实体经济为第一时沦为二流甚至三流的金融服务机构。我觉得只有在一定的国际竞争的环境下，中国的金融机构才能真正地成为有国际竞争力的机构。

所以，在今后 5 至 10 年中国实体经济成为全球最大经济体的过程中，中国资本账户的开放是金融为实体经济（居民和企业）服务的必然产物，是实体经济全球化发展所必需的，是想避免也避免不了的，是想管也管不住的。我们不应该过度强调风险而推迟开放。风险是一定有的，但推迟开放而到最后不得不开放时风险会更大。我们要面对的问题是：怎样减少这个开放过程中的风险和冲击。

作为第一步，我觉得我们应该尽快但逐步地开放对外的证券投资（为减少风险，可以先开放对外国主要股票市场指数的投资）。如上所述，这对中国居民和企业的资产配置和降低风险有极大的好处。在目前中国外汇储备和外汇占款过高的情况下，这个开放正处于一个很好的时机，有利于国际收支的平衡。如果出现资金过度流出，可以采取资本外流征税的方法来调节。在中国总体外汇储备超过 4 万亿美元的情况下，风险应该是完全可控的。

"十二五"期间应实现资本项目基本可兑换[*]

丁志杰[**]

作为加大改革力度的重要举措,国务院力排众议,明确要求"提出人民币资本项目可兑换的操作方案"。在过去十多年里,人民币可兑换改革在中央重要文件中屡屡被提及,但由于各种原因未能实现预期的目标。"操作方案"凸显中央推进此项改革的决心,资本项目可兑换终于可期。

资本项目可兑换是建立开放型经济体系和更深层次地融入全球化的制度基础。无论是进行横向还是纵向比较,中国外贸依存度都很高,但很少被认为是开放型经济。全球化让各国相互依存,经历了从贸易到跨国生产再到要素流动三个阶段。中国主要是以贸易和利用外商直接投资为主的方式参与全球化,对外投资近年来才有所发展,处于较低的层次。推进资本项目可兑换改革,实现跨境资本的有序合理流动,在全球范围内配置、利用各种资源,会显著提高与世界一体化的程度,有助于打造升级版的中国经济。

资本项目可兑换将带来经济体制和运行机制根本性的变革。资本本质是逐利的,可兑换为国内外投资者在投资目的的选择上赋予了更大自主权,资本自由流动对经济制度有内在的要求。在当代,市场经济制度适应资本流动的内在要求,选择市场经济制度也是资本自由流动的必然结果。资本项目可兑换的这种制度趋同效应,在中国市场经济体制完善的过程中,有助于推动改革原有制度中不合理的、无效率的部分,促进制度变迁和创新,防止市场化改革的有名无实和倒退。资本可以用脚投票的潜在威胁,也促使政府采取负

---

* 本文原题为《资本项目可兑换改革意义非凡》,发表于《金融经济》2013 年第 7 期。

** 丁志杰,中国金融四十人论坛成员,对外经贸大学金融学院院长。

责任的宏观经济政策。

资本项目可兑换改革牵一发而动全身。中国经济存在诸多分割和保护，造成了效率低下的结果。改革也进入了深水区，面临着既得利益集团的巨大阻力，动谁的利益都难。资本项目可兑换，本身既是开放又是改革的内容，还能促动、倒逼其他领域的改革，用国内、国外市场的一体化推动国内市场的一体化，抑制寻租行为和套利空间，消除过度保护和垄断。

对当前资本项目可兑换改革的一个重要分歧是改革的顺序问题。从理论上和整体来看，一般应先国内改革再对外开放。然而，这不排除在某一时间段和操作层面上，先启动对外领域的改革。例如，资本项目可兑换和利率、汇率市场化互为条件，先启动谁、后启动谁，更多是技术问题。尤其是在当前情况下，放松过严的管理和取消无效的管制，不会造成过度的资本项目可兑换。

跨境资本流动风险认识的不同是另一个重要分歧。资本项目可兑换，很容易让人联想起热钱、游资这些国际资本流动带来的冲击，带来各种担心和质疑。我国长期采取宽进严出的外汇管理模式，对资本流入管理得松，对资本流出管理得严，尤其是本国资本的流出，带来了一系列问题。未来一段时间改革的重点是放松、取消对境内机构、企业、个人持有海外资产的管制，改变过去宽进严出的模式，风险基本是可控的。这次国务院常务会议专门提出建立个人投资者境外投资制度，也表明了这个取向。一般而言，直接投资可兑换比较靠前，个人资本流动往往是最后一步。国务院常务会议这一具体部署也体现了推进改革的决心。

资本项目可兑换的风险确实应该引起我们足够的重视。亚洲金融危机、国际金融危机都有深刻的教训。随着可兑换的推进，资本流动大进大出、逆转等潜在风险加大，潜在风险变成现实风险的可能性也加大。正确的选择不是回归资本管制，而是管理好风险，保持宏观经济金融稳定以增强抵御风险的能力，把握好改革力度和程度，实现与承受能力相当的可兑换程度。

"十二五"期间中国有能力实现资本项目基本可兑换。资本项目可兑换降低国内外市场分割和差异。作为一个发展中国家，中国的经济发展在相当长的时间里还需要一定的自主、独立空间，不可能把围墙完全拆除。对跨境资本流动需要进行必要的管理，这在国际社会中已达成共识。随着时间的推移，汇兑环节的限制和行政性管制手段基本取消，合理的跨境资本活动不受限制或受到较少限制，所保留的不多的管制主要是针对跨境资本流动的风险管理，中国就可以宣布实现资本项目可兑换。

从大禹治水说到资本项目可兑换 *

马　昀　田　拓 **

近来，社会上有关资本项目可兑换的争议再起。政府官员、专家学者以及社会大众均参与其间。双方的争论不禁让人想起了中国古代大禹治水的故事。禹的父亲鲧受命治水，采用的是"堵"的方法，结果是堤增八寸，水涨一尺，最后鲧失败了。后来，禹临危受命，想出了改"堵"为"疏"的办法，三过家门而不入，最终平定了水患，成就了千秋霸业。人世间的事何其相似，资本项目可兑换的是是非非不也是在"疏"和"堵"之间打转转吗？

资本项目可兑换的"表"与"里"

在理论上，看似清晰的资本项目可兑换概念，其实并没有统一的、规范的定义。从操作层面来看，资本项目可兑换是指取消对跨境资本交易的管制，同时也取消汇兑限制（包括本外币转换和资金跨境转移的限制）。因此，从广义上说，资本项目可兑换其实包含交易和汇兑两个环节，它不仅意味着不对跨境资金的自由兑换设置任何限制，同时也将这种不限制延伸到汇兑环节的前置环节——跨境资金流动。交易环节的可兑换决定了何种跨境交易行为是允许的，汇兑环节的可兑换决定了何种外汇资金可以自由兑换。

汇兑环节和交易环节的资本项目可兑换既有联系，又有区别。交易环节在先，汇兑环节在后。凡是在交易环节已经放开的跨境资金，在汇兑环节理应享有自由兑换的便利；反过来，凡是在交易环

---

* 本文又题为《资本项目开放的疏堵之道》，发表于《中国改革》2013 年第 10 期。
** 马昀，任职于国家外汇管理局；田拓，供职于平安银行。

节没有放开的跨境资金，在汇兑环节也不可能享有自由兑换的便利。因此，汇兑环节的可兑换是资本项目可兑换的"表"，而交易环节的可兑换才是资本项目可兑换的"里"。

资本项目可兑换的"名"与"实"

从国际经验来看，在布雷顿森林体系解体后，以美国为首的西方发达国家重新调整金融战略，把推进汇兑环节的资本项目可兑换，作为浮动汇率制度的政策配套。从 20 世纪 70 年代的英、美，到 80 年代的欧洲大陆，再到 90 年代的日本，主要的发达经济体先后完成了汇兑环节的资本项目自由兑换进程。在亚洲金融危机期间，时任 IMF 第一副总裁的菲舍尔（Stanley Fischer），敦促发展中国家有序地推进汇兑环节的资本项目可兑换，并建议修改相关章程，赋予基金组织对成员方监管的权限。推进汇兑环节的资本项目可兑换，已渐成国际社会的主流价值。诸如欧洲经济合作发展组织（OECD）这样的多边机构，还专门制定了《资本自由化通则》等具有法律约束力的文件规范。受此影响，一些新兴经济体也亦步亦趋地加入资本项目可兑换的进程中，新加坡和香港已先后实现了资本项目可兑换。2003 年，俄罗斯确定了"2007 年起取消境内资本流动的全部限制，最终实现卢布完全自由兑换"的目标。2006 年 7 月 1 日，俄罗斯对外宣布提前半年实现卢布自由汇兑。2006 年 7 月 31 日，印度储备银行提出在 5 年内分三个阶段迈向资本项目更大开放程度的路线图。

需要强调的是，虽然全球有不少经济体号称拥有资本项目自由兑换之"名"，但同时对汇兑环节之前的交易环节仍保留管制之"实"。其管制形式之多样、范围之广泛、目的之多元超乎想象。例如，美国对获取控股权可能会威胁国家安全和涉及银行所有权的投资进行管制，日本对外国资本进入国防工业和军事技术领域设置限制，英国对金融机构的外汇敞口也有管制要求。综合来看，对交易环节的资本项目管制大致包括以下几种类型：一是出于反洗钱和反避税天堂的需要；二是出于反恐融资和政治外交原因，如美国、英国等发达国家禁止与古巴、伊朗、朝鲜等国开展资本项目交易；三是出于维护国家军事安全的需要，如对敏感地区的房地产或涉及国家安全行业的投资需经专门机构审查批准；四是出于审慎监管或金融稳健的需要，如对金融机构、保险公司跨境资本交易设置相应的监管标准；五是出于宏观调控和防范资本流动冲击的需要，如运用宏观审慎、税收工具等。有些新兴经济体甚至一面宣布放开汇兑环节自由兑换，一面大幅收紧对交易环节的管制，两者相较，其对资本项目跨境流动的限制反而变得更加严格。

上述的国际经验充分表明，取消汇兑环节管制之"名"，不仅符合国际主流价值判断，有利于打造本国开放、包容的国际形象，同时也不妨碍各国行交易环节管制之"实"，保留着对跨境资本流动的必要管理。这种名利双收的做法对推进人民币资本项目可兑换是不是也有可资借鉴的地方呢？

资本项目可兑换的"利"与"弊"

如果未来人民币资本项目可兑换定位在汇兑层面，其"利"大致可归纳为三个方面：一是让中国享有资本项目自由兑换之"名"，提升我国国际形象；二是以开放促改革、促发展，便利市场主体更好地利用国际国内两个市场、两种资源，更好地释放改革红利；三是以开放促监管转型，理顺对跨境资本流动的管理体系，补上交易环节资本项目管理的空白，做到名至实归。

当然，资本项目可兑换是把双刃剑，放开了汇兑环节的限制，会不会对中国经济产生负面影响呢？从理论上看，这种担心是有道理的。国际经济学中有一个叫"不可能三角"的理论，它的含义是，除非保留资本管制，否则货币政策独立性和固定汇率不可兼得。所谓货币政策独立性，本质上是要保持货币对内价值的稳定，体现的是对内平衡；所谓固定汇率，本质上是要保持货币对外价值的稳定，体现的是对外平衡。因此，在汇率形成机制尚未完善市场化的情况下，失去了资本管制这根拐杖，统筹内外平衡的难度就加大了，资本项目可兑换的顺序问题就由来于此。其实，说一千道一万，现在反对资本项目可兑换的根本原因就一条，担心汇兑环节放开后自毁长城，洪水猛兽会一夜之间冲毁我们经济发展的果实。然而从实践来看，这种担忧却也未必尽然。

首先，资本管制是孙悟空的金箍棒吗？传说中，孙悟空得到大禹治水留下的金箍棒能大能小、降妖除魔，但在现实中资本管制却并非如此神通。目前，中国已是高度开放的大国经济，经济总量位居世界第二，贸易进出口位居世界第一。以行政规制为特征的资本项目管制既要促进贸易投资便利化，又要防范跨境资本流动冲击，往往是顾此失彼、两者不可兼得。为了顺应中国经济改革开放和对外交往的需要，客观上我们需要把门开得更大些，难免就会有一些污泥浊水乘虚而入。因此，资本管制早已不再是什么金箍棒，对"热钱"投机套利的抑制作用也是有限度的。据张明等国内学者测算，2003~2008年第一季度，累计流入中国的热钱超过1.2万亿美元，相当于2008年3月末外汇储备余额的71%。当然，这种测算方法本身就存在相当大的缺陷，官方部门公布的测算结果是，2001~2010年净流入的"热钱"不到3000亿美元，仅占同期外汇储备增量的9%。但不论是哪种算法，在开放经济条件下，我们把应对跨境资本流动的希望寄托在汇兑环节的管制上，终非长久之计。回想起德国人瓦格纳提出的幼稚产业保护论，听起来虽道理满满，然而在实践中鲜有成功的案例。孙悟空的厉害之处是他真有本领，而不仅仅是因为有了金箍棒。

其次，放开了汇兑环节的限制是否就是"放任不管"呢？放开汇兑环节的管制，不是说政府就可以对跨境资本流动放任不管，而是要把好钢用在刀刃上，补上交易环节资本项目管理的课，充实中国跨境资本流动的管理框架。如果只是单纯放开汇兑环节的管制，没有充实交易环节的管理，这样的资本项目可兑换就难说成功。从国际经验来看，交易环节的管理目标是多元化，手段也是多元化的，既没有现成的理论指导，也没有约定俗成的国际惯例。因此，与其说人民币资本项目可兑换是对跨境资本流动管理的终点，不如说是开启了跨境资本流动管理的新起点。一是现有的交易环节管理，针对的主要是反洗钱、反避税、反恐融资以及国家安全等，与逆周期的宏观调控并不一致；宏观审慎对金融风险多有涉及，但主要限于微观主体；真正服务于跨境资本流动管理需要的政策框架，国际共识尚未形成，从理论到工具仍处在不断完善之中，远非一两日之功能速成。二是交易环节管理不能走行政规制的路子，需要把便利化和防风险有机结合起来，更多地发挥经济、法律手段的作用，体现推进政府职能转变，寓管理于服务之中的目的。说起来容易做起来难，转换管理模式并非易事，不论具体方案如何，单是过"思想关、认识关"就需要时间。

在400年前，顾炎武曾说过"形而之上谓之道，形而之下谓之器，非器则道无所寓"。今天，我们谈资本项目可兑换恐怕也不能总是落在"道"上，还是要学着把"器"建设好，才能真正做到"下学而上达"。推进汇兑环节资本项目可兑换终究是国之大计，体现了大禹治水故事的精髓，把"疏"和"堵"用到极致，既可以检验我们简政放权是否到位，能否充分发挥市场机制的作用；又可以检验我们该管的是否到位，能否做到寓管理于服务之中。做好了，我们也可无愧于祖先大禹，为中国梦续写辉煌。

加快资本和金融账户开放：战略上应审慎 *

连 平 **

实现资本和金融账户开放是我国金融业"十二五"规划的主要目标之一，其具体内容包括放开资本流动管制和人民币在资本和金融账户下的可兑换。刚闭幕的十八届三中全会也确认了这一改革开放目标。当前和未来一个时期，从市场需求和国家战略的角度看，有必要加快资本和金融账户开放步伐，有针对性地实施突破，但战略上仍应较为审慎。

资本和金融账户开放是经济国际化的必然

对当前是否应该加快资本和金融账户开放步伐很多人存在不同看法。我认为，资本和金融账户开放是我国经济国际化发展至较高水平的必然要求。

当前，我国已进入资本输出加快的发展阶段，企业和居民对外投资的需求不断扩大。经济全球化的实践表明，一国对外贸易经历了高速发展，并在国际市场居一席之地后，势必会带来资本输出的发展。因为企业和投资者产生了在全球范围内优化配置资源、有效规避风险的需求。近年来，随着我国 A 股市场环境的震荡起伏，公募基金整体赚钱效应逐渐减弱，越来越多的投资者开始将目光锁定在海外市场上，2012 年投资海外市场的 QDII 型基金实现了跨越式发展。与此同时，企业对外直接投资也快速发展。2012 年，在

---

    *   本文原题为《资本和金融账户开放：战略上审慎》，系作者于 2013 年 11 月向中国金融四十人论坛提交的内部交流文章。

  **   连平，中国金融四十人论坛成员、交通银行首席经济学家。

全球跨国直接投资同比下降 18.3% 的情况下，中国境内投资者的对外非金融类直接投资却同比增长 28.6%。随着国内居民财富的增长，个人对外投资包括设立企业、收购兼并、投资房产和金融资产的需求也与日俱增。不断增长的全球资产配置需求催生了进一步开放资本和金融账户管制的需求。

推进资本和金融账户开放，是加强和规范管理跨境资本流动的需要。国际经济学有个观点，即经常账户一旦实现可兑换，资本账户管制就有可能形同虚设，资本管制的效力就会逐步减弱，因为部分资本可以通过经常账户"曲线"流出入。近十多年来，我国的情况也可以说是个典型的案例。2013 年 1~5 月，在美、日、欧等海外发达经济体弱复苏的大背景下，中国内地对香港出口（主要是转口贸易）增速依然高达 57%，之后有证据表明是部分海外资本借道香港转口贸易流入国内。这种"灰色"资本流入往往是经常项目进行的，对其进行监测和管理存在一定困难。若适度放开资本和金融账户管制，资本进出有了正规渠道，部分资本流动就有可能从"灰色"走向"阳光"，不仅经常账户"失真"得以部分缓解，而且有助于增加资本流动的透明度，有助于对资本流动进行规范管理。

平衡国际收支和减轻货币升值压力，需要加快资本和金融账户开放步伐。一个时期以来，人民币升值压力主要来自经常账户顺差，但近年来，这一状况已经明显改变。2011~2012 年，我国经常账户顺差占 GDP 的比例均已低于 3%，如果再扣除经常账户中的部分顺差是由资本流入带来的这一因素，实际比例则更低。人们通常将这一比例低于国际可接受的 4% 的现象来证明人民币汇率离均衡水平已经不远。但事实上，近年来人民币汇率受资本流动的影响越来越大。自 2011 年下半年以来，人民币汇率由升值预期和市场压力很大到贬值预期和市场压力很大又回复到前者，经历了少有的跌宕起伏，而在此期间出口的实际变化却并不大。甚至于有的时间段出现贸易顺差减少，但人民币升值压力增大的现象。国际收支顺差的主要推手是资本流动和资产币种形态的变化，其背后的主因是投资收益差、利差和汇差。其中，以前两者为主，后者为辅。未来一个时期，鉴于我国经济依然会保持中高速的增长，在国内融资需求相对较高的情况下市场实际利率依然偏高，对国际资本仍会有很大的吸引力。与此同时，由于中、美贸易结构导致我国对美国贸易有很大顺差的格局难以在短期内改变，人民币不得不保持小幅升值的态势，造成了实际上被动钉住美元的格局。鉴于此，当前和未来一个时期加快资本和金融账户开放，放宽资本流出渠道，有助于促进资本流出，缓解人民币升值压力。

加快资本和金融账户可兑换步伐有助于人民币国际化发展。金融危机导致主要国际货币地位有所下降，我国及时推出跨境贸易人民币结算试点，人民币国际化迈出了实质性的步伐。鉴于以美元为核心的不合理的国际货币体系不可能在可预见的历史时期内根本改变，只有多元化的国际货币体系才有利于我国的改革，因此我国在长期内应坚定不移地推进人民币国际化战略。目前人民币已经实现了在双边贸易和投资中的清算结算，人民币境外直接投资，境外对境内的直接投资、债市投资和对外借贷的政策逐步实施。但从人民币作为支付结算货币、投资交易货币和储备货币的三种功能来看，目前国际化仍属较低水平，是国际化的初级阶段。未来人民币应逐渐成为国内外企业和个人在各类交易中广泛使用的货币，并朝主要储备货币的目标迈进。而人民币资本和金融账户不可兑换却会成为国际化的主要障碍，很难想象一个主要国际货币无法进行自由兑换，尤其是在资本和金融账户下的不可兑换会制约人民币成为投资交易货币和储备货币。为使人民币稳步发展成国际货币，当前我们加快推进人民币在资本和金融账户下可兑换就十分有必要。

高度重视资本和金融账户开放的风险

当前，从宏观条件上看，我国经济成长性较好，经济和金融市场规模都已不小，公共债务和外债水平都不高，金融机构质量在全球来看属于较好水平，与相关国家相比，似乎实现资本和金融账户开放的条件更成熟一些。但我认为，所谓条件都是相对而言的。我们应该清醒地认识到，当前我国经济潜在增长速度已明显回落，"人口红利"和"入世红利"正在趋弱；产能过剩严重，房地产泡沫继续膨胀，投资回报率和资源配置效率不断走低；影子银行和融资平台风险正在积累，金融体系存在不少隐忧。推进资本和金融账户开放仍有必要慎重。

从外部环境看，欧债问题将长期存在，国际金融市场依然动荡不安，且全球流动性泛滥；发达经济体增长仍会十分疲软，失业率很高；政府债务包袱始终挥之不去，借新债还旧债仍是重要的方法；货币政策总体上会继续宽松，利率仍会处在较低水平。在这种环境下，作为成长性较好、融资需求较大、投资回报率相对较高和利率水平明显较高的经济体，我国资本和金融账户开放迅速实现，无疑会为境外资本大规模流入开了方便之门。资本大规模迅速流入必然会给未来大规模迅速流出埋下伏笔。

尤其应当看到，资本和金融账户开放的加快推进将给我国经济带来一个新的系统性变量，由此可能成为产生系统性风险的诱因。我国改革开放以来经济持续高速增长的同时，大量资本流入境内，外资直接投资、外汇占款、外汇储备和人民币汇率等相关数据都已清楚地说明了这一点。截至 2012 年年底，外商直接投资累计已达 1.27 万亿美元，央行外汇占款为 25.85 万亿元；2013 年第三季度末，外汇储备已升至 3.6 万亿美元。对一个拥有大量外来资本的经济体来说，未来的风险显然已经不是资本的进一步流入而是一朝撤离！一个很形象的比喻是"水落石出"。一旦资本大规模撤出我国，这必然带来人民币资产价格暴跌，股市、债市、汇市和房市必将大幅走低。根据我国的外汇干预能力，若短期内资本流出，中国政府应该有能力保持人民币汇率运行在合理水平，但伴随而来的人民币资产价格暴跌却是难以阻挡的，经济增长必将遭受重挫，这种状况可能就是近年来人们一直议论的所谓系统性风险的一种表现。

当前，房地产融资平台和影子银行的风险正在积累，短期而言虽有局部风险但无系统性风险。以我国经济实力和财政金融状况，在无大规模外来变量影响情况下，中国政府有能力控制上述领域的问题及其可能引起的系统性风险。而在资本和金融账户开放实现后，短期资本大规模的迅速撤出有可能使上述领域的风险状况迅速恶化，金融体系系统性风险发生的概率将陡然增大，对此我们没有理由掉以轻心。

国际经验表明，国家若有"五高"则可能已是"病入膏肓"。这个"五高"即是物价高、工资高、房价高、股价高和汇率高，"五高"的实质是资产泡沫和成本居高不下。在 20 世纪 90 年代中期，日本就是在这"五高"的繁荣下经济运行发生逆转走向衰落的。因为在"五高"之下，经济体成本居高不下导致国际竞争力大幅削弱，价格高悬促使投资者抛弃本币资产夺路出逃。当前，我国部分地区的房价在全球来看已属偏高，而物价、工资和汇率已在节节攀升，已经正在接近或超过周边较高水平的国家和地区。若未来在工资和物价持续上升的同时，汇率进一步上升，未来朝着"五高"状态迈进的趋势日益明显，而巨额的货币存量和不断流入的境外资本则为这种趋势发展提供了货币金融条件。在这种发展趋势下，我国尤其需要关注资本骤然大幅流出的风险。

在资本和金融账户基本管制的条件下，资本外流受到众多限制，资本大规模迅速流出很难成为现实。而在资本和金融账户基本开放的条件下情况正好相反。国际经济中存在的一个现象很符合经济学逻辑：若一个发展经济体经济快速发展的同时其政策也走向开放，则国内对资本的需求和高投资回报对境外资本的吸引会同时推动该经济体放松有关资本流入管理的政策和制度。我国长期实施并不断加强外资优惠政策即是个十分典型的案例。当这类经济体经济高速成长之后，很自然地又形成了资产配置多元化、分散风险和减轻过多资本流入压力的需求，从而又推动资本流出相关管理政策和制度的放松。在这一点上，曾经大规模实施引进外资政策的经济体，往往后来资本流出相关政策制度放松的需求更大。过去亚洲和拉美的一些新兴经济体曾经都经历过这样的过程，这似乎是不以人的意志为转移的演进过程，而在此背后蕴涵的风险却是灾难性的危机。今天的中国也正处在这样的演进阶段，我们当前的重要任务就是避免出现类似的灾难性后果。这就需要资本和金融账户开放推进在战略上采取审慎的方针。

合理和有序协调相关关系，形成有效保障能力

未来需要协同推进利率、汇率市场化以及资本和金融账户开放改革。利率、汇率市场化是资本和金融账户开放的重要前提条件之一，利率、汇率市场化改革应先于或快于资本和金融账户开放。如果在利率与汇率依然存在较多管制的前提下全面开放资本和金融账户，就缺乏资金和货币价格的调节机制，这无异于向国内外投机者大开机会之门。下一步存款利率市场化和汇率波动幅度扩大应同步向前推进。在当前利率汇率市场化尚未完成的情况下，保持一定程度的资本管制特别是对短期资本流动的管制十分必要。

跨境资本流动规模越大、越频繁，利率和汇率之间的相互影响、相互制约越明显。尽管在原则上两者同时推进，但考虑到各自的条件、时机不尽相同，很难做到完全、准确地同步。为避免相互掣肘，确保改革的平稳推进，可以在对资本和金融账户保持一定管制的情况下推进利率和汇率的市场化改革。特别是考虑到短期资本对利率、汇率变化较为敏感，不但在推进利率、汇率市场化改革时应对短期资本流动进行严格管制，即便是在资本和金融账户开放迅速推进之后，对诸如此类的资本流动还应保持一定程度的管制。但这也不意味着资本和金融账户开放一定要等到利率和汇率市场化完成之后再推进。在遵循"先流入，后流出；先长期，后短期；先机构，后个人"的总体原则下，可以选择对利率和汇率冲击不大的项目与利率和汇率市场化同时推进。

资本和金融账户开放推进需要兼顾汇率稳定和货币政策独立

性。"不可能三角"理论认为，如果一国政府实行资本自由流动，那么只能在固定汇率制度和独立有效的货币政策中二选一。这一点似乎已在 20 世纪 90 年代以来一些发达国家和新兴经济体的危机中得到证实。

从当前和未来一个时期看，保持人民币汇率基本稳定仍是必要的政策选项。因为尽管我国经济正在主动地调整结构，努力降低经济增长对外依赖的程度，转而更多地依靠内需拉动，但迄今为止外需仍对拉动经济增长发挥着重要作用，尤其是解决了相当规模劳动力的就业问题。而在中、美贸易明显不平衡的格局仍将维持的趋势下，未来一个时期人民币仍将被动钉住美元，实际运行状态既非固定汇率，也不是完全自由浮动，而可能是双向波动、小幅升值。

自 2005 年人民币汇率形成机制改革以来，伴随着经济较快增长和境内外利差较大，境外资本持续较大规模的流入，对货币政策带来较大挑战。在维护人民币汇率相对稳定的同时，外汇占款大幅增加，外汇储备迅速攀升，与此同时货币投放持续增大，不得已通过存款准备金率和公开市场操作大量回收流动性，央行资产负债币种明显错配，货币政策的独立性面临严峻考验。未来资本和金融账户开放如果合理推进，促使资本流动相对较为平衡，则应当有利于货币政策独立性状况的改善；而如果资本和金融账户开放过快过大则有可能给货币政策带来更大的压力。因此，未来资本和金融账户开放审慎、有针对性的推进，有助于在汇率小幅波动的情况下保持货币政策的独立性。

未来有必要形成资本和金融账户基本开放的制度保障和干预能力保障。就前者来说，一是应从谨慎原则出发，合理设计资本账户和金融账户资本流出的相关制度安排，尤其是审慎放开金融账户中证券投资流出入的限制。二是应有机协调好资本管制和汇兑管制。在汇兑管制十分严格的条件下放开资本管制意义不大，而风险较大的就在于资本管制的放松。因此汇兑管制的放松可在前且步伐可以大些，资本管制步伐可慢些，更谨慎些。三是在资本和金融账户开放过程中，尤其应关注银行体系相关管理制度的设计和安排，因为跨境资本流动和货币兑换活动基本都通过银行来开展，商业银行这方面的制度和流程的针对性安排应当是金融机构宏微观审慎管理的不可缺少的构成部分。这也是部分亚洲和拉美国家金融危机得出的重要经验教训。

　　有鉴于此，正在实施的中国（上海）自由贸易试验区中有关离岸金融的制度安排应该比较谨慎地进行。试验区的目的是推动改革，大量引进外资已不是现阶段的主要任务。而我国经济增长较快、境内融资需求旺盛以及境内外利差较大有可能导致资本进一步流入，增大我国货币政策压力和金融运行风险，因此试验区面临的问题是如何阻挡和化解资本进一步流入的压力。试验区应推行内外严格分离、有限渗透的离岸金融模式。

　　干预能力保障即是中国政府应保持充足的外汇储备，以有效应对市场发生的动荡。从部分发展中经济体的教训看，外汇储备的匮乏导致的市场干预能力不足也是资本寻机外逃的重要原因。自 2005 年汇改以来我国外汇储备总量迅速攀升，现已成为世界最大的外汇储备拥有国。国内有关外汇储备是多了还是不多的讨论此起彼伏。但自 2012 年以来，随着我国国际收支不平衡状况已有明显改善和经济增速逐步放缓，外汇储备已基本结束了高速增长的趋势，进入了高位波动的阶段。未来随着资本流出步伐的加快，资本和金融账户有可能出现阶段性逆差，不排除外汇储备总量会有小幅下降的可能。为保证在资本和金融账户开放进程中中国政府拥有强大的市场干预能力，并给市场带来稳定的预期，未来我国仍应拥有充足的外汇储备，同时安排好合理资产结构和期限结构。

选择性地推进资本和金融账户开放

　　资本和金融账户货币开放通常涉及三个领域：直接投资，包括法人与自然人；证券投资，包括股票和债券、法人与自然人、短期和长期；银行对外长短期借贷。

随着改革开放的推进，资本和金融账户开放的水平也在逐步提高。目前我国的直接投资项下已基本实现人民币可兑换，但外商来华投资在行业、资本金结汇和返程投资方面仍有较为严格的管理。与我国企业境外投资基本实现可兑换不同，个人对外直接投资仍然受到严格限制，迄今为止，证券投资项下的外汇管制仍然较为严格。投资境内证券市场的主要方式是合格境外机构投资者（QFII），居民投资境外证券市场则主要是以合格境内机构投资者（QDII）方式进行。后者自 2012 年以来发展十分迅速，机构数和核准规模成倍增长。与此同时，人民币跨境直接投资、境外项目人民币贷款以及证券投资和对境内贷款也在试点中。商业银行借贷的可兑换仍处在较为严格的管制中。

下一步资本和金融账户开放，应该在利率市场化和汇率形成机制改革协同开展的同时，有针对性地、有节奏地推进。其核心内容，一是基本开放直接投资；二是逐步扩大证券投资开放，以长期和对外投资为主，机构和个人同步并行。

具体来说，一是加快步伐开放对外直接投资。近年来中国境内对外直接投资发展加快，放松管制的市场需求很大。而这类项目有真实交易背景，风险相对较为可控。其可兑换管制近年来放松步伐也较快，未来可依照上海自贸区的做法，逐步对企业和个人对外直接投资实行备案制，在较短的时期内基本放开对外直接投资项下的货币可兑换和资金移动管制。二是进一步放松外国资本进入某些领域的投资限制。目前我国对外国资本在国内的投资范围、持股比例等方面仍有不少的限制。可以考虑结合产业发展规划进一步扩大投资领域范围，有选择性地在金融、旅游、文化等行业进一步扩大对外国资本的开放。这一点可以在上海自由贸易试验区实施的基础上，总结经验尝试进一步的开放。此举既有利于国内相关行业的发展，优化行业市场结构；也有利于以允许外资进入中国为条件，来换取国外对中国企业的对等开放，以更好地促进中资企业在海外市场的发展。三是尝试开放自然人对外金融投资。在前期 QDII 和 QFII 成功经验的基础上，可以考虑适时推出合格境内个人投资者制度，允许合格的个人直接到境外股票、债券等市场上进行投资，并为其提供货币兑换，适时建立非居民个人境内投资专户制度。

加快资本账户开放的八大迷思[*]

张　明^{**}

目前，中国国内关于是否应加快资本账户开放的讨论非常热烈。从近期央行高层官员的一系列表态来看，似乎支持加快资本账户开放的声音占了上风。有市场传闻表示，中国政府有望在 2015 年实现资本账户的基本开放，在 2020 年实现资本账户的全面开放。然而，笔者不仅反对在当前加快资本账户的开放，而且认为中国政府仍应渐进、审慎、可控地开放资本账户。

在本文中，笔者将梳理并评论关于支持加快资本账户开放的八个主要理由，并指出这些理由大多似是而非、站不住脚。

迷思之一：当前的资本账户管制是无效的，既然无效，不如放开

诚然，尽管中国政府尚未全面开放资本账户，但近年来中国面临的国际资本流动规模明显放大，波动性也明显增强。不过，这并不意味着中国的资本账户管制是无效的。事实上，近年来大多数研究中国资本账户管制的实证文献均发现，尽管中国资本账户存在一些漏洞，但大体上依然是有效的。在内地人民币市场与离岸人民币市场上存在显著的息差与汇差，就是中国的资本账户管制依然有效的明证。此外，内地与离岸市场的抵补利率平价存在显著偏差，意味着跨境套利者依然面临较大的交易成本，这也显现了资本账户管制的效力。

---

  * 本文是作者于 2013 年 5 月向中国金融四十人论坛提交的交流文章，发表于《财经》2013 年第 14 期。

  ** 张明，中国金融四十人论坛特邀研究员、中国社会科学院世界经济与政治研究所国际投资研究室主任。

迷思之二：加快资本账户开放有助于优化资源配置

这个判断在原则上是没有问题的，但在现实世界中却面临两个挑战。其一，很多经验研究显示，从中长期来看，放松资本账户管制未必能够促进经济增长。个中原因在于，在一国存在较大的金融脆弱性前提下，过快开放资本账户很可能导致金融危机爆发，而金融危机将会损害资源优化配置；其二，资本账户开放与金融市场开放通常是并行的。而相关研究表明，只有当一国金融市场开展到一定的"门槛"水平后，金融开放（资本账户开放）才能够促进经济增长（资源优化配置）。

迷思之三：加快资本账户开放，特别是促进资本流出，将有助于缓解人民币升值压力

据说，这是央行内部支持放松资本账户管制的一个很重要理由。然而问题在于，当短期国际资本波动频繁，规模与波动性都显著放大之时，放松资本账户管制，可能会加剧人民币对主要货币的汇率波动。例如，在2013年第一季度时，放松资本账户管制意味着人民币对美元汇率加速升值。此外，从连续两年来中国经常账户顺差占GDP的比例均低于3%来看，目前人民币汇率距离均衡水平已经不远，并不存在通过放松资本账户管制来缓解人民币升值压力的强烈需求。

迷思之四：加快资本账户开放有助于倒逼国内结构性改革

笔者认为，这是支持加快资本账户开放的最强有力的一个理由。支持者表示，在国内改革进入存量改革阶段后，由于受到既得利益集团的阻挠，国内结构性改革很难推动。因此，通过加快资本账户改革，可以引入外部压力来推动国内改革，即所谓"以开放促改革"，而当年中国加入WTO成功倒逼了银行业改革就是明证。

不过，"以开放促改革"并非在任何时期、任何阶段、任何问题上都适用。倒逼既可能有好的结果，也可能有坏的结果。例如，在中国金融市场尚未对国内民间资本充分开放的前提下，贸然全面对外开放，结果将导致民间金融机构在国有金融机构与外资金融机构的挤压下，丧失发展壮大的空间。笔者认为，加快资本账户开放，固然有助于进一步推动汇率与利率的市场化，但很难相信，资本账

户开放能够显著地推进国内收入分配改革以及在若干服务业部门打破国有企业垄断格局等结构性改革。更进一步来说，如果加快资本账户开放最终导致了金融危机爆发，那么危机之后，恐怕国内结构性改革的步伐将会趋缓，而非加速。

迷思之五：加快资本账户开放有助于推动人民币国际化

这个判断是完全正确的，因为资本账户开放与货币国际化本就是一枚硬币的两面。但问题在于，为什么中国政府要大力推进人民币的国际化？人民币国际化能在现阶段对中国经济带来重要的福利增进吗？笔者对此表示怀疑。国际金融历史显示，货币国际化通常是市场选择的结果，而非政府人为推动的结果。在国内金融市场尚未发展到特定水平、利率与汇率形成机制尚存在扭曲的前提下推动人民币国际化，事实上是在鼓励居民与非居民利用内地与离岸市场的汇差与利差进行跨境套利，这并非真正的货币国际化。人民币在未来要成为真正的国际性货币，归根结底，取决于未来二十年中国经济能否实现持续较快增长、中国金融市场能否继续发展壮大并避免系统性危机的爆发。而加快资本账户开放却可能损害中国的宏观经济与金融市场稳定。因此从中长期来看，加快资本账户开放未必能真正促进人民币国际化进程。

迷思之六：加快资本账户开放不需要遵循固定次序，可以与利率、汇率市场化改革平行推进

无论是新兴市场国家开放资本账户的实践经验，还是国际经济学界的理论与实证研究，均表明资本账户开放既需要遵循特定的次序，也需要一定的前提条件。在利率与汇率形成机制尚未充分市场化之前，资本账户开放将带来频繁、大规模的跨境套利活动，这会加剧该国金融风险的累积，并造成国民福利的损失。如前所述，金融市场发展到一定水平，也是一国全面开放金融市场与资本账户的前提条件，否则开放未必能够带来持续的经济增长。在笔者看来，中国政府要全面开放资本账户，必须具备三个前提条件：人民币汇率形成机制市场化改革基本完成、人民币利率市场化改革基本完成、中国金融市场基本实现对民间资本的充分开放。这三个前提条件中国均没有实现，特别是利率市场化与金融市场对内开放的进度，要明显落后于汇率形成机制市场化的进度。

迷思之七：当前是中国政府加快资本账户开放的战略机遇期

这一判断的逻辑是国际金融危机爆发造成发达国家资本市场估值下降，这为中国资本的国际并购提供了时间窗口。然而，基于以下三个理由，笔者认为，当前绝非中国加快资本账户开放的战略机遇期：第一，目前美、日、欧、英等发达国家和地区的央行均在实施新一轮量化宽松政策，造成全球流动性加剧，而很多新兴市场经济体已面临持续大规模的短期资本流入；第二，在这一背景下，诸如巴西、韩国等在过去已经充分开放资本账户的新兴市场经济体，近年来也开始重新采纳一些资本流动管理工具以应对大规模资本流入；第三，就连长期以来以推动资本账户自由化为己任的 IMF，也在近年来改变了对资本账户管理的看法，表示资本账户管理应该与宏观经济政策、宏观审慎监管一起，成为新兴市场国家管理国际资本流动的重要工具。

迷思之八：中国庞大的外汇储备足以应对资本账户放开后的任何风险

从大多数指标来看，中国的外汇储备太多了。然而从外汇储备 /M2 这一指标来看，中国的外汇储备并非高得离谱。考虑到目前中国居民储蓄规模约为 60 万亿人民币，假定资本账户一夜放开，而中国居民试图将四分之一的储蓄移至海外进行多元化投资，这意味着 15 万亿人民币的资金流出，而中国外汇储备短期内则可能下降超过 60%。再考虑到国内产权改革尚未完成、制度演进尚存在不确定性，一旦国内资本大举外流，极有可能引发羊群效应。因此，真正值得我们担心的恰恰是资本流出，而非当前热炒的热钱流入。

对"加快"资本账户开放的冷思考 [*]

丁宁宁 [**]

资本账户的"管制"与"开放"

根据 IMF 的相关规定，资本账户开放不是成员方的一般义务，任何一个主权经济体都有自行决定的权利。资本账户开放也不是我们加入 WTO 的基本承诺。承诺开放包括银行、保险及有限制的证券业的服务，只是允许外国金融机构在该国开展相关的服务，并非承诺开放所有的资本账户交易。

从 19 世纪末到 20 世纪 70 年代中期的八十多年中，几乎所有西方国家都实行不同程度的资本账户管制。其原因是各国之间的利益冲突。资本账户开放是尼克松宣布美元与黄金脱钩、布雷顿森林体系解体、经济全球化成为"华盛顿共识"后发生的，到现在不过40 年。

资本账户开放的"终极目标"是资本跨国流动的完全"自由化"，即不对资本跨国流动进行任何限制或采取可能会影响其交易成本的任何措施，包括歧视性汇率、数量方面的管控措施以及歧视性的税收或者补贴等。

资本账户的完全自由化是不可能的，也不存在对等原则。以美国为例：它倒是不限制自身具有优势的资本、货币市场工具和衍生品的跨境流动，但是对中国人在美国的直接投资却设置了重重障碍，不少中国民营企业已经尝到了苦头。

---

[*] 本文是作者于 2013 年 7 月向中国金融四十人论坛提交的交流文章，后发表于《经济导报》2013 年第 20 期。

[**] 丁宁宁，国务院发展研究中心社会发展研究部研究员。

根据 IMF 的标准，"资本账户开放"需要在两个维度上讲清楚。一是开放的领域：是个人账户、不动产交易、直接投资，还是信贷工具、资本市场工具及其衍生品？二是开放的程度：是消除不可兑换项目，还是将目前的不可兑换项目、部分可兑换项目"开放到"基本可兑换项目？

IMF 态度的转变

自 20 世纪 80 年代以来，IMF 一直是资本账户开放的坚定支持者。但是这种态度在 1997 年亚洲金融危机后发生了改变。2006 年，IMF 专家发表的一份"不代表 IMF 官方"的专题研究报告称："发展中国家在享受开放资本账户带来的好处之前，需先具备一些必要条件，否则风险将大于收益。"

在 2008 年美国金融危机发生后，西方国家普遍出台了"量化宽松"政策，引起了新兴市场国家对"热钱"肆虐的担心，IMF 的态度发生了进一步的改变。2011 年发布的一份"得到 IMF 执委会多数董事支持"、限制"热钱"流动的框架意见指出，"在宏观经济基本面高度不确定以及资本流动振荡有可能导致系统性风险的情况下，可以临时性地动用税收和利率等政策工具来限制短期资本流动"。

经济学对资本项目管制的批评集中在效率问题上，但是对实体经济效率影响最大的是对长期、投资性资本流动的管制，而不是对短期、投机性资本流动的管制。放松对短期、投机性资本流动的管制，不仅解决不了就业、经济发展和公共服务等政府面临的长期问题，搞不好还会冲击本国的财政和货币政策。

因此，IMF 对"热钱"管控的意见，得到大多数国家政府的支持，美国政府也在研究修订金融衍生产品的交易规则。所以说，完善对资本项目的管理，加强对短期资本流动的管控，与推进市场化的改革不仅不矛盾，而且是巩固经济全球化成果的需要。

资本账户开放不等于人民币国际化

人民币国际化，并不是指人民币简单地在境外流通，而是使人民币逐渐成为国际上普遍认可的计价、结算及储备货币。这不是资本账户开放所能解决的问题。我们说资本账户开放有利于人民币国际化，只是基于国际上的双边对等原则，但两者之间不能画等号。

国际上有不少已经开放资本账户的国家和地区，其货币并未国际化。例如印尼早已实现了资本账户的完全开放，但印尼盾并没有成为国际计价、结算及储备货币。所以说，并非资本账户开放了，人民币自然就国际化了，两者之间并不存在必然的联系。

很多主张人民币国际化的人往往忽略了"特里芬悖论"，即"一个国家的货币能够成为主要国际储备和支付货币的条件之一，是该国的国际收支必须长期保持逆差；但长期保持国际收支逆差不利于该国经济的稳定，从而影响其他国家对该国货币的信心"。因此，长期的国际收支顺差虽然有利于经济发展，但不利于本币的国际化。这一点，不会因为中国与许多国家签订了"双边货币互换协议"而有所改变。

我国目前是长期的国际收支顺差，外汇储备的不断增加，只是增加了人民币的升值压力，却不利于人民币成为"国际储备和支付货币"。在长期贸易顺差的情况下，人民币要想国际化，就必须大规模地增加对外投资。在此之前，人民币只能"地区化"，在我国与之存在贸易逆差的周边地区以及东南亚国家，人民币早已"国际化"了。

资本账户开放不能靠"闯关"

中国是一个人口众多、历史文化独特、经济发展水平差异性很大的国家。自古就有"治大国如烹小鲜"的警语，所以改革才走了一条"摸着石头过河"的路。改革三十多年来,凡是搞"闯关"的,没有一次获得成功,反而留下了一大堆后遗症。

资本账户什么时候开放,开放到什么程度,不仅专业性非常强,而且涉及领域宽,政策影响面广,必须广泛地征求意见。即使成立专家工作组,也应当做到老中青三结合,(金融系统)内外相结合,特别是要有不同意见的专家参加。在 20 世纪 80 年代讨论是否发行特区货币时,谷牧同志就是这样做的。

"以开放促改革" 不是万灵丹药

"以开放促改革"有成功的例子,也有失败的例子。

成功的案例是我国加入 WTO 的努力。我们从 20 世纪 80 年代初开始了"恢复关贸总协定地位"的谈判,因"八九事件"中断后,在 20 世纪 90 年代中期以后又开始了加入世界贸易组织的谈判。朱镕基总理去美国谈判时做出了不少让步,很多人不理解。但当时我们没有选择,如果不加入 WTO 的话,就需要和所有的贸易对象国进行双边谈判,成本过高。

事实证明,加入 WTO 是一个正确的决策。根据 WTO 的规则要求,我们废除或者修改了超过 2000 部与政府管制有关的法律法规和文件,在加快对外开放的同时,也扫除了国内市场的地区壁垒。随着我国对外贸易的迅速扩大,国内经济增长速度也大大提高。

失败的例子是引入境外资金来救国内证券市场。中国证券市场从建立之初就存在很多问题,但当时的领导过分强调"先发展,后规范",以致问题越积越多。直到市场扩容乏力,不去检讨自身存在的问题,反而推出了 QFII,想通过引入境外资金来救市。结果在境内错误规则的指引下,这些合格的境外投资者也变成了投机分子,加快了中国证券市场失去融资能力的速度。

由此可见,在消除行政性障碍问题上,以开放促改革确实发挥了积极的作用。但是在建立规则的问题上,是不可能以开放促改革的。因为人家来了也要按照你的规则行事。在国内金融改革遇到困难的情况下，我们想通过开放资本账户来推进改革，不仅解决不了国内的问题，反而会导致难以预见的混乱。

谨慎对待所谓"战略机遇期"

2008 年的美国金融危机，确实重创了西方金融业和金融机构，但国际资本迅速回流美国的结果是发展中国家出现了流动性短缺、信贷紧缩和经济衰退。西方国家纷纷出台量化宽松政策后，国际资本又重返发展中国家，导致资产泡沫和通货膨胀急剧恶化。在资本账户没有完全开放的情况下，此类资本超常规流动对我国金融秩序的冲击也很大。

所以说，不要以为中国制造业位居世界第一，我们就可以在金融领域独领风骚了。尽管中国外汇储备有 3 万多亿美元，银行业金融机构金融资产超过 110 万亿元，但是在具有几百年历史的老牌西方金融机构面前，不过像一个吃激素长大的少年，还有不少东西需要学习，在真实实力的对比上并不一定占有优势。

美国与英国同为市场经济国家，且美国经济规模"一战"后已经超过英国，但如果没有"二战"，美元还是难以取代英镑的地位。西方金融危机或许是西方衰落的开始，但这是个长期的过程，人民币非国际化路程也不会一帆风顺。我们讲"只争朝夕"是一种精神，并非是给自己设定一个"套"（时间表），不管不顾地往里面钻。

正因为国际、国内存在诸多不确定因素，所以我主张对资本账户开放采取谨慎、实事求是的态度。中国资本账户的哪些项目应当开放？应当开放到什么程度？哪些项目应当保持必要的管制？必须根据中国经济发展和国家整体利益的需要来决定，而不是根据少数学者的"顶层设计"或者少数利益集团的需要来决定。

圆桌讨论：是否加快资本账户开放？ ①

主持人：在我国资本账户开放的脚步已经迈出的情况下，如何进一步推动资本账户开放？是否应该加速推动？

丁志杰：我认为，即使我们可能面临动荡的外部环境，中国也需要进一步开放资本账户，而且需要加快开放资本账户。因为如果不解决这一问题，可能就会使中国经济失去活力。

李伏安：我认为，现在是再将闸门提高一点的好时机。这几年，想进来的国外资本大多已经进来了，现在外资进来的动力已经减弱。我们想把国内的水往外放，但放不出去，因为人民币的升值预期，很少有人愿意将人民币大量地换成外汇。现在很多中国企业都想"走出去"，如果这时候把闸门关上，那就不是阻止外国人的钱进来，而是阻止我们的钱出去。

现在有几个有利条件：第一，现在是汇率压力最小的时期；第二，现在可能是中国金融机构力量最强的时期，尤其是银行，它们资本充足、利润丰厚；第三，投资者有意愿用人民币进行境外投资。在操作上，我们可以更多地允许"出"，有控制地允许"进"。对外资进入还是要适度控制，特别是对直接进入股票市场和房地产市场的外资要有限制。

徐　刚：我的观点很明确，中国应该加快资本账户开放。作为证券行业从业人员，我认为资本账户的开放实际上就是资本市场的开放、证券行业的开放，只有开放才能做大这个行业。在若干年前，

①　本部分圆桌讨论内容整理自中国金融四十人论坛于 2013 年 7 月 21 日召开的第 82 期"双周圆桌"内部研讨会。在研讨会上，CF40 成员李伏安、丁志杰、徐刚，CF40 特邀研究员张明，CF40 特邀嘉宾、国务院发展研究中心社会发展研究部研究员丁宁宁、北京大学国家发展研究院教授卢锋等就"是否应加快资本账户开放"展开了深入的讨论。

当监管部门批准高盛、瑞银、德意志银行进入中国的时候，很多同行认为外资银行进来后，我们肯定会受到很大冲击，但是过去几年的实践表明，我们在与外资银行的竞争中不仅没有衰落，而且得到了一定的发展。所以，实践表明，只有竞争才能使本土行业进步。

这种争论不仅在中国的金融行业和证券行业存在过，实际上在中国过去所有行业开放之前都存在过。现在关于资本账户开放的争论的激烈程度远远小于我国加入 WTO 的争论的激烈程度。中国过去 30 年改革开放的经验表明，开放肯定要比封闭好。对于资本市场而言，开放不仅能够加快资本市场和证券行业的发展，而且也能够提升我们在全球的竞争力。因此，从实业界的角度来看，我认为应该加快资本账户开放。

卢　锋：在某些领域确有必要加大资本账户的开放程度，不过受以下多方面因素制约，在推进速度与步骤上应以审慎稳健为宜。

一是受汇率趋势性升值因素制约。资本账户开放过快过宽会给国际游资套汇提供方便，而纯粹的套汇资本流入则弊大于利。

二是受结构性利差因素制约。无论是将央行政策利率相比较，或将相同期限 SHIBOR 与 LIBOR 相比较，还是用其他性质可比利率指标来衡量，"内高外低"的利差格局都大尺度存在，而且可能在较长期限内延续。资本账户开放过快会给国际游资套利提供方便，而纯粹的套利资本流入是弊大于利的。

三是受资金流入流出不对称因素制约。我国流入资本投资收益较高，流出资本收益较低，资本账户开放面临流入与流出难以平衡的新困难。

四是受主要发达国家货币放水因素制约。危机后美、欧不顾一切实施量化宽松政策。由于美国经济复苏高度依赖货币放水带来的财富效应，因此估计美国未来难以真正放弃量化宽松政策。量化宽松的环境会导致热钱泛滥，而这是全球经济新常态表现之一。这时过快放开资本账户显然不利。

五是受金融体系内部关系尚未理顺条件制约。国内银行在市场准入等方面，证券市场在 IPO 发审体制等方面面临改革任务；上一轮超常景气扩张遗留的过高杠杆化因素仍有待减压；一些部门的资产负债表的沉淀风险因素有待消化。资本账户开放过快会增加复杂性，甚至给国外短期资本浑水摸鱼的机会。

另外，IMF 对资本流动问题的主流观点是强调资本流动会带来风险与不稳定，鼓励各国采用适当监管以及国际社会协调应对资本流动。在这样的背景下，我们对资本账户开放显然应更为审慎和稳健。

张　明：是否应该加快资本账户开放呢？假定外部危机给我们提供了扩大对外投资的时间窗口和战略机遇期（但实际上我看不到这个战略机遇期在哪儿）。尽管现在中国总杠杆率还可控，但是企业杠杆率非常高，如果未来几年外需依然疲软的话，企业会有一个去杠杆的过程，这个过程将会异常痛苦，必然会导致金融风险，商业银行会很危险，老百姓对国内金融体系的信心会下降。从外部来看，未来几年美国经济或许会有比较强劲的反弹，美联储有可能在 2014 年年底或 2015 年年初加息。在内外因素交叉的情况下，加快并在 2015 年基本实现资本账户开放就欠妥。另外，从国际经验来看，很多国家在开放之后，如果遇到了外部冲击就会再重新管制。但是再管制并不容易，因为资本账户开放后会形成新的利益集团，而这些集团会阻挠重新收紧资本账户的努力。国际货币基金组织在这几年改变了对资本流动管理的看法，这的确给了已经开放资本账户的国家一些灵活性，但是不妨说这也是国际货币基金组织给尚未开放资本账户的国家发出的善意警告。

加快资本账户开放的另外一个逻辑就是有内部压力，不得不做。我们认为当前中国有很多重要的改革要实行。央行推进资本账户开放的真实目的是想倒逼国内结构改革。那么倒逼改革能不能成功呢？假定 2015 年基本放开资本账户，之后爆发一次系统性或区域性金融危机，这次危机结束之后其他结构性改革是会加速推动还是会再度延迟？我们害怕的是后者。

丁宁宁：对于加快资本账户开放的问题，我认为不能局限于既有的经济学理论。应当在读透现有经济学理论的基础上，思考美元与黄金脱钩、布雷顿森林体系崩溃之后，这些理论是否需要修正？应该怎样修正？当我们在学术范围内讨论这些问题时，发现已经没有合适的理论了，新的、实践上的挑战无法在现有的理论框架内解决。在这种情况下，是否应"加快"推动资本账户开放？必须谨慎考量这一问题。

第四篇
是否应设定开放的路线图与时间表

"顶层设计"、"路线图"和"时间表"是中国共产党十八大对进一步深化改革提出的新要求。资本账户开放改革需要顶层设计不言自明，但路线图和时间表呢？

中国社会科学院余永定、张明、张斌一派明确提出，对资本账户开放而言，中国政府最好不要给出特别具体的时间表，而是要阐明资本账户开放的大致方向。

中国人民银行调查统计司课题组在《我国加快资本账户开放的条件基本成熟》报告中则明确提出了资本账户开放的短期、中期和长期安排，即路线图和时间表。

其他几位学者则从不同角度出发，对未来推动资本账户开放的阶段性目标和举措提出了自己的建议。

中国人民银行金融研究所所长金中夏认为资本账户开放的短期目标可设定为实现中性和平衡的资本账户管理，进一步的目标是对资本账户采取中性无歧视管理原则下的扩大开放；货币政策二司副司长郭建伟建议按照从实体到市场，最后到短期资本的调控和管制的顺序，逐步进行相关改革，推动资本流动便利化；德意志银行大中华区首席经济学家马骏提出了在今后一两年内应该实施风险可控的一些具体改革措施，尤其是关于如何扩大人民币在资本项目下跨境流动渠道方面提出了具体建议；香港金融管理局助理总裁何东以2020年中国资本账户会完全开放为假设，预测资本账户开放将会导致跨境资本流动双向增长，资本流动存量也将更加平衡；上海新金融研究院特邀专家施琍娅建议通过提升本币在国际收支币种结构中的占比来实现以本币为主导的资本账户开放；对外经贸大学金融学院院长丁志杰提出，未来的重点依然是放松国内居民配置境外资产的限制，提高国内资本跨境流动的能力。

资本账户开放不应设定具体的时间表[*]

余永定 张 明 张 斌^{**}

近期，关于中国政府可能加快资本账户开放的传闻与表态纷至沓来。有传闻表明，中国政府有可能在 2013 年下半年宣布一个资本账户开放的时间表。根据这个时间表，中国政府将在 2015 年实现资本账户的基本开放，在 2020 年实现资本账户的全面开放。一旦上述传闻变成现实，这意味着中国的资本账户开放进程将显著提速。

在当前环境下谈论要不要进一步开放资本账户，主要的内容是要不要开放跨境短期资本流动。迄今为止，中国的资本账户开放进程已经取得了较大进展。根据中国人民银行调查统计司在 2012 年发布的一份报告，在 IMF 规定的资本账户管制的 40 个子项中，中国已经有 14 项为基本可兑换、22 项为部分可兑换，仅有 4 项为不可兑换。目前中国对中长期性质的双向直接投资与贸易融资已经基本放开，但对证券投资、跨境借贷与衍生品交易等短期资本流动仍存在较为严格的管制。因此，进一步开放资本项目，开放的主要内容是短期资本流动。

赞成加快资本账户开放的理由主要包括以下五个方面。第一，实现跨境资本流动的平衡管理。长期以来，中国政府对跨境资本流动采取了"宽进严出"的管理策略，该策略在中国国内外汇资金短缺时固然发挥了重要作用，但当市场环境变化后，该策略导致了中

---

* 本文原题为《审慎对待资本账户开放》，系作者于 2013 年 6 月向中国金融四十人论坛提交的内部交流文章，2013 年 6 月 4 日发表于英国《金融时报》中文网

** 余永定，中国金融四十人论坛学术顾问、中国社会科学院世界经济与政治研究所研究员；张明，中国金融四十人论坛特邀研究员、中国社会科学院世界经济与政治研究所国际投资室主任；张斌，中国金融四十人论坛特邀研究员、中国社会科学院世界经济与政治研究所全球宏观室主任

国外汇储备攀升、央行冲销压力巨大、国内流动性过剩。因此，通过放宽对资本流出的管理，既有助于降低央行的资本管理与冲销压力，又有助于缓解人民币升值压力。第二，通过加快资本账户开放来倒逼国内结构性改革。由于中国经济体制改革已经进入存量改革阶段，在既得利益集团的阻挠下，各种结构性改革举步维艰。通过开放资本账户来倒逼国内结构性改革，或许能够发挥2001年通过加入WTO来倒逼银行业改革相似的作用。第三，进一步推动人民币国际化。目前人民币国际化进程受到离岸人民币规模有限、全球范围内以人民币计价的金融产品供给不足等限制，而资本账户开放则有望缓解上述约束，进一步推进人民币的跨境使用。第四，全球金融危机的爆发为中国开放资本账户提供了一个"战略机遇期"，特别是发达国家公司估值处于低位、对外部资金的需求较为强烈，这为中国企业的海外投资提供了良机。第五，现有的资本管制措施很难真正管得住资本流动。在经常项目已经可兑换的条件下，很多资本可以通过变通的办法躲避资本管制措施。与其这样，还不如放松管制，让藏在地下的资本流动浮出水面，以此提高跨境资本流动透明度，让监管更加有效。

我们认为上述有些理由反映了包括资本管制政策在内的一些宏观经济管理措施的弊端。中国有必要进一步完善资本项目管理。但是大幅放松对短期资本流动的管制需要格外审慎，这必须要在以汇率形成机制市场化改革等一系列相关改革措施配套的情况下，才能逐步推进。在没有其他改革措施的配合下，单方面地扩大资本项目开放，未必能实现改革初衷。

试图实行对跨境资本流动的平衡管理，这一目标无可厚非。但问题在于，短期资本流动通常是顺周期的，放松对短期资本流动的管制未必能实现资本平衡流动。由于短期资本流动具有顺周期特征，因此在中国政府不希望资本大规模流入时（例如经济过热、资产价格泡沫、流动性过剩），短期资本却会大规模流入；而当中国政府不希望资本大规模流出时（例如国内流动性不足、爆发金融危机、美联储加息），短期资本却偏偏会大规模流出。因此，加快开放资本账户，未必能够真正实现跨境资本流动的平衡，而很可能会放大短期资本流动的规模与波动性。

加快资本账户开放未必能够稳定人民币汇率，反而可能导致人民币汇率出现超调。以 2013 年第一季度为例，尽管经常账户占 GDP 比率处于较低水平，但人民币对美元名义汇率以及人民币有效汇率均出现大幅升值，这在很大程度上是由短期资本流入激增导致的。尽管自 2003 年以来我们就一直呼吁加快人民币汇率形成机制的市场化改革，但我们认为，这一改革得以完成的前提条件，是中国政府依然保持适当的资本管制，从而使人民币汇率走势主要反映经常账户的变动趋势。否则，短期资本的大进大出将导致人民币汇率大起大落，从而给汇率形成机制改革造成阻力。

如果央行基本不直接干预外汇市场汇率，在市场供求关系的作用下汇率将围绕均衡汇率上下波动。在这种情况下，尽管汇率的波幅可能较大，但由于波动的双向性，汇率投机将受到抑制，持续的升值（贬值）压力将因套汇资本流入的减少而减少。如果央行不希望看到汇率升值（贬值）过快而维持对汇率的干预，在没有资本管制的情况下，投机资本就会不断流入（流出），从事无风险套汇。套汇资本的流入（流出）必然加大或大大加大升值（贬值）压力。通过干预实现小幅升值的政策或许可以减缓对出口（进口）企业的经营压力，但却会造成国民福利的巨大损失，造成资源配置的极大扭曲。如果央行认为，在目前的政治、经济条件下，让人民币逐步升值是唯一的选择，央行就应该尽可能维持资本管制，抑制热钱流入，以减少升值压力和国民福利的损失。可以说，在持续干预外汇市场的同时实行资本项目自由化，是所有可能的政策组合中最不合理的一种。

"以开放促改革"有成功的经验，也有不成功的经验，国内国外皆如此。我们尤其不赞成以加快资本账户开放来促进国内结构性改革的做法。在压力面前，我们未必一定能做出正确的选择，以放松短期资本流动倒逼国内改革是巨大的冒险。其一，与商品贸易的开放不同，资本账户开放对一国宏观经济与金融市场的冲击可能是巨大的，而且一旦开放后很难逆转；其二，如果未来几年内，资本账户过快开放导致国内爆发系统性危机，那么在危机之后，对中国经济可持续增长而言不可或缺的结构性改革，可能被再度推迟。

从短期与中期来看，加快资本账户开放与推进人民币国际化相辅相成，如同一枚硬币的两面。然而，在人民币利率与汇率形成机制尚未充分市场化的前提下推进人民币国际化，会导致人民币离岸市场与在岸市场之间的套利与套汇行为大行其道。目前大部分跨境贸易人民币结算发生在内地与香港之间，而非大中华区与全球其他地区之间，这不是中国政府推进跨境贸易人民币结算的初衷。从国际金融的历史来看，货币国际化是市场选择的结果，而非政府人为推动的结果。只要中国经济在未来20年能够保持持续较快增长、中国金融市场能够发展壮大并避免系统性金融危机的爆发，人民币必将成长为重要的国际货币。而日元国际化的教训表明，如果因政府过快开放资本账户而导致系统性金融危机的爆发，那么货币国际化步伐不仅可能显著放慢，而且可能趋于停滞。

当前并非中国加快资本账户开放的时间窗口或"战略机遇期"。目前发达国家央行正在集体实施量化宽松政策，全球流动性过剩加剧，新兴市场经济体正在面临大规模短期资本流入，一旦中国加快资本账户开放，那么中国很可能首先面临大规模短期资本流入。而随着美国逐渐削减量化宽松政策并步入新的加息周期，中国很可能接着面临大规模短期资本流出。短期资本的大进大出会严重损害中国的宏观经济与金融市场的稳定。从国际层面来看，巴西、韩国等过去已经充分开放资本账户的国家，在意识到不受约束的短期资本频繁流动的坏处后，开始考虑重新引入新的资本流动管理措施。而过去几十年一直以推进资本账户自由化为己任的IMF，最近两年也改变了对资本管制的态度，认为资本管制应该与宏观经济政策、宏观审慎监管一起成为新兴市场国家管理资本流动的工具。

中国的资本管制体系的确存在一些漏洞，且管制效力近年来有所下降，但中国的资本账户管制依然大致有效。尽管中国政府尚未全面开放资本账户，但近年来中国面临的国际资本流动规模明显放大，波动性也明显增强，这被一些政策制定者与研究者解读为资本账户管制政策已经失效，因此不如尽快开放。然而，近年来大多数研究中国资本账户管制的实证文献均发现，尽管中国资本账户存在一些漏洞，但大体上依然是有效的。在内地人民币市场与离岸人民币市场上存在显著的息差与汇差，就是中国的资本账户管制依然有效的明证。此外，内地与离岸市场的抵补利率平价存在显著偏差，意味着跨境套利者依然面临较大的交易成本，这也说明了资本账户管制的效力。如果中国政府明文规定一些跨境资本转移行为属于非法行为，并承诺进行严厉惩罚，这应当能够起到一定的阻吓作用。从这一意义上而言，我们高度赞赏近期国家外汇管理局出台的抑制短期资本流动的规定。我们相信，只要中国政府真正想抑制短期资本流动，在现有体制下，中国政府就能找到办法加强资本账户管制。一个贴切的比喻是目前国内外流动性水位均处于高位，而资本账户管制就是一道防护中国金融安全的大坝。目前这个大坝已经出现了一些管涌。我们究竟是应该修补漏洞加固大坝呢，还是干脆炸掉大坝？结论是不言自明的。

将 2015 年作为资本账户基本开放的时点具有较大风险。从国内来看，随着潜在增长率的放缓，未来几年中国企业部门将面临去杠杆化冲击，地方政府的债务风险也可能加剧，中国商业银行不良贷款率可能会显著上升，国内金融市场脆弱性不断累积，这将导致中国居民与企业对中国经济的信心下降，将资金撤离中国的动机增强。从国外来看，再经过两年左右调整，美国经济有望在 2015 年前后强劲复苏，而美联储也可能从 2014 年年底或 2015 年年初开始加息。外部吸引力的增强可能导致中国资金加快外流。在上述国内外因素的冲击下，中国可能面临巨大的资本外流。考虑到中国外汇储备 /M2 比例并不算高，大量的资本外流将导致中国外汇储备规模迅速下降，加剧人民币贬值预期。而在人民币贬值预期下，可能发生更大规模的资本外流。巨大的资本外流可能导致中国爆发与1997~1998 年东南亚金融危机相似的危机。因此，中国未来几年面临的真正威胁并不是大规模资本流入，而是大规模资本外流。

中国政府仍应审慎、渐进、可控、有序地开放资本账户，以维护中国宏观经济与金融市场的稳定。应坚定不移地克服既得利益

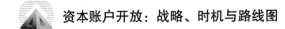

集团阻力，推进国内结构性改革，而不能因为结构性改革难度很大就回避这些改革；需要改善国民收入在居民、政府与企业三部门之间的分配以及居民部门内部的收入分配；需要尽快打破若干服务业部门内国有企业的垄断，对民间资本真正开放这些部门；需要加快推进包括利率与汇率在内的要素价格市场化改革。当人民币汇率与利率市场化改革基本结束、中国金融市场发展到一定水平（对国内资本已经充分开放）、中国经济已经大致完成增长方式由投资与出口驱动向消费与投资平行驱动的转型后，无论是资本账户的全面开放，还是人民币国际化，都将成为水到渠成的事情。

　　基于以上分析，我们建议，中国政府与其给出资本账户开放的时间表，不如给出推动国内结构性改革的时间表。对资本账户开放而言，中国政府最好不要给出特别具体的时间表，而是阐明资本账户开放的大致方向，根据国内外形势变动以及国内结构性改革节奏，在风险可控的前提下灵活地把握资本账户开放的节奏，而不受事先承诺的资本账户开放时点的掣肘。

合理设定资本账户开放路径[*]

中国人民银行调查统计司课题组^{**}

优化资本账户各子项目的开放次序，是资本账户开放成功的基本条件。一般原则是"先流入后流出、先长期后短期、先直接后间接、先机构后个人"。具体步骤是先推行预期收益最大的改革，后推行最具风险的改革；先推进增量改革，渐进推进存量改革。

短期安排（1~3年），放松有真实交易背景的直接投资管制，鼓励企业"走出去"

直接投资本身较为稳定，受经济波动的影响较小。实证表明，放松直接投资管制的风险最小。当前我国推进海外直接投资已进入战略机遇期。过剩的产能对对外直接投资提出了要求，雄厚的外汇储备为对外直接投资提供了充足的外汇资金，看涨的人民币汇率为对外直接投资提供了成本的优势，西方金融机构和企业的收缩为中国投资腾出了空间。

中期安排（3~5年），放松有真实贸易背景的商业信贷管制，助推人民币国际化

有真实贸易背景的商业信贷与经常账户密切相关，稳定性较强，风险相对较小。随着我国企业在国际贸易、投资、生产和金融活动中逐步取得主导权，商业信贷管制也应逐步放开。目前，我国进出口贸易约占全球贸易量10%，贷款占全球的四分之一以上^①。放宽商业信贷管制，有助于进出口贸易发展，也能为人民币跨境结

*　本文节选自《我国加快资本账户开放的条件基本成熟》，该报告于2012年2月23日发表在中国人民银行网站上

**　课题组负责人盛松成系中国金融四十人论坛特邀成员、中国人民银行调查统计司司长；课题组成员：徐诺金、闫先东、朱微亮。

①　引自Eswar Prasad（IMF驻中国部主任）在上海第三届金融论坛的讲话。

算和香港离岸市场建设拓宽人民币回流渠道。同时，适度放松商业信贷管制，有利于促进国内银行业竞争，改善企业特别是中小企业融资状况。

长期安排（5~10年），加强金融市场建设，先开放流入后开放流出，依次审慎开放不动产、股票及债券交易，逐步以价格型管理替代数量型管制

不动产、股票及债券交易与真实经济需求有一定联系，但往往难以区分投资性需求和投机性需求。一般开放原则是按照市场完善程度"先高后低"，降低开放风险。当前，房地产市场价格易涨难跌，向合理价格水平回归尚需时日。境内股市"重融资轻投资"，价格发现机制还有待完善。债券类市场发育在很大程度上与利率市场化有关，市场规模不大，且企业债券没有形成统一规范的市场 [1]，政府债券市场还有待发展。总体看，市场完善程度从高到低依次为房地产市场、股票市场和债券市场。

在开放的过程中，一是要加强金融市场建设，增强市场活力，夯实不动产、股票及债券市场开放的基础。二是要按照"先一级市场后二级市场"，"先非居民的国内交易后居民的国外交易"的开放原则，降低开放风险。三是谨慎推进，相机决策，遇险即收，逐步以价格型管理替代数量型管制。

至此，以不影响国家间合理的资本交易需求原则 [2] 来衡量，我国已经基本实现资本账户开放。剩下的项目按照风险程度依次为，个人资本交易、与资本交易无关的金融机构信贷、货币市场工具、集合投资类证券、担保保证等融资便利、衍生工具等资本账户子项，可以择机开放。与资本交易无关的外汇兑换交易自由化应放在最后。投机性很强的短期外债项目可以长期不开放。

---

[1]　当前既有银行间的债券市场，又有交易所的债券市场。中国人民银行、发改委、证监会、中国人民银行授权交易商协会分别对发行金融债、企业债、公司债、短期融资券和中期票据进行监管。

[2]　参见 OECD《资本流动自由化规则》，转引自曲昭光博士后论文《人民币资本账户可兑换研究》，2003。

从国际收支角度看中国资本账户开放路径 [*]

金中夏 [**]

中国目前在直接投资和资产组合投资项下仍保持宽进严出的不对称管理，其他投资项下资本的流入流出已大幅开放，这是中国现行资本账户管理的重要特点。中国资本账户开放的短期目标可设定为实现中性和平衡的资本账户管理，进一步的目标是对资本账户采取中性无歧视管理原则下的扩大开放。中国已具备扩大开放资本账户的条件，在进一步放开汇率并合理调节利率的情况下，国际收支可能出现有利于可持续发展的经常账户顺差与资本账户逆差相平衡的格局。

中国现行资本账户管理的主要特点

（一）在直接投资和资产组合投资项下仍然保持着宽进严出的不对称性质

在直接投资方面，中国居民到境外直接投资难度大于外商对华直接投资。到境外直接投资的主体比较单一，主要是中央企业或国有企业，占投资流量的七成以上。最近几年对外直接投资总额增长很快，2012 年中国在外直接投资净额为 624 亿美元，在 2012 年年末中国对外直接投资净头寸为 5028 亿美元，但与同年外国在华直接投资净额 2535 亿美元以及年末外国来华直接投资净头寸 21596 亿美元相比，还有较大差距。应当说，在直接投资领域中，中国资本账户对外资开放的程度是最高的，但对中小民营企业和个人投资

---

* 本文原题为《中国资本账户开放与国际收支动态平衡》，发表于《国际经济评论》2013 年第 3 期。作者感谢姚斌和高峰提供的帮助。

** 金中夏，中国金融四十人论坛特邀成员、中国人民银行金融研究所所长。

者来说，进出的渠道基本上是关闭的，仍然具有宽进严出的特点。

在资产组合投资方面，中国在这类投资类别开放了机构投资者渠道，规模相对很小，同样也是宽进严出。合格境内机构投资者（QDII）额度为900亿美元，相比几个资本流入的渠道加在一起要小得多。如合格境外机构投资者（QFII）额度为800亿美元，人民币合格境外机构投资者（RQFII）额度为2700亿元，B股目前市值在1690亿元人民币左右。截至2012年年末，银行间债券市场允许三类境外机构买卖债券，已达1390亿元人民币的规模。

中国目前未放开非金融机构和个人直接投资国外的股票、债券等金融产品。非居民不能在中国境内发行股票类有价证券，中国曾经允许国际金融公司和亚洲开发银行发行了少量"熊猫债券"，融资总额仅31.3亿元人民币。而与之形成对比的是，从2006年到2012年年末，中国企业在境外上市融资总额高达1788亿美元，其中汇回境内结汇的比例很高。在资产组合投资项下，资本流入明显大于流出。

（二）其他投资项下资本的流入流出已大幅开放

过去多年中国对外放款小于对外借款。截至2012年年末，中国对外提供贸易信贷余额和贷款余额合计6165亿美元，接受国外贸易信贷和贷款余额合计6595亿美元，流入大于流出，但差距已不大，主要是因为2012年以来流出明显大于流入。

从2012年的流量看，其他投资项目出现逆差。对外贸易信贷和贷款新增1271亿美元，其中54%是短期资金。而接受国外贸易信贷和贷款合计新增仅255亿美元，主要是借入的短期贷款大幅减少。

2012年年末，主要由于其他投资项目逆差高达2600亿美元，导致整个资本项目逆差168亿美元。造成这种现象的原因：一是中国强制结售汇的解除，使经常账户下的大量顺差不再结汇；二是国家外汇管理局允许银行持有更多的外汇头寸，银行等金融机构受到的资本管制大大减少，对外汇资产摆布相对自由。2012年其他投资项下资金的大进大出乃至全年的净流出显示，其他投资项下的资本流动正在更多地受到国内外汇差和利差等因素的影响。

未来在信贷项下还有持续资本流出的可能。因为在传统上中国商业银行的国际化程度不够高，海外业务基础薄弱，贷款管理和风险控制水平有待提高。商业银行出于规避风险的考虑，并不十分积极对境外企业贷款。此外，很长一段时间以来国际借贷市场的利率较低，人民币还有升值预期，这使人民币贷款在境外缺乏吸引力。未来随着以上因素的阻碍作用减小，信贷项下的净流出可能持续甚至扩大。

（三）资本账户不对称开放的原因

第一，新中国成立后的相当长的一段时期内都十分缺乏外汇，是形成"宽进严出"资本账户管理制度的历史原因。形象一点说，目前的资本账户管理体系是按照"抗旱"来设计的，力求尽可能地积蓄水资源，而开闸放水甚至泄洪的能力不足。中国金融机构和企业也缺乏对外投资的相关经验、技术和人才。此外人们从心理上感觉顺差总比逆差好，特别是对双顺差的潜在风险认识不足。

第二，国内金融市场不发达。会计制度、评级体系和信息披露制度不完善，发债和股票上市程序的行政干预程度较高，使大量国内企业寻求海外上市融资，然后把所得资金汇回国内使用，导致因制度套利而引起资本流入。

第三，担心资本外流。有观点认为中国市场经济的基本法律框架与发达国家存在区别，特别是在个人财产权的拥有范围以及在对财产权和债权的保护程度方面与发达国家有较大差距。根据世界银行针对民营中小企业经营环境编制的《2012 年全球营商环境报告》，中国商业环境在 185 个国家排名第 91 位。中国的商业环境在很大程度上更加有利于大型国有企业和跨国公司。这使部分居民个人和中小企业向海外转移资金进行投资、购买不动产或投资金融资产。

第四，汇率和利率的灵活度不够，没有充分发挥两者作为调节国际收支平衡主要工具的职能，导致中国主要依赖外汇管理、税收及其他行政性手段调节国际收支失衡特别是资本出入的方向和数量。

第五，国际收支的调节涉及国内外很多价格和结构性变量，很难在某个主管部门层面单独调节。和多数国家一样，中国并没有管理和调节国际收支平衡的综合权威部门，国家外汇管理局只是负责国际收支的监测统计，并从外汇管理的角度影响资金的出入，但并不能单独影响国际收支大格局的调整。各金融监管机构在推出金融机构和金融市场开放的举措时，从国际收支平衡角度考虑问题不多，经常会发生在微观上有理但在宏观上不合理的情况。

（四）资本账户不对称开放的影响

中国在很多年里缺乏资本跨境流动的套利对冲等自动稳定机制，抑制了资本项下的资金外流倾向，导致了在经常账户连续顺差时无法靠资本账户的逆差来平衡，放大了人民币升值的压力，是外汇储备积累过快的原因之一。由此也加剧了国内控制流动性的困难，增大了资产价格泡沫的压力，也导致中国对外投资过多地通过外汇储备投资的渠道进行，难以实现在对外资产管理方面国家与民间合理分工的多元决策、投资和风险分担格局，降低了中国对外资产在风险和收益之间权衡的合理性。目前在中国经常项目顺差已大体接近均衡的情况下，资本流出渠道不足还可能导致汇率高估，不利于中国制造业和农业保持合理的国际竞争力。

这促使外汇管理部门取消强制结售汇并大幅放开其他投资项，资本项目在局部有了大规模流出的渠道，资本项目作为一个整体已经可进可出，但在结构上不对称、不平衡，而这种结构的不对称和不平衡也由于流出渠道、投资主体和投资产品的限制，造成公平、效率和收益的损失。

资本账户开放的路径选择

（一）中国应根据目前资本账户管理的实际特点，结合考虑国内外宏微观经济环境，确定资本账户开放的短、长期目标

1. 短期目标应是实现中性和平衡的资本账户管理

纠正在直接投资和资产组合投资项下的非对称管理，改善资本流出的结构。允许非金融机构特别是民营企业和个人的资本通过直接投资和资产组合投资渠道输出。通过开放对内、外资机构的市场准入，建立高素质的、面向全球的机构投资者，大幅扩大 QDII 的投资份额。允许非居民在国内发行债券或股票上市融资，并逐步扩大其市场份额。实施中国的对外基础设施投资战略，通过官方援助和商业投融资相结合的方式扩大资本输出，包括人民币的输出。同时，作为对过去非对称资本账户开放的一种纠正，并特别考虑到目前发达国家超常规宽松货币政策的背景，中国可考虑必要时先暂缓扩大 QFII 的额度，暂缓增加批准境内机构在海外进行大规模的债券发行和股票上市融资，在信贷方面，应通过审慎监管措施管理境内机构的国外借款规模。

从国外经验来看，经常项目顺差国未必应首先放开资本流入，反而应考虑更多地放开资本流出。例如德国在 1958 年时首先开始放松资本流出的限制，而直到 1981 年时才完全取消对资本流入的限制。

2. 进一步的目标是对资本账户管理采取中性无歧视原则

无论是对资本流入还是资本流出、个人还是公共部门、居民还是非居民，中国都应逐渐采取同等程度的开放待遇，并大体同步地扩大开放的程度，直到基本上实现全面的开放。应切实加强对各种债权和财产权的保护，加快跨境投融资基础设施建设，特别是完善跨境征信、评级、抵押担保和投资保护制度。此外应大力改善国内营商环境，特别是中小企业和个体的营商环境。中国目前虽然在名义上给予非居民投资者国民待遇，但居民毕竟享有本土优势。同时还要看到中国国民享受的营商环境以国际标准来衡量，低于很多发达国家。应该通过进一步升级和改善国内商业环境，增强对外资的吸引力，并减少国内资本外逃或装扮成外资返回的制度套利行为。

（二）充分发挥宏观经济政策工具在国际收支平衡调整中的基础性作用

随着中国资本账户管理状况的变化，汇率和国内外的实际利差因素正在逐渐成为影响中国国际收支平衡的主要因素。实际利率平价机制在中国已经在通过自己独特的方式发挥作用。

资本账户的中性开放并不能保证国际收支的静态或动态平衡，资本账户下的资本流入不会因此必然等于流出，经常账户的盈余也不会必然与资本账户的逆差相平衡。从根本上说，更具弹性的汇率、市场化的利率体系及合理确定的中央银行基准利率等宏观经济政策变量对国际收支平衡的调整具有基础性的决定作用。

中国已具备扩大开放资本账户的条件

（一）较为平衡的宏观经济环境

2012年，在国际国内复杂的经济金融环境下，中国仍然取得7.8%的国内生产总值增长率。在未来几年维持7%~8%的增长速度是可持续的，在这样的增长速度下，中国经济没有过热的危险，但又足以实现十年翻番的目标；2012年年末，中国财政收支赤字仅占当年国内生产总值的1.54%；国际收支经常项目顺差仅占国内生产总值的2.3%；随着人民币汇率波动更加灵活，人民币汇率十分接近均衡水平；自2012年下半年以来，中国的真实利率已经转正，从而更真实地反映市场中资金供求状况；2012年年末，中国短期外债余额只占外汇储备总额的16%，处于安全水平；2013年3月的CPI为2.1%。与其他新兴市场经济体相比，中国通货膨胀水平相当低。

（二）总体稳健的金融部门和较为有效的监管体系

截至2012年年末，中国银行业不良贷款率为0.95%，同比下降0.01个百分点。加权平均资本充足率为13.3%，同比上升0.5个百分点，加权平均核心资本充足率为10.6%，同比上升0.4个百分点。总体看，即使考虑到经济增速减缓会使不良贷款比率有所上升的因素，中国银行业资产质量仍处于全球银行业较高水平；2012年1月末，银行体系存款中的97%和贷款中的94%以人民币计价，货币错配的风险很小；中国金融市场发展迅速，目前股票市场和债券

市场的规模均居世界第 3 位。金融市场的规模和流动性已经不成为
开放的主要障碍。

　　IMF 的金融部门评估规划（FSAP）在发布中国金融体系稳定
情况评估的报告中，对中国金融稳定和监管的整体架构给予了积极
正面的评价。

未来中国国际收支格局的可能演变

　　从历史上看，各国在不同的经济发展阶段，由于不同的资源
禀赋和发展战略，国际收支账户呈现不同的动态格局。尽管如此，
从全球主要经济体来看，在统计意义上的国际收支格局却基本上是
经常账户和资本账户保持近似的完全负相关关系（从图 1 可以看出，
大部分经济体都处于负 45 度虚斜线的附近）。中国进一步开放资本
账户后，国际收支格局的演进有五种可能状况（见表 1），依次分析
如下。

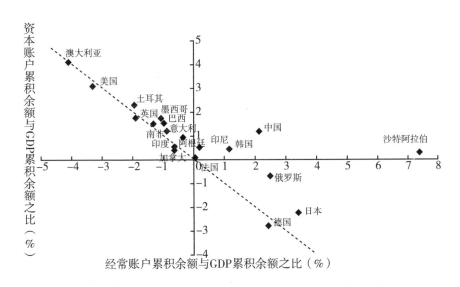

图 1　G20 主要成员国（19 国）的国际收支结构（1980~2010 年）

注：GDP 为基于购买力平价的计算值。

数据来源：国际货币基金组织 IFS（International Financial Statistics）数据库。

表 1 中国国际收支格局的五种可能状况

	经常账户	资本账户	外汇储备
不可持续且不宜长期追求	顺差	顺差	增加
不可持续且不太可能出现	逆差	逆差	减少
不可持续且不太可能出现	逆差	顺差	稳定
可能且应争取	顺差	逆差	稳定
可作为长期均衡目标	平衡	平衡	稳定

（一）经常账户和资本账户双顺差，外汇储备增加

超常的经常账户盈余引起的本币升值预期以及对正常的资本流出进行压制，可能造成国际收支的双顺差状态，这也是过去多年中国实际经历的情况。在这种情况下，国际储备持续增加，导致国内流动性不断膨胀，滋生资产价格泡沫等一系列问题。同时，国家积累的巨额外汇储备对外投资渠道和资产类型过于集中，收益率过低，并存在大量损失的可能性。这降低了中国持有的国际资产的回报率。因此，长期化的双顺差格局缺乏合理性和可持续性，不宜成为中国继续追求的目标，只能作为应对国际资本异常流入的过渡性措施。

（二）经常账户和资本账户双逆差，外汇储备减少

这种情况往往与较长时间的资本账户顺差支撑经常账户逆差有关。一旦资本流入突然逆转成为逆差，会造成外汇储备的大量流失及汇率的大幅贬值，一般伴随货币和金融危机，是一种不可持续的状态，目前在 20 国集团范围内没有一个国家属于此种类型。但不排除某些以资本账户顺差来弥补经常账户逆差的国家（以下第三种情况）未来可能出现这种状况。由于中国储蓄率高于投资率的情况还会持续一段时间，中短期内经常账户盈余的状态不会消失。同时，中国的汇率和利率也具有必要的可调节性。因此，中国不太可能出现双逆差状况。

（三）经常账户逆差大体等于资本账户顺差，外汇储备基本稳定

这种格局在某些国家的特定发展阶段有可能出现。若较高的资本收益率和投资率与较低的储蓄率并存，外来移民带来资本流入，储备货币发行国自身储备货币回流或在一定阶段国际资本的持续流

入，都可能导致经常账户逆差与资本账户顺差并存的局面，这类似美国和印度的情况。美国在历史上主要由移民带来资本流入，目前主要靠储备货币回流。印度目前靠国际资本流入支撑经常账户逆差，是否可持续有待观察。中国人口结构和经济增长趋势使储蓄率高于投资率的情况还会持续一段时间。如果因为国际流动性泛滥导致人民币汇率升高到产生经常项目逆差的地步，将会对国内农业、制造业乃至就业造成过大的冲击。考虑到人民币并非国际储备货币，远期外汇市场对人民币汇率不时出现的贬值预期以及民间潜在的资本流出动力，一个在资本账户开放条件下由市场决定的汇率和适当的利率水平也不太可能允许中国国际收支发展到持续地依靠资本账户的顺差来支撑经常账户逆差的状态。如果放开资本流出限制后仍不能抵消国际资本流入的冲击，也可考虑采取应急的资本流入管制。

（四）经常账户顺差大体对冲资本账户逆差，外汇储备基本稳定

从中国目前的现实情况看，随着经济发展程度的进一步提高，未来平均资本收益率可能将逐步降低，即使国内的资本平均收益率仍然高于国外，为追求发达国家和新兴市场国家较高的边际收益率，中国的个人和机构投资者都有"走出去"的动力。国内流动性长期充裕形成的局部资产价格高估，已经形成国内外相关资产的套利机会。国内制造业面临的产能过剩压力和人民币汇率过度升值的风险会抑制汇率的进一步升值。随着通货膨胀率得到抑制，实际利率也重回正值，存贷款基准利率已经有条件更加灵活地向均衡水平调节，并与汇率一起对国际收支失衡做出反应。考虑到经常账户的结构性顺差在短期内难以消失，一旦汇率放开且利率更加合理地向均衡调节，外汇储备将不会再因为央行在外汇市场的干预而增减，可能出现经常项目顺差和资本账户逆差并存的局面。应当看到，这种格局下的资本账户逆差是对中国制造业的一种适当保护，是对宏观经济稳定的一个贡献，也是对中国经济长远发展的一种全球性铺垫。因此，进一步推进汇率和利率的市场化改革，并在两者更加趋近均衡的基础上以资本账户逆差平衡经常账户顺差，是中国国际收支可能且应当争取的格局。

（五）经常账户和资本账户分别平衡，外汇储备基本稳定

从长期看，更加充分和自由的资本流动将使国内和国际市场的资本收益率趋于一致，大量的资本流入将伴随着大量的资本流出，这意味着中国资金在全球范围配置的机会大为增加，效率得以改善。中国人口老龄化的趋势会导致储蓄率的降低，并最终接近投资率。人民币有效汇率的升值，最终将使经常账户和资本账户分别接近平衡，这是可以预见的未来中国国际收支有可能接近的长期均衡状态。从图1来看更加直观，可能先从第一象限转入第四象限，并逐步趋近原点。

综上所述，在汇率和利率的市场化改革以及两者均衡水平合理搭配的基础上，推进资本账户的进一步开放，将有助于中国实现一个更加合理的、可持续的国际收支平衡格局，有利于国民经济的长期稳定增长。

综合配套推进资本账户开放 [*]

支持企业"走出去",为外向型实体经济发展提供便利条件

关于资本账户开放,人民银行货币政策二司汇率处在近几年做了一些研究,我们的一个考虑点是支持实体经济"走出去"。我们现在的资本积累已经到了一定水平,如果可行的话,希望能够为我国的企业或个人的产业配置提供一些便利。特别是在金融危机的后危机时代,由于我们在这一轮危机中受到的冲击相对较小,可以说占了一些优势。但是我们也应该看到,一些企业过去的优势现在已经失去了,在我们目前的产业结构调整中,这些企业急需在全球范围内重新布置产业链,使它们能够在新的发展阶段中更具优势,因此我们要考虑外向型实体经济的客观发展需求。

在此,我们要分别考虑企业和个人投资者两个层面。对合格的个人投资者,如果放松资本管制,一方面是对公民财产权的重要体现,另一方面个人投资者对自己的财产保值增值无疑是非常看重的。有些人担心放松管制后会出现很多资本外逃的现象,笔者个人认为这个观点的视角是错误的。公民无论选择将个人资产配置在境内还是投资在境外,其资产的归属权都归公民个人所有,政府不能限制公民个人的合法投资行为。并且,如果个人资产的流动是合法的、有利于其发展的,可能最终不只对公民个人有利,对国家也有

---

[*] 本文是作者在 2013 年 7 月 21 日中国金融四十人论坛第 82 期"双周圆桌"内部研讨会上的主题演讲,由中国金融四十人论坛秘书处整理,经作者审核。
[**] 郭建伟,中国人民银行货币政策二司副司长。

利，比如许多知名教授、企业家的归国和对祖国的奉献可以作为佐证。一些部门对放松管制有担忧，他们认为个人投资者在国外进行投资应该经过审批，如果任由个人随意进行投资，那么这些投资很可能会发生混乱乃至造成争端，给国家增加负担。但笔者认为实际上很多争议都与看问题的角度有关，如果从我国外向型经济发展的角度看，这些问题都是小事情。笔者认为，首先应把外向型经济客观发展所涉及的管理环节进行进一步疏导，使其便利化。过去的管理方法也是有效的，但是不同的时间阶段有不同的客观要求。在后危机时代，作为世界第二大经济体，我国进出口规模已经达到了世界第一，具有一定的竞争优势，我们应该顺应时势的变化，在结构调整的关键时刻，仔细研究相关的改革和管制应该怎样调整，这是为外向型实体经济发展服务的，也是我国居民对自己的财产进行管理配置的客观内在要求。

审时度势、权衡利弊，进行具有前瞻性的、综合配套推进的改革

国际贸易、投资环境出现了新一轮区域化和不同形式的一体化的趋势。比如，跨太平洋伙伴关系协议（TPP），其准入前国民待遇的标准很高，要求也很严格，但其发展趋势究竟怎样、我们是否参与其中，都是还需要探讨的问题。现在有一部分人的观点提出不应该参加，因为这个协议对我们的约束太多；但也有一种担心，当未来我国周边市场组成部分都参与进这个协议中来，而我国不参与的话，会有负面影响。这就需要我们从各方面去衡量利弊，探讨应该怎样应对这个发展趋势。

伴随着新一轮区域化和不同形式的一体化的发展，一些机会也出现在我们面前。比如，在我国更深入地融入全球化的同时，国际市场也对我国货币的便利程度提出了一些客观要求。IMF 就曾经提出过接纳人民币进入特别提款权（SDR）篮子，也有相当一部分国家支持这个提议。然而我们的条件还不成熟，有些国家持有人民

币，但是人民币仍不可自由兑换，这也是货币政策二司在推进人民币国际化过程中遇到的一个现实困难。我们现在也发展了离岸市场，在境外离岸中心解决这个问题。我们将在岸和离岸分开，希望通过在在岸和离岸之间开辟通道以在一定程度上解决人民币兑换的问题，这也是我们未来发展的一个趋势。以此来反思我们的改革，怎样做出前瞻性、制度性的安排，是我们在研究中始终需要考虑的问题。

对宏观调控，我们一直秉持着综合配套推进的理念。笔者个人认为，当中国真正实现资本账户可兑换的时候，相关的汇率、利率的改革都应该已经基本到位了。如果汇率、利率的改革还没有到位，那么其实资本账户可兑换的时机还没有到。这个时机需要我们等待多长时间？这没有办法给出一个精确的答案，需要各项改革综合配套推进，这个时间的长短还需看相关各项改革的进展。贷款利率市场化已经推出虽然还保留了住房利率管制，但也已经迈出了很大一步。从中国的改革历史来看，渐进式的、成熟一项推出一项、互相配合的改革总体上是成功的，我们没有选择迈出一大步，但是几项改革始终在小步推进的过程中。这样的改革对宏观调控也是有帮助的，如果实现了资本账户可兑换，我们的货币政策就更加透明，因为人民币持有人的范围已经不只是中国居民而且扩大至全世界了。这对我们提高调控的有效性和降低通货膨胀预期都是有好处的，因为在人民币实现可自由兑换后，市场对我们的货币供应量、货币规则更加可预期可判断，而且通过互相兑换，也可以调剂资源，这样就使货币政策更加稳定。

资本账户开放的新环境与相关改革的时间顺序

在考虑资本账户开放问题时，我们最关注的是短期资本跨境流动。因为长期资本的流入和流出都是与实体经济相关的，无论是中国还是其他国家的对外直接投资（FDI）都证明了这一点。对短期资本流动，我们以东南亚危机中中国香港地区为例，香港应对东南亚危机的一个经验就是他们建立了跨境资本流动的监测预警体系。我们这几年也一直在推进建立这样的体系，现在在应对危机方面已经有了很大进步。在这个体系健全以后，我们可以监测到资金的流向，特别是流入的资金进入哪些领域或环节及其用途和状态。如果流入的资金在宏观上不会造成大的风险，那么就认可它的流动；反之，如果发现有不断增加的资本流入且集聚在某些行业或方面，那么随后就可以对这个监测结果进行研究，找到是哪些行业的高利润吸引了众多的资金集聚，并及时采取有效的宏观调整。对短期资本流动的宏观调控有许多手段，如托宾税、无息准备金等。在这次危机后，资本账户管制概念已经出现了一些变化，认为各个主权国家都可以管制短期资本，即使已经宣布了资本账户开放、可自由兑换，在国家利益需要的时候也还可以把短期资本重新管制起来。这是这次危机后发生的一个大改变，使资本账户开放的含义与华盛顿共识有所不同，成为一个有弹性的、可调节的制度安排，管制与开放不是完全对立的，是辩证结合的。在这一轮金融危机以后，发达经济体也不能完全履行过去的华盛顿共识了。这种情况对我们是比较有利的。

作为一个大国经济体，我们首先要保持货币政策独立性，这是毫无疑问的。但同时，在"不可能三角"中，汇率稳定和资本完全流动也达不到极端程度，我们处在这三个边的中间位置，而不是靠近角的顶点。汇率、利率的市场化进程还没有到达终点，仍在不断推进的过程中。笔者个人认为，我们目前研究资本账户可兑换的条件、时机都比过去要好得多。我们在研究当中不断地将正反两方面各派学者的观点跟踪归纳，也承认大家提到的这些弊和利都是客观存在的，但在政策研究中，更重要的是在错综复杂的利弊中权衡。只要利大于弊，我们就要在政策上考虑是否提出建议。如果一项政策要等到这项政策有利无弊的时候再提出，那么往往在等待时机的过程中已经错过了机会。我们进行研究、制定政策时也在关注着理论界、实务界的国内外专家从不同角度对这个问题的看法。

在推进的过程中，我们还是选择一步一步地稳健进行，对资本项下的各个项目也是分步推进。我们会首先考虑实体经济，接着再考虑金融市场。金融市场方面也是考虑实体经济在金融市场的需求，比如说不仅允许国外资本进来发行债券，也要允许我国的资本出去发行债券，这是对等的；同样，不仅要允许我国的个人出去投资，也要允许国外的个人进来投资。笔者认为，对放开短期资本和投机性的资本特别是与衍生产品有关的资本，还是要慎重，从条件上、秩序上都应该有更严格的要求，并且在时间上要把这方面的改革向后放。我们目前主要的努力方向是借鉴各位学者、各方面专家提出来的意见和建议，考虑如何把弊端控制在最小的范围内。所以，我们希望按照从实体到市场，最后到短期资本的调控和管制的顺序，逐步进行相关改革，推动资本流动便利化。

资本项目开放的路线图与人民币跨境流动 *

马　骏　刘立男 **

关于资本项目开放的必要性，已经基本形成共识，我们觉得无须花太多时间赘述。下一步的主要问题是应该如何规划资本项目开放的具体步骤，才能做到既推动中国参与金融全球化，又能控制住每一个阶段中宏观经济和金融市场所面临的风险？我们在《人民币走出国门之路——离岸市场发展和资本项目开放》① 一书中曾经论述了今后三至五年资本项目开放的总体框架和基本内容，但对短期内应该进行的具体改革措施尚未开展讨论。本书试图提出在今后一两年内应该操作且风险可控的一些具体改革措施，尤其是关于如何扩大人民币在资本项目下跨境流动渠道的建议。

我们认为，下一步资本项目开放的方案设计至少应该考虑以下两方面的因素。第一，与许多不能或不追求（多数是不能，也有些是不愿意）本国货币国际化的中小经济体不同，中国的资本项目开放将伴随着人民币国际化程度的显著提高。这就要求中国既要对个人、企业和境外机构逐步实现币种之间（人民币与外币之间）的可兑换，又在更大的范围内允许人民币的跨境流动。这两类改革措施的排列组合（优先次序）应该有助于稳步开放资本项目，同时保证风险的可控性。第二，中国要实现人民币的国际化，应该借助于发展离岸人民币市场，而离岸市场的流动性不足是目前阻碍其继续

---

* 本文原题为《资本项目开放的次序与人民币跨境流动》，系作者于 2013 年 2 月向中国金融四十人论坛提交的交流文章，发表于 2013 年 2 月 4 日出版的《21 世纪经济报道》。本文的部分内容来自作者在 2012 年 9 月份写的《关于提升人民币离岸市场流动性的若干建议》和 2012 年 12 月在三亚国际金融论坛上的发言。

** 马骏，中国金融四十人论坛成员、德意志银行董事总经理、大中华区首席经济学家；刘立男，德意志银行固定收益策略师。

① 马骏、徐剑刚等著，中国经济出版社，2012 年 6 月出版。

发展的主要瓶颈。如何在资本项目开放的过程中消除这项瓶颈，也应该是下一步改革方案设计的重要目标之一。

从政策替代性看资本项目开放的次序

从理论上说，资本项目开放有两条路径，一是允许人民币与外币之间的自由兑换（A类改革）；二是允许人民币自由跨境流动（B类改革），当然在现实操作中应该是这两类改革的许多不同步骤的组合。如果人民币可以自由跨境流动，比如境内人民币可以自由汇出到境外（如香港），而香港没有汇率管制，则出境后的人民币就能实现完全的可兑换。从这个意义上来说，允许人民币自由跨境流动的改革在一定程度上与允许人民币与外币之间自由兑换的改革之间有一定的替代性。

因此，在资本项目开放的路线图的设计上，就面临一个在两类改革中如何选择具体步骤加以排序和组合的问题。为了讨论方便，我们先将两类开放的可能步骤归纳成如下表格（见表1），其中许多细节将在下文解释。

表1　资本项目开放的具体步骤和组合

路径 A （允许人民币与其他货币之间的可兑换）	路径 B （允许人民币在资本项下跨境流动）
提高居民个人兑换外汇的额度，最终取消额度限制	允许境外银行以汇票为质押从境内银行间融得人民币，并将融得的人民币汇出境外
给予一定额度，允许居民企业无理由换汇；额度应逐步提高，最终取消限制	允许境外银行以点心债为质押从境内银行间融得人民币，并将融得的人民币汇出境外
逐步扩大 QFII，最终取消额度限制	允许境外参加行以境内债券为质押从境内银行间融得人民币，并将融得的人民币汇出境外
逐步提高非居民无理由换汇的额度，最终取消管制	允许境外银行和企业在境内发熊猫债，并汇出人民币

路径 A （允许人民币与其他货币之间的可兑换）	路径 B （允许人民币在资本项下跨境流动）
逐步扩大非居民可购买的境内人民币金融产品的范围	允许境外参加行在境内银行间债券市场发行大额可转让存款证（CD），并将融得的人民币汇出境外
逐步放松对外债的管制，从额度控制改为以审慎比例为基础的控制	允许企业进行跨境人民币贷款（案例：上海）
允许境内银行在资本项目下换汇，支持其外币贷款和向境外贷款	允许个人向境外汇出一定额度的人民币，额度逐步提高
	允许企业向境外无理由汇出一定额度的人民币，额度可逐步提高
	允许境内投资者投资于境外人民币债券市场
	提高香港居民按 CNY 兑换人民币的额度
	允许其他人民币离岸市场的居民在一定额度内按 CNY 兑换人民币
	扩大 RQFII
	扩大三类机构进入银行间市场投资的额度
	允许境外银行向境内企业提供人民币跨境贷款（案例：前海）

我们认为，路径 A 和 B 之间的可替代性，可以在一定程度上帮助决策者判断两类改革的优先次序和相互协调关系。具体的政策含义如下。

（1）如果某种 A 类改革已经到了相当程度，让某些 B 类管制从经济意义上来说在事实上基本失效，那么放开相应的 B 类管制就不会对经济和金融产生大的冲击，因此可以较快地取消对 B 类管制。下面举 3 个例子，它们都属于 A 类改革已经进行，B 类改革可以加快的情况。

①允许个人向境外汇出人民币。比如，境内居民每人可以换外汇 5 万美元（A 类改革）并汇出境外，那就意味着这 5 万美元

如果到了香港，可以随时换成人民币，就相当于事实上已经允许每人将 32 万元人民币汇出境外（B 类改革）。因此，允许每人每年向境外汇出 32 万人民币的改革（B 类改革）不会对资本流出的总量产生大的影响，因此不会对宏观和金融稳定造成大的冲击，可以尽快实行。这是因为，那些十分希望将人民币汇出境外的个人在目前体制下就可以实现这个目的（只要将美元先汇到香港，然后在香港换成人民币即可），如果允许他们直接将人民币汇出，一般不会导致资金流出总量的大幅变化，更多的变化是流出资金的币种构成（人民币占比会提高，外币比重会下降）。而这个比重的变化则正是我们所希望看到的、有助于提升离岸市场上人民币流动性的变化。

②允许企业向境外汇出人民币。再比如，目前，企业获批将一定数量的人民币换成外币并汇出而进行境外直接投资（A 类改革）已经比较容易。

与以上所谈的个人的案例类似，对企业来说这种 A 类改革在事实上与允许其汇出相应数量的人民币（B 类改革）是类似的，因此允许其汇出人民币的改革不会对资金流出的总量产生大的影响，可以尽快实行。

③向内地投资者开放境外人民币市场。QDII 已经实行了许多年，国内的投资者可以通过 QDII 渠道将人民币兑换成外汇并投资海外的股票和债券。这属于我们定义的 A 类改革。与这类改革相应的 B 类改革是允许中国投资者投资境外发行主体发行的人民币证券（比如在香港发行的点心债，和以后在台湾发行的宝岛债）。从投资者角度来说，这两类改革有类似性，都是对外投资，只不过用不同的币种而已。既然前者已经开放，后者对前者有一定的替代性，就表明开放后者不会带来对跨境投资总量的巨大变化，风险是可控的。

除了上述的未来改革选项之外，实际上在过去几年已经实现的若干改革中，已经成功地运用了 B 类改革对 A 类改革的复制。比如，开放 RQFII（B 类改革）就是对开放 QFII（A 类改革）的复制，放开人民币FDI（B类改革）就是对以外币计价的FDI（A类改革）的复制。这些案例用事实证明，在A类管制已经松动之后，解除同一领域中的B类管制有助于推动人民币国际化，同时其风险是比较有限和可控的。

（2）在同一领域，如果A类和B类的管制都没有开放，应该先开放哪个？我们认为，应该首先选择有较明显的市场需求且风险比较容易识别和控制的类型，针对这一类型的管制启动改革。如果在市场需求和风控方面没有太大区别，就可以同步试点和推进改革。

比如，允许（A）境内银行用人民币购汇并提供跨境外币贷款，和允许（B）境内银行直接向境外提供人民币贷款相比，对境外借款人来说经济效果是类似的（当然成本可能有所不同）。但从操作上来说，境内银行通过向境外参加行提供人民币贷款的风险更小。第一，境内银行向境外参加行提供人民币贷款，所面临的是银行对手风险，这个风险一般要小于境外企业作为借款人的对手风险；第二，大型的境外参加行一般都在境内有分支机构，即使出面借款的境外分行可能有违约风险，参加行碍于保护其境内机构运行的考虑，不到万不得已的情况下不会违约；第三，提供跨境人民币贷款，与直接向境外提供外币贷款相比，可以减少汇率风险；第四，根据我们了解，境外参加行从境内银行间市场融入人民币的市场需求已经存在。从这几个方面的比较来看，我们有必要首先考虑推进银行间的跨境人民币贷款业务。

离岸市场发展对跨境人民币流动的要求

最近一年以来，人民币升值预期大幅减弱，进出口的增长速度也比高增长年份明显减缓，离岸市场依靠人民币贸易结算业务来积累人民币流动性的空间越来越小。

我们的估算表明，如果仅仅依靠贸易渠道输出人民币，境外人民币流动性只能达到二三万亿元，而人民币要成为真正意义上的国际货币，承担贸易结算、投资、融资和储备货币的功能，境外持有的人民币至少应该达到二三十万亿元人民币。因此，不开放资本项下人民币的跨境流动渠道，下一阶段离岸市场就可能长期停滞不前，人民币国际化的步伐也会明显放慢。

另外，在不久的将来，随着台湾的人民币清算体系的建立和其他政策的明朗化，台湾的人民币离岸业务估计会有长足的发展。据调查，出于资产分散化和人民币对台币长期升值的预期，40%的台湾居民有意向开人民币存款账户。与香港居民相比，目前台湾居民（尤其是高端银行客户）对人民币的需求量将更大。从需求面上来看，台湾的人民币存款可能在不远的将来增长到2000亿元人民币（目前香港的人民币存款为5600亿元）。许多原来在香港开了人民币账户的台湾居民和企业很可能将香港的人民币存款转移到台湾。如果离岸市场没有新的引入人民币流动性的机制，香港的人民币流动性就可能萎缩，离岸市场的人民币利率也可能被进一步推高。基于以上问题，在进行资本项目开放的"总体设计"时，我们除了从以上（第二节）所谈的政策替代性角度看优先顺序之外，还应该从帮助离岸市场人民币流动性稳步增长的角度来考虑。

开放跨境人民币流动的改革，从流向来说可以分为两类。一是允许人民币更自由地从境内向境外流动的改革，二是允许人民币更自由地从境外回流境内的改革。从发展离岸市场的角度来看，两类改革的速度必须协调。如果流出渠道远比回流渠道更为畅通，流出速度远高于回流速度，离岸市场的人民币流动性过快增长，会出现流动性找不到足够投资产品、收益率过低的问题。如果回流渠道远比流出渠道更为畅通，回流速度高于流出速度，则离岸市场的人民币流动性就可能会停滞不前甚至萎缩。从过去几年的经验来看，香港离岸市场在2009~2010年面对的是流动性远多于产品的问题，而最近一年以来出现的、越来越严重的则是流动性不足的问题。

目前，在离岸市场上人民币的来源主要靠人民币进口结算，资本项目下的人民币流出除了ODI之外基本没有其他有效渠道（如对外项目融资虽然在理论上可以操作，但实际需求有限）。另外，流动性向内地回流渠道已经明显多样化，包括人民币出口结算、国内机构香港发债、人民币 FDI、三类机构投资境内银行间债券市场、RQFII 等。这就形成了一个回流内地容易但流入离岸市场相对困难的"不对称"政策环境。在一年多以前，由于人民币进口结算增长势头还很猛，而几种回流渠道刚刚开始建立，人民币离岸市场流动性得以快速增长。但是随着近来人民币进口结算的减速，"不对称"的政策环境就成为离岸市场发展停滞的重要原因之一。

我们的建议是在今后一段时间里，应该适当地控制回流的速度，对国内机构到香港发债、RQFII 等在现有的额度内应控制具体操作的节奏。同时，更为重要的是应该加快扩大人民币在资本项下出境的渠道。关于人民币在资本项目下出境渠道的具体改革建议见下一节。

关于拓宽人民币跨境流动渠道的十项具体建议

我们建议采用一系列放松对人民币跨境流动管制的改革措施，包括扩大企业跨境人民币贷款，允许境外参加行在境内银行间市场融得短、中、长期人民币资金并汇出境外，允许个人和企业在一定额度内汇出人民币等措施，来推动人民币离岸市场发展和提升人民币国际化的程度。具体建议如下：

（1）扩大企业跨境人民币贷款的试点范围。最近上海对若干跨国公司试行的在一定额度内允许向境外关联企业提供跨境人民币贷款，是人民币资本项目进一步放开的积极政策。它不仅能帮助跨国公司更有效地管理自有资金，同时有助于弥补境外市场人民币流动性的不足。我们建议，上海的试点项目应该扩展至境内其他省份和地区。同时，试点的范围应该扩大到中资企业和金融机构。对金融机构（如银行）来说，应该允许同一母行下的分支机构之间提供跨境人民币贷款，贷款额度由人民银行制定管理办法。同一母行下分支机构间的跨境人民币贷款的好处在于它不涉及对手风险，因此比较容易操作。

（2）允许境外市场的人民币业务参加行以商业票据（包括人民币信用证）向境内商业银行转贴现，获取短期融资。这在境外市场人民币流动性紧张的状况下，有助于银行为境外企业提供人民币贸易融资及其他短期融资。

（3）允许境外参加行通过境内代理行从境内银行间同业市场上拆借人民币，并汇出境外。应该免去对此项交易的真实贸易背景的要求。短期内可以沿用目前银行间拆借不超过代理行存款1%的规定，以后可以逐步将限制放宽到2%或以上。另外，应该将拆借的期限上限从1个月提高到6个月、12个月。

（4）对已经获得境内银行间债券市场投资额度的参加行，允许这些机构用持有的境内债券进行债券质押式回购交易，从而使这些参加行能获得额外的人民币流动性，并汇出境外，以增加境外离岸市场的流动性。

（5）对持有点心债的境外参加行，允许其用所持点心债到境内银行间市场进行质押式回购交易，并允许将借入的人民币资金汇出境外，以提升境外的人民币流动性。PBOC、HKMA、中债登、CMU、CFETS等机构应该就允许跨境质押回购做法律和技术上的安排。

（6）允许境外参加行在境内银行间债券市场发行大额可转让存单（CD），并允许将融得的人民币汇出境外。CD业务在国内还没有启动，但可以从境外参加行开始试点，因为这些机构已经有在香港发行和交易人民币CD的经验。在开始阶段，可以采用一定的审批程序来控制规模。

（7）允许境外参加行在境内银行间债券市场发行熊猫债，并允许将融得的人民币汇出境外。设置一定的审批程序来控制规模和速度。

（8）提高香港居民个人按CNY汇价兑换人民币的额度，比如可从每天2万元提高到10万元。

（9）允许境内个人和企业向境外汇出与目前的美元额度相应

的人民币。比如，目前个人已经可以每年汇出 5 万美元，就应该允许其汇出 32 万人民币（等于 5 万美元乘以汇率）。再如，假设某一企业已经获批可汇出 100 万美元，就应该允许其汇出 625 万人民币。

（10）建议由人民银行、香港金融管理局和中国银行香港分行协调，在离岸市场出现突发性人民币流动性不足的情况下，为金融机构提供短期流动性（当天）的安排。具体细节的讨论见下一节。

为了保证人民币流动性，香港应该做什么

最近一段时间，香港许多金融机构普遍感觉到人民币流动性不足正成为离岸市场发展的重要瓶颈。这种瓶颈的约束至少体现在如下几个方面。

第一，流动性不足严重制约了国外企业使用人民币进行贸易结算的意愿。由于流动性不足，一旦某银行的一个企业客户延迟支付，而该银行无法以合理成本在市场上融得足够的人民币，就可能出现对银行其他客户的延迟支付。对企业来说，出现支付被延迟的可能性将影响其公司的信誉和业务关系。因此，由于人民币流动性没有保证，不少跨国公司更倾向于用美元进行贸易结算，因为用美元结算基本不存在流动性不足导致支付被延迟的风险。

第二，由于流动性不足而导致的支付延迟的风险较大，银行就更倾向于囤积流动性，以避免这种风险。这就造成了一个恶性循环：流动性越不足，银行就更不愿意对外提供流动性，使流动性不足的情况更加严重。

第三，由于流动性不足，较大规模的短期融资需求就可能导致离岸市场上人民币利率的飙升。离岸市场上人民币利率上升过快、大幅波动和由此而来的不确定性会明显制约境外对人民币的融资需求，包括发债需求和贸易融资的需求。

第四，流动性不足制约了人民币的第三方使用。人民币国际化的一个重要方面是实现更多的第三方使用。第三方使用的最典型例子是非中国企业在香港融得人民币，通过交叉货币互换（Cross-

Currency Swap，简称 CCS）换成其他货币在中国之外的地区使用。而如果离岸市场的人民币流动性不足，导致利率和汇率的很大波动，会推高 CCS 的成本，从而制约第三方使用。

香港之所以会出现由于流动性问题导致的支付延迟的风险，一方面是由于人民币流动性总规模停滞不前，另一方面是由于缺乏在紧急状态下为金融机构提供短期人民币流动性的体制安排。目前境外参加行在境外获取人民币流动性的方式有四种：

（1）银行间外汇掉期市场，即以外汇（美元）与人民币进行掉期操作，相当于以外汇为抵押获取人民币的融资方式。这是最活跃的融资方式，日平均交易量达 18 亿 ~26 亿美元，期限有当日、隔夜到一年。

（2）银行间人民币拆借市场，期限有当日、隔夜到一年，目前有十三家做市商，但考虑到交易对手风险，目前拆借融资量较低。

（3）香港金融管理局的人民币流动资金安排。2012 年 6 月宣布向参与香港人民币业务的参加行提供人民币流动资金安排，金融管理局应个别参加行的要求，接纳合格证券作抵押品，向有关参加行提供 7 天人民币资金，结算日为 $T+2$，有关安排会运用金融管理局与中国人民银行之间的货币互换协议。2013 年 1 月，金融管理局宣布将结算日缩短到 $T+1$，这是一个重要的进步。但是由于资金结算仍需要一天，这一安排还难以完全满足贸易和投资资金的紧急需要。

（4）通过境外清算行直接借款，境外清算行向人民银行获取人民币流动性。进行跨境人民币贸易结算时，如果境外人民币市场不能满足的人民币敞口，通常可以由清算行通过跨境贸易结算额度获取人民币流动性。但是，非贸易项下资金需求目前出于对对手信用风险的担忧，很难从清算行直接获取贷款。

总之，目前只有外汇掉期市场存在一定的交易规模，但外汇市场的波动性和不确定性高，在流动性严重短缺的情况下，无法完全满足市场对短期人民币流动性的需求，也就是说以上四种方式都不能在市场失灵的状况下有效地稳定流动性供给。

我们建议有关部门考虑如下改革：①金融管理局与中国人民银行协调，利用货币互换协议，提供当天的流动性安排（$T+0$）；②金融管理局利用自有的人民币为市场提供当天的流动性安排；③清算行在香港的一个重要功能是提供流动性，这个功能在某种意义上属于公共产品，因此政策和监管当局应该研究相应的措施鼓励清算行满足非贸易项下的人民币资金拆借需求。

结　论

　　总体来说，我们认为扩大人民币跨境流动渠道的改革条件正在趋于成熟，即一旦这些新的跨境人民币流动渠道被打通，将会有效地引导更多的流动性进入离岸市场。具体来说，香港的人民币利率已经开始与内地趋同，在某些时点香港的某些产品的人民币利率会高于内地，构成了上述资本项下人民币流入离岸市场的动机。另外，香港之外的人民币离岸市场普遍抱怨缺乏流动性，也有向香港拆借人民币的需求。其中，台湾对人民币的新增需求将是一个推动改革的契机。此外，由于人民币升值预期减弱，CCS成本下降，第三方使用人民币的需求也在上升。

　　我们同时认为，由于外汇流出境外的许多渠道已经打通或正在打通，允许相应规模的人民币汇出境外不会导致资金流出总量的大规模变化（更多的变化是流出资金的币种的变化），因此国内金融和货币政策所面临的冲击是有限和可控的。另外，我们建议的所有改革，在初期都将受到一定审批程序和额度的控制，不必过度担心跨境人民币流动的失控。比如，参加行即使在几个月内用足1%的拆借额度，也就是8000亿元人民币，是国内M2的1%。在此规模之内的国内流动性的减少是比较容易用货币政策工具来对冲的。另外，从宏观层面上来看，在人民币汇率基本均衡和境内外人民币利率基本趋同的前提下，人民币跨境流动应该是比较稳步的，突然出现明显冲击境内银行间利率的大规模流动的可能性很小。

　　在最近就上述话题的讨论中，有人问如果允许更多的人民币流出境外,是否会增加中央银行的外汇储备,从而推高货币供应量?笔者在《人民币走出国门之路——离岸市场发展与资本项目开放》一书中已经比较详细地讨论了通过贸易渠道输出人民币对外汇储备和国内货币供应量的影响,结论是通过贸易渠道输出人民币确实会增加外汇储备,但因此带来的货币供应量的增量不留在国内,而是输出到境外。由此所增加的外汇储备所产生的对货币供应量的影响是不需要对冲的。现在的问题是,如果我们通过资本项目渠道(而非贸易渠道)来输出人民币,对储备和货币分别是什么影响?我们的结论是如果允许个人和企业将人民币汇出境外,或者让境外银行从境内银行间市场借款并汇出境外,这些交易本身并不涉及货币间的兑换(不是外币换成本币),因此不导致中央银行的外汇储备的增加。但是如果由于国内(货币供应量)流动性因此下降,市场利率因此上升,中央银行为了维持境内利率稳定可能需要用公开市场操作等手段释放更多的流动性,让货币供应量和利率回升到原来的水平。结论是这些交易对外汇储备和境内货币供应量的影响是有限的和可控的。

最后还应该强调,上述改革有重要的和长期的意义。资本项目开放是改革目标,但不能长期停留在概念化的讨论上,一定要从某些地方起步。我们认为,以上建议的措施就是有实际业务需求支持、风险可控的改革起点。对离岸市场来说是,这些改革将是"久旱逢甘露",将明显地提升流动性,有助于更多金融产品的推出,更好地满足全世界对人民币投融资的需求,也会促进贸易结算的进一步扩展,将人民币离岸市场的发展提升到一个新的阶段。

资本账户开放对跨境资本双向流动的影响 [*]

何　东 ^{**}

2012 年春天，中国人民银行调查统计司提议，中国资本账户开放可分三个阶段走，即短期（1~3 年）放松有真实交易背景的直接投资管制；中期（3~5 年）放松有真实交易背景的商业信贷管制，助推人民币国际化；长期（5~10 年）依次审慎开放不动产、股票及债券交易，逐步以价格型管理替代数量型管理。国家外汇管理局也表示，在"十二五"期间将会应中国的经济发展的要求而逐步开放资本账户。

虽然多数投资者认为，中国乐观的经济前景将继续支持人民币汇率，但也有人担心，放宽资本管制有可能会导致大规模的资本外流，从而对人民币造成贬值压力。本文探讨资本账户开放将如何影响中国的跨境资本流动和人民币实际汇率在中长期的走势。

投资存量的变动

国际经验显示，资本账户开放可促进跨境资本流动快速增长，从而导致各类跨境资本流动的存量(也就是国际投资头寸)显著上升。

我们发现，25 个发达与新兴经济体的总体经验表明，伴随着一个经济体的资本账户从最封闭进入最开放的状态，其对外直接投资和证券投资存量从平均相对 GDP 的 5% 和 3% 分别上升到 36% 和

---

* 本文系作者于 2012 年 3 月向中国金融四十人论坛提交的交流文章，后发表于《财经》2012 年（增）1 期。本文由香港金融管理局研究部课题组起草。课题组负责人：何东；课题组成员：张丽玲，张文朗，胡东安。

** 何东，中国金融四十人论坛特邀成员、香港金融管理局助理总裁。

52%。外来直接投资和证券投资存量也会经历类似的变化，但由于初始存量较大，增长相对较小。

然而我们也发现，国际投资头寸的波动普遍随着资本账户开放而上升。这表明，除了资本账户开放度以外，其他经济因素——如经济增长速度和金融市场深度——在决定一个经济体的跨境资本流动中也会扮演重要的角色。另外，国际储备货币发行国的跨境资本流动情况与非储备货币国家也可能有较大的不同。

假设到2020年中国资本账户已完全开放，结合国际经验以及中国未来基本经济状况的判断，我们通过计量预测模型的分析显示，中国的对外直接投资将会比来华直接投资增长得更快，但由于来华直接投资初始存量大，中国净直接投资头寸仍将处于负债状态。

我们预计，中国对外直接投资存量将从2010年相当于GDP的5.3%，增加到2020年相当于GDP的26.8%，这反映了中国企业走向全球的趋势，也部分反映了国内金融市场的深化，有助于国内企业从事国际并购。来华直接投资存量则从相当于GDP的25.1%，上升至相当于GDP的36.3%，反映中国金融市场发展，体制改进和经济环境进一步改善，将继续吸引外国投资者。净国际直接投资存量将在2020年仍然保持负债状况，约为GDP的9.5%（见表1）。

我们的分析亦显示，对外证券投资将较快增长，部分反映了国内投资者分散风险的愿望。我们预测，对外证券投资存量从2010年相当于GDP的4.4%，增加至2020年的28.6%，而来华证券投资存量将从相当于GDP的3.8%，上升至20.2%。对外证券投资存量将超过来华证券投资存量（见表1）。

一方面，外国投资者将因为中国金融体制的完善以及经济增长的前景乐观，增加他们在中国股市的投资。另一方面，中国和国外资产回报之间的差距将会因资本账户开放而收窄，可能削弱他们持有中国资产的动机。

表 1 对中国国际投资存量的预测

单位：10 亿美元

	2010 年		2015 年		2020 年	
对外直接投资存量	311	（5.3%）	1348	（11.7%）	5149	（26.8%）
来华直接投资存量	1476	（25.1%）	3397	（29.6%）	6968	（36.3%）
对外证券投资存量	257	（4.4%）	1273	（11.1%）	5474	（28.6%）
来华证券投资存量	222	（3.8%）	1030	（9.0%）	3876	（20.2%）
国际直接投资净值	−1166	（−19.8%）	−2049	（−17.8%）	−1819	（−9.5%）
国际证券投资净值	36	（0.6%）	244	（2.1%）	1598	（8.3%）
外汇储备＋其他项目净值＋误差	2847	（48.4%）	5277	（46.0%）	6292	（32.8%）
净国外资产头寸	1717	（29.2%）	3471	（30.2%）	6072	（31.7%）
中国的名义 GDP	5879		11482		19170	

注：括号内为占 GDP 的比例。

资料来源：IMF 国际金融统计，CEIC，作者估计数字。

根据上面所预测的各项跨国资本流动，我们可预测中国的净国外资产在中长期所带来的收入。基于作为经济合作与发展组织主要成员的经验，我们的研究显示，中国净投资收入与 GDP 比率将逐渐增加，从 2010 年的 0.5% 升至 2020 年的 1.2%。同时，我们预测中国的贸易顺差将逐步收窄，从 2010 年占 GDP 的 3.9% 下降至 2020 年的 1.7%。结果是经常账户盈余占 GDP 的比例将由 2010 年的 5.2% 下降至 2016~2020 年的 3.0%。

相应的，外汇储备、其他项目余额及误差将从 2010 年年底的 28470 亿美元增加至 2020 年年底的 62920 亿美元（见表 1）。外汇储备与误差占 GDP 的比例，到 2020 年将降至 32.8%。总净国外资产将从 2010 年相当于 GDP 的 29.2% 下降至 2020 年的 31.7%，而净国外资产的组合将会显著改变。

私人部门的净国外资产头寸在 2010 年处于负债状态，相当于 GDP 的 −19.2%，但于 2020 年将会变得更加平衡，相当于 GDP 的 −1.2%。中国政府将继续保持其净债权人地位，但所占总净国外资产头寸的份额将下降。

人民币实际汇率的变动

资本账户开放通过影响一个经济体的净国外资产，来影响其货币的实际汇率。一个经济体净国外资产的下降意味着净投资收入下降，从而拉低国内需求，降低本国产品相对国外产品的价格，给本国货币实际汇率带来一定的贬值压力。

另一个影响实际汇率的主要变量是相对人均收入。例如，因收入上升所产生的财富效应可推高非贸易品相对贸易品的价格，导致本国货币的实际升值。收入增加也可能反映国内相对贸易伙伴的贸易部门有更高的生产力，相应引起本国货币的实际升值（"巴拉萨－萨谬尔森效应"）。

基于上述对净国外资产的预测以及相关国际经验，我们分析了由资本账户开放导致的中国净国外资产的变动将如何影响人民币的均衡实际汇率，也就是与经济基本面相吻合的实际汇率到2020年会怎样变化。

我们的研究显示，资本账户开放对人民币均衡实际汇率会产生轻微的上行压力，这是因为中国净国外资产增速到2020年将基本保持平稳，相对GDP只上升2.5个百分点左右。

中国较强劲的经济增长前景则继续支撑人民币汇率。我们根据世界银行的预测，假设中国GDP于2012~2015年平均增长8%，而从2016年起年增长率为7%。如果同时考虑资本账户开放和未来经济增长两个因素，人民币均衡实际汇率将升值10%左右。这结果符合日本和联邦德国在资本账户开放的过程中货币实际升值的历史经验。

人民币成为国际储备货币如何影响资本流动和汇率

一个经济体的货币若要成为国际储备货币，其债券市场需要具有较大的规模以及充足的流动性。例如，在2011年，全球约有

60%的外汇储备投放在美国债券市场。我们假设到2030年人民币已成为主要储备货币之一，而中国的债券市值占GDP的比例将达到经济合作与发展组织成员的平均水平。

具体而言，假设中国的私营债券市值和总债券市值从2010年相当于GDP的15%和52%，分别上升到2030年的59%和116%。我们的研究显示，国际直接投资净头寸相比上述基准情形几乎不变，但证券投资净头寸会下降（见表2）。对外证券投资存量和来华证券投资存量到2020年分别将达到相当于GDP的35.1%和31.0%，高于基准情形下的28.6%和20.2%。

另外，2020年外汇储备和误差将达到69510亿美元，相当于GDP的36.3%，高于基准情形下的32.8%。中国的总净国外资产到2020年将达到相当于GDP的30.9%，与基准情形相差不大。在这种情况下，人民币均衡实际汇率与基准情形下的预测大概一致。也就是说，人民币国际化对人民币实际汇率不会带来太多额外的影响。

表2　对中国国际投资存量的预测（假设人民币成为国际储备货币）

单位：10亿美元

	2010年		2015年		2020年	
对外直接投资存量	311	（5.3%）	1347	（11.7%）	5142	（26.8%）
来华直接投资存量	1476	（25.1%）	3395	（29.6%）	6959	（36.3%）
对外证券投资存量	257	（4.4%）	1907	（16.6%）	6725	（35.1%）
来华证券投资存量	222	（3.8%）	1762	（15.4%）	5940	（31.0%）
国际直接投资净值	−1166	（−19.8%）	−2048	（−17.8%）	−1817	（−9.5%）
国际证券投资净值	36	（0.6%）	145	（1.3%）	785	（4.1%）
外汇储备＋其他项目净值＋误差	2847	（48.4%）	5341	（46.5%）	6951	（36.3%）
净国外资产头寸	1717	（29.2%）	3438	（30.0%）	5920	（30.9%）
中国的名义GDP	5879		11477		19152	

注：括号内为占GDP的比例。

资料来源：IMF国际金融统计，CEIC，作者估计数字。

结束语

以上分析告诉我们，资本账户开放将会导致跨境资本流动双向增长，不会出现资本单向外流一边倒的情况，资本流动存量也将更加平衡。这是因为，虽然资本项目开放后中国企业和居民会加大对外投资，但只要中国经济保持稳定较快的增长，外国企业和居民也会继续来华投资。人民币实际汇率的走势对资本账户开放并不很敏感，中国相对强劲的增长前景将继续支撑人民币实际汇率缓慢升值。

值得注意的是，我们的分析以一般国际经验为参照，而一个经济体的自身特点可能导致资本账户开放对其资本流动和汇率的影响相对一般情况会有所偏差。我们的分析注重人民币实际汇率的中长期趋势，不应理解为是对名义汇率短期走势的预测。

资本账户开放新路径：以本币主导 [*]

施琍娅 [**]

近期以来，关于资本项目可兑换的讨论甚是热烈。基本观点可以分为两派：一派是学术界部分知名学者为主的学院派。代表观点为：当前并非我国开放资本项目可兑换的最佳时机，中国不应因为某些国内行业和国际上的诉求而贸然开放资本项目，开放资本项目可兑换对我国经济的总体效益不高、风险更大；另一派是部分业内研究人士为主的实务派，主张抓住当前国际金融危机造成的有利时间窗口，以服务企业"走出去"为目的，统筹协调推动实现资本项目可兑换，并构建相应的风险防范体系。以从业人员的角度来看，笔者认为当前关于资本项目可兑换的讨论存在一些误区，希望借此文提出一些不同的思考视野，以供商榷。

误区一：资本管制等于汇兑管制

资本管制（Capital Control）是对资本跨境流动实施的管制，这种管制可以是对资本交易本身的管制（如对某些跨境交易实施核准制管理），也可以是对资金跨境流动的管制（如规定商业银行的跨境流动性比例管理要求）；而汇兑管制（Exchange Control）则是对不同货币间的兑换环节实施的管制，如对某些兑换活动实施核准制管理。一般情况下，有兑换管制的国家（主要是发展中和欠发达国家）一定有资本管制，但很多国家（主要是 OECD 国家）

---

　　* 本文原题为《当前资本项目可兑换讨论中的三大误区》，系作者于 2013 年 8 月向中国金融四十人论坛提交的交流文章。

　** 施琍娅，上海新金融研究院特邀专家。

没有兑换管制也有资本管制。更有许多已实现了自由汇兑的国家将资本管制纳入对金融机构的宏微观审慎管理中，通过设定不同的风险赋权和比例标准，来实施对跨境资本流动的管制。因为金融机构尤其是银行通常是资金跨境流动的枢纽，通过对银行表内表外业务在跨境业务上的比例设定是可以实现对跨境资本流动规模、方向以及期限的管制的。

因此在讨论资本项目可兑换问题中，应当对两者有清晰的定位，才不至于混淆有关讨论。实现资本项目可兑换并不等于放弃资本管制是有事实依据并具有可操作性的。

从我国的情况来看，既存在资本管制也存在汇兑管制。同时，由于我国超过85%的跨境资金流动以他国货币进行，我国对本外币汇兑行为的管制在很大程度上起到了资本管制的作用。自2009年7月启动跨境贸易人民币结算试点以来，以人民币计价结算的跨境交易稳步上升，由此出现了一个无兑换环节的人民币跨境资本流动的现象，为我们理解汇兑管制和资本管制提供了一个很好的实例，同时也为实现资本项目可兑换提供了一个备选路径，即以本币主导的资本账户开放路径。

误区二：本币资本跨境等于外币资本跨境

一直以来，我国的涉外经济活动都以他国货币进行结算，因此造成了大规模的外币跨境流动。这些跨境流动的外币在流入国内时需要兑换成人民币，在流出国门时又需要兑换成外币。这种频繁的兑换活动一方面加大了我国货币金融领域流动性的波动，另一方面也将我国的外汇储备与涉外经济活动直接挂钩。

从国际收支平衡表的分类和编制方法来看，外币资本跨境的初始大多作用于我国国际收支平衡表的"其他投资—资产—货币与存款"上，后续才可能转入直接投资或证券投资类资产。也就是说，因国际货币清算规律的作用，我国初始持有的所有外币都以"货币与存款"的形式直接或间接存放在该外币的发行国银行体系中。以美元计价结算的货物贸易出口和外债借用还为例。我国出口收到的美元，如果企业选择持有，则体现为：境内银行吸收的企业美元存款增加→境内银行存放境外同业美元存款增加→最终结果的宏观表现为国际收支平衡表中的"其他投资—资产—货币与存款"增加；如果企业选择卖给银行，银行选择持有或出售给市场（他行或央行买进），则体现为：境内银行存放境外同业美元存款增加（银行选择持有或出售给他行）→最终宏观表现为国际收支平衡表中的"其他投资—资产—货币与存款"增加，或者国际收支平衡表中"储备资产"增加（央行买进时）。就美元外债而言，企业借用美元外债，最初体现在国际收支平衡表中为"其他投资—负债—获得外国贷款"，但当企业提用该笔贷款存入境内银行备用时，即转为该境内银行吸收的美元存款，并导致其存放境外的同业美元存款增加，最终在国际收支平衡表中的"其他投资—资产"方的"货币与存款"增加；当企业动用该笔借款用于对外支付时，我国银行存放境外的同业美元存款下降，国际收支平衡表中"其他投资—资产—货币与存款"下降；当企业归还外债时，也体现为企业层面"其他投资—负债—偿还外国贷款"和境内银行吸收的美元存款下降以及存放境外的同业美元存款下降，最终在国际收支平衡表中的"其他投资—资产—货币与存款"的下降。

如果上述涉外经济活动以人民币计价结算，则情形完全不同。同样受国际货币清算规律的作用，所有人民币包括境外人民币都最终存放在我国境内银行体系中，并以我国银行账户间的借贷记动作在我国完成最终结算。因此，以人民币计价结算的所有经济活动的最终作用点是在我国国际收支平衡表中的"其他投资—负债—货币和存款"上，后续可能转为直接投资或证券投资类负债上。仍以上述讨论为例，当企业出口收人民币时，体现为境内结算银行吸收的境内企业存款增加，境内代理银行吸收的境外同业人民币存款下降，反映在国际收支平衡表中则表现为"其他投资—负债—货币和存款"下降；当企业借用境外人民币贷款时，表现为企业层面"其他投资—负债—获得外国贷款"的增加，但同时对应反映到境内代理银行吸收的境外同业人民币存款下降，并最终反映到国际收支平衡表中的"其他投资—负债—货币和存款"下降；当企业归还境外人民币贷款时，则体现在国际收支平衡表中上述栏目的增加。

由此可见，从国家整体层面上来认识，本币资本跨境流动属于负债变动，而外币资本跨境流动则属于资产变动。这就是本国货币国际化所带来的最大区别。因此，在讨论资本项目可兑换以及资本账户开放时，需要厘清以外币主导还是以本币主导，弄清细节对讨论观点的形成和结果非常重要。

误区三：资本项目可兑换等于资本账户开放

在搞清前面两个误区的基础上，来讨论这个误区就相对容易了。

在编制国际收支平衡表时，我国通常将居民与非居民间的交易归入三大类，即经常账户、资本账户和金融账户。经常账户中包括四小类，分别是货物贸易、服务贸易、收益及经常转移；资本账户包括两小类，分别是资本转移以及非生产、非金融资产的收买与放弃；金融账户则包括三小类，分别是直接投资、证券投资以及其他投资。人们通常所称的资本项目或资本账户实质上是指金融账户部分。如果我们观察金融全球化的路径，不难发现，金融全球化就是以金融账户中的三小类为路径来推进的。从全球资本流动方向来看，金融全球化的推进无论以何种形式的投资发生，初始资本流动均发生在从资本富裕国家向资本匮乏国家的流动上。此时，对资本富裕国家（主要为发达国家）来说，他们的诉求是资本项目可兑换，因为他们会拿自己的本国货币资本来投资，可兑换意味着对他们的本币投资提供了结算便利和回收便利，不可兑换则风险过大，可能降低收益。而发展中及欠发达国家这边，则需要通过对资本可兑换的限制来保护本国经济免受外币资本大进大出带来的双重冲击（兑换对汇率的冲击以及进出对本国流动性的冲击），维持兑换管制成为必要的风险防控手段。这是发展中国家在自身货币不具备国际清偿能力下的一种无奈选择，也是不合理的国际货币金融体制强加给发展中国家的外部环境使然。因此才会有"没有一个发展中国家的金融开放是成功的"这句谶语。因为，没有一个发展中国家能够以本币来实现金融开放，也就是我们通常所说的资本账户的开放。

在此基础上来理解资本账户可兑换和资本账户开放，我们还是可以发现有些许区别。笔者以为，就我国现时的情况而言，资本账户可兑换是指在外币主导国际收支情况下的资本账户开放。当一个国家或经济体的国际收支主要以他国货币发生时，就需要通过可兑换安排来实现资本账户的开放。而此时的资本账户开放度与资本项目的可兑换程度是高度挂钩的，越开放风险越大，因为，外币资本的大量进出需要通过兑换来进出本国市场，要不然就得选择本国经济运行的外币化。换个角度来思考这个问题，我们或许可以给本币以更大的空间，通过提升本币在国际收支币种结构中的占比来实现本币主导的资本账户开放。此时外国资本进出我国以人民币发生，整个过程就是将持有的人民币存款转换为各种人民币计价的金融资产或者这些金融资产转换为人民币存款而已。人民币本就是我国发行的货币，在国际货币清算规则的作用下又都存放在我国，我国金融市场的深度和广度决定了我国资本账户开放中的风险吸纳能力。从统计分类角度来看，资本账户的开放也就是在我国的 M1、M2……Mn 中将有部分被境外持有而已，有资产价格风险而无币种错配风险。事实上，从人民币国际化进程启动以来，在上述统计指标中就已经存在境外因素了。

关于风险。这是一个围绕资本项目可兑换讨论中触及最多的议题，恐怕也是当前决策层最费周章的问题。笔者以为，学院派观点中有一点值得考虑，就是开放的路径。开放的路径决定了风险的状况。所谓"细节决定成败"。在此，我提出以下观点供商榷：当前应大力推进人民币跨境使用，取消一切影响实体经济使用人民币开展跨境经济活动的显性和隐性桎梏，大幅度提升人民币在国际收支币种结构中的比例；同时，面向境外人民币开放投资境内金融市场，并以此作为资本账户开放的主要路径安排。如此，从风险程度来看，企业层面得以用本币结算其跨境经济活动可以避免汇兑损益风险和资产负债存续期间的币种敞口风险。从金融角度来看，立足本币的金融市场开放以及金融机构的国际化经营，将形成我国的人民币对外负债和人民币境外债权，降低了市场运行和机构经营中的币种错配风险，并同时扩大了国际市场份额；且由于有货币发行权作保，人民币对外负债的风险管理可以集中在财政稳健领域而无须通过对实体经济活动的限制来进行。从国家角度来看，外汇储备得以脱钩规模庞大的涉外实体经济活动，资产管理可以更加专业化、精细化；人民币获得了国际清偿能力，对金融全球化的参与由"他国货币主导的客场"转为"本国货币主导的主场"，宏观币种错配问题得以解决。此时，再来考虑资本项目可兑换的全面放开，不失为稳妥之举。因为，客观上，随着境外持有人民币的增多，兑换活动将大量地发生在境外而非境内，就如当今的美元。

未来推进资本项目可兑换的重点 [*]

丁志杰 [**]

我国对外资产负债结构的典型特征是对外资产以官方储备为主，对外负债以外商直接投资为主。截至 2011 年年底，我国 69% 的对外资产是官方储备，61.3% 的对外负债是外商直接投资。形成这种结构的主要原因是长期实行以出口和利用外资为主的对外开放模式以及与之匹配的宽进严出的资本项目外汇管理体制，尤其是对国内机构、企业和个人的资本流出严格限制。

对外资产负债结构的扭曲造成严重的低效益。一边是低收益的资产，一边是高成本的负债，造成对外开放的效益低下。以 2011 年为例，我国对外净资产高达 17747 亿美元，但投资收益是 −268 亿美元，另外还有 855 亿美元的估值损失，累积亏损 1123 亿美元。因此，基于对外资产负债结构的优化，改革外汇管理体制，推进人民币资本项目可兑换，迫在眉睫。

2012 年是我国对外资产负债结构调整的关键一年。在质疑和批评声中，随着已有政策落实到位和新的改革举措出台，资本项目可兑换的进程也加快了。从 2012 前 9 个月的变化来看，对外资产负债结构得到明显的改善：

第一，从资产方看，官方储备的快速增长势头得到了有效控制，在对外资产中占比降至 66.7%。这主要得益于两个因素。一是 2012 年我国出台了一系列投资便利化举措，对外直接投资快速增长，净增加 582 亿美元，在对外资产中占比从 2011 年年底的 7.7% 升至 8.3%。二是 2011 年我国允许企业将出口收入存放境外，在 2012 年

---

 * 本文原题为《资本项目可兑换改革初见成效》，发表于《金融经济》2013 年第 2 期。
** 丁志杰，中国金融四十人论坛成员、对外经贸大学金融学院院长。

汇率双向波动特征明显的情况下，这一政策给企业开辟了在境外持有外汇资产的渠道。

第二，从负债方看，尽管外商直接投资还在快速增长，但在对外负债中占比却降至 60.7%。这主要得益于 2012 年大幅度调高的 QFII 和 RQFII 额度，从而使外国证券投资规模从 2011 年年底的 2485 亿美元增至 3131 亿美元，在对外负债中占比也从 8.4% 升至 9.7%。

2012 年人民币资本项目可兑换的推进采取了积极稳妥的方法。由于存在不同的看法，可兑换改革主要采取的是疏通和拓宽现有的跨境资本流动渠道，而不是出台新的改革举措，来提高人民币资本项目实际可兑换的程度。例如，温州金融综合改革试验区在总体方案中推出个人境外直接投资试点，探索建立规范便捷的直接投资渠道，来释放积极的信号，简化对外直接投资的管理程序，放宽企业对外放款和银行对外担保的条件，以鼓励对外直接投资。

随着改革的推进，对人民币资本项目可兑换的疑虑也在逐步消除。过去社会对货币资本项目可兑换的看法是有误区的，往往把资本项目可兑换与外国资本甚至投机性资本流动联系在一起。货币可兑换的实质是赋予一国货币持有者更自由地在国内外货币和资产之间转换的权利。从我国现实来看，也主要是放松、取消国内机构、企业、个人持有外汇资产和境外资产的限制。而且，改革的方法也使可兑换的风险可控。

人民币资本项目可兑换还需要进一步深化。由于对外证券投资还存在较严格的限制，缺乏透明的多元的投资渠道，2012 年前 9 个月我国对外证券投资在对外资产中占比从 5.5% 降至 5%，而且绝对规模也出现了净下降。与之相对应的是，对外资产的增加主要体现在银行对外资产上，因为尽管非金融部门持汇意愿增强，但主要是增持在银行的外汇存款，在银行境内外汇放贷有限的情况下，银行只能被动地将多出的外汇以存款和同业拆借的方式存放在境外。

人民币资本项目可兑换改革还会继续推进。随着经济发展水平的提高和经济实力的提升,我国能够承受的可兑换程度也会提高。未来的重点依然是放松国内居民配置境外资产的限制,提高国内资本跨境流动的能力。特别是在证券投资领域,除了现有的 QDII 制度这种间接渠道外,应开放非金融部门直接在境外投资的渠道。与中国资本市场发展相适应,以完善 QFII 和 RQFII 制度为重点,适当放松外国资本进入的限制。在放松外汇管制的同时,加强跨境资本流动的监测,提高对跨境资本流动的宏观调控能力,以维护国家经济金融安全。

圆桌讨论：是否及如何设定资本账户开放的路线图与时间表？[①]

主持人：资本账户应该开放，大家在这个战略方向基本上没有异议。具体到战术问题，资本账户开放的改革应该如何操作？在节奏把握上，是"快刀斩乱麻"，还是循序渐进？资本账户开放应该遵循什么样的时间表？

丁志杰：相比时间表和路线图，可能还有很多更重要的问题。政府部门内部可以有时间表和路线图，但在和公众沟通时，要让公众知道这项改革的必要性和可行性。

首先，政府管理部门要提高对跨境资本流动的管理能力。开放不是完全可兑换、完全开放，而是在风险可控的情况下开放。跨境资本流动给发展中国家带来了一轮又一轮危机，未来的危机形式可能跟以往不一样，但它一定会出现。中国作为一个大国，要特别注意风险。

其次，政府要与市场和民众进行交流与沟通，因势利导地进行改革。

最后，改革的切入点很重要。放松管制实际上就是满足需求，它应该是源于中国居民的需求，而不是源于非居民的需求。所以，改革应该以居民为切入点。如果决策者选错了切入点，则改革可能

---

① 本部分圆桌讨论内容整理自中国金融四十人论坛于 2012 年 3 月 25 日召开的第 58 期"双周圆桌"内部研讨会及 2013 年 7 月 21 日召开的第 82 期"双周圆桌"内部研讨会。

在第 58 期"双周圆桌"内部研讨会上，CF40 成员李伏安、丁志杰、徐刚，CF40 特邀成员孙国峰、徐忠，CF40 特邀嘉宾、国家信息中心副研究员陈超等就资本账户开放是否及如何设定路线图与时间表进行了探讨。

在第 82 期"双周圆桌"内部研讨会上，CF40 成员袁力，CF40 特邀研究员张明，CF40 特邀嘉宾、中国人民银行货币政策二司副司长郭建伟等也就上述问题进行了深入的讨论。

得不到大家的支持。

李伏安：我们可以这样形象地理解资本账户开放：现在左右各有一个水池，两水池中间有一道闸门，资本账户开放就是放开这个闸门。两边的水是否形成冲击、冲击力度有多大，与闸门开不开没关系，而是与两边的水量有关系。在两边极度不平衡的情况下，打开闸门肯定会造成冲击。所以，不能简单地说，冲击与开不开闸无关。如果国内不搞好，或者外面冲进来的压力很大，打开闸门是会造成冲击的。但当两边压力的差距相对不大时，我们可以悄悄地将闸门向上提一点，让两边的水在下面暗暗流动，使两边的水量变得平衡。所以，我们不用探讨时间表和线路图，也不用说资本账户开放不开放、什么时候开放，但可以说我们会向前走，而且在条件允许时会加快向前走。

我感觉这个进程可能会在三到五年或者八年之内完成。十年之后，即使中国不曾宣布过开闸，资本账户开放也会自然地完成。如果我们现在就宣布资本账户开放，效果会非常有限。在非常复杂的情况下，如果我们还没有掌握其规律，就把所有规则都定得非常明确，就可能会引起混乱、造成失控。

徐　忠：国外经验值得借鉴。在印度，股票市场是比较开放的，但债券市场没有开放，因为债券市场跟货币政策的关联度大，所以他们在债券市场的开放问题上非常谨慎。

在中国资本项目开放的过程中，我们开放了一些不该开放的项目，例如，曾经允许外资在国内投资房地产。这让一些外国投资者都觉得奇怪：中国为什么对外资投资房地产管得这么松？房地产是我们还没有搞好的领域，这个领域对外开放，肯定容易出问题。

而现在的一些限制则可以取消，比如对个人对外投资的限制。俄罗斯、印度等国家宣布资本项目已经开放，其实他们那种开放程度我们也可以做到，我们只要取消一些限制，就可以宣布资本账户基本开放。取消这些限制，有几个方面的意义：第一，这表明中国对自己的金融体系稳定性有自信；第二，这会迫使中国推动对内改革，在一定程度上解决改革缺乏动力的问题，加速国内的改革。

徐　刚：我建议，从宏观决策转化为微观决策，把资本项目开放问题从宏观的政治决策转化成具体的经济政策。比如说，可以从 QFII 起步，再逐渐扩大。QFII 政策已经实施了好几年，外管局又新增了一批额度。QFII 实际上就是某种程度上的资本项目开放，当然，它还不是完全开放，还有在额度、范围、流入流出等方面的限制。我们能不能把资本项目开放的大问题转化成进一步放宽对 QFII 管制的小问题？能不能进一步放开额度管制、投资品种管制？能不能允许 QFII 更容易地汇出，让它们随时进、随时出？很多外国机构想要中国的 QFII 额度，马来西亚央行、挪威央行想买中国的债券。除了 QFII，还有 QDII。海外市场这几年形势不好，QDII 的规模一直不大，但只要坚持做，我们就能有所进展。

从路径图上来看，如果资本账户开放可以视同资本市场开放的话，那么今后继续扩大 QFII 和 QDII 规模，比如把 QFII 规模提高到 2000 亿，把 QDII 规模提高到 1000 亿 ~2000 亿，就能实现资本账户在一定程度上的开放。如果同时放开对 QFII 和 QDII 的资本流出管制，就可以在某种程度上实现资本账户的开放。所以，从路径图上看，应该充分利用资本市场的现有工具和方法推进资本市场和资本账户开放，这样也有利于这项开放政策的平稳推进和实施。

陈　超：我赞同徐刚的方法，我们可以先从扩大 QFII、QDII 的额度入手，看看国内外投资者的意愿；如果可行，那就再放得大一点，直至完全放开。这样做，可控性更强。

孙国峰：改革的节奏还是以渐进为好。人民币资本项目可兑换还是有一定风险的，这一点我们不能不考虑。俄罗斯央行副行长曾谈到，俄罗斯推进资本项目可兑换的政策和 1998 年发生的俄罗斯金融危机有一定的相关性，他提醒我们无论资本项目可兑换有多少好处，都必须注意风险。

具体先开放哪一些项目可以进行研究，原则上应当渐进开放。当然，渐进不是停滞，审慎操作并不意味着持续等待，但要注意节奏的把握，坚持循序渐进。

张　明：我认为资本账户开放不需要时间表。资本账户开放是随着国内外形势不断变化而变化的，如果设一个时间表，就是给外部一个承诺，这样就丧失了灵活性。当然，我们可以通过改变资本账户开放的定义来补充灵活性，但与其这样，还不如把资本账户开放做得审慎、渐进一些。我国汇率市场化和利率市场化都取得了一定进展，但是关键的改革还都没有实行，比如汇率中间价依然由央行确定，存款利率改革也还需要较长时间。利率和汇率市场化改革中会涌现新的风险，而资本账户管制恰好可以提供一个缓冲，缓解这些风险对宏观经济和金融市场的冲击。考虑到其他配套措施再度推进起来比较困难，既然我们要协调推进各项改革，资本账户的开放步伐就不妨缓一点。

袁　力：资本账户开放的进程可以设路线图，这样可以将我们的想法清楚地呈现给全世界。但是，其实资本账户开放进程不需要设时间表。我们什么时候进行资本账户开放的改革、将改革进行到什么程度，应该完全以我为主，掌握在我们自己手里，因时因需而动。

郭建伟：我赞同优先开放外商直接投资（FDI）的观点，其次要考虑外债。我主张在资本账户管理中一定要对外债进行宏观审慎的管理，现在外债管理方式的有效性在下降，是需要改革的。现在我们短期外债多，长期外债少，长短期错配，币种也错配，如果兑换时出现动荡以致不能兑换成功，就会造成很大危害，这些问题都要求我们建立宏观审慎的管理制度。

现在资本账户开放还在推进的过程中，并不是立刻就要全部开放，大的方向虽然已定，但具体计划还需时间去制定和调整，也还存在让很多专家、学者贡献其智慧的空间。所以，我认为将时间表和具体项目的路线图公布出来比较好，可以让感兴趣的专家学者们参照路线图的时间来决定研究内容。

如果路线图决定最先进行实体经济的改革，然后进行外债管理方面的改革，那么专家学者就可以率先研究实体经济改革涉及的事前管制和事后管制、微观管理和宏观管理、正面清单和负面清单的比较、管理便利化等问题和可能出现的风险，然后再去研究外债管理方面的问题。

既然大家在讨论中已经确定了总体方向是支持改革、管理风险，同时又不可能把所有事情规划清楚后再决策，那么为避免事情繁杂难以理出头绪，就可以利用路线图来提供一个将目标加以规划和细化的空间。

当然路线图也不宜过细，可以宣布一个主要项目和时间清晰的路线图，让大家去填充和细化。资本项目改革带来的是系统性的改革，不仅涉及金融，还涉及其他方面，有一个路线图提供给大家，能够渐渐使资本项目的改革在每一个细节上更具安全性。

尾声

资本账户开放如何趋利避害

2013 年 7 月 21 日，中国金融四十人论坛举行内部研讨会"如何对待资本账户开放"。与会人员具有很强的代表性，从身份上涵盖了政府、学界和金融界各界人士，从观点上邀请了持正方和反方各种观点的代表人士，中国人民银行调查统计司司长盛松成、北京大学国家发展研究院教授林毅夫、中国社会科学院世界经济与政治研究所研究员余永定和中国人民银行货币政策二司副司长郭建伟先后做了主题发言。经过讨论，与会人士就此问题达成的共识多于分歧。共识在于，资本账户开放不等于门户洞开，目前我国资本账户开放的条件相对较为成熟，关注的焦点应该集中在如何分清利弊、防范风险上；应该设置开放的路线图，与各项改革统筹协调、稳步推进。分歧主要在于，是否应该有开放的时间表，资本账户开放的节奏是否应该进一步"加快"。

主要共识

（一）资本账户开放不等于门户洞开

在关于资本账户开放的讨论中，一个很关键的问题是什么叫资本账户开放。过去在讨论此问题时，正方和反方所指的资本账户开放并不完全一致。与会人员普遍同意，中国要实现的"资本账户基本开放"并不等于门户洞开，而是有选择有控制地开放。有利于实体经济发展，有利于为贸易和投资提供便利，有利于促进开放和竞争的资本项目可以早开、多开。蕴涵风险较大、与支持实体经济距离较远的资本项目可以少开、晚开甚至不开。与会者普遍同意，短期外债和短期证券投资属于后者，在开放时应该格外谨慎，短期内可以不开放或者有控制地开放。

（二）资本账户开放是大势所趋

正方和反方均同意资本账户开放是大势所趋，只是理由并不相同。正方认为，资本账户开放是开放经济的一个必然要求，可以消除资本管制带来的扭曲，有利于资源更有效地配置，有利于尊重产权，全球主要的发达国家无一不是资本账户较为开放的国家，因此资本账户开放是大势所趋。反方则认为，在实践中，资本账户开放并没有理论上讲的那么多优点，而且还会带来很多风险，不少国家的经验也表明资本账户开放非但没有好处反而有害。但是维持现有的资本管制十分困难，而且我国在资本账户开放的路上已经走了很远，现在不是再回到零点讨论应不应开放的问题，而是应该讨论如何开放的问题，因此资本账户开放是大势所趋。

（三）资本账户开放要分析利弊、趋利避害、防范风险

在接受资本账户开放是大势所趋这一前提下，与会人员普遍同意，资本账户开放不是黑白分明的利大于弊或者弊大于利，而是有利有弊。因此，在资本账户开放的过程中必须仔细分析资本项下每个具体项目开放的利弊，只有在权衡后认为开放利大于弊的资本项目才能开放，弊大于利的项目不能开放，才能做到趋利避害。但正方和反方对哪些具体资本项目的开放利大于弊并没有达成共识。不过，与会人员对在资本账户开放的过程中必须加强风险监测和防控，建立一个有效的宏观审慎管理体系存在共识。结合自全球金融危机以来对资本管制的反思，很多与会人员同意，在进行资本账户开放的同时运用较为市场化的手段（如"托宾税"和审慎监管）控制资本的不合理流动是一个趋势和发展方向。

（四）资本账户开放条件较为成熟但也有薄弱环节

与会人员均同意我国目前的宏观条件和经济状况比很多国家在其进行资本账户开放时候的条件更成熟，例如我国经济基本面较好，公共债务和外债都不高，经济和金融市场的规模都比较大等。但反方认为这本身并不能成为资本账户开放的理由，更不应该因此加快资本账户开放。一些与会人员指出，中国经济的实际状况可能

并没有统计数据看上去那么乐观，经济结构存在问题，金融体系也还有很多需要改进的地方。但也有与会人员指出，过去证券业对外资的开放并没有给中国的证券公司带来灭顶之灾，相反，中国本土的证券企业还从竞争和学习中得到进步。

（五）资本账户开放要统筹协调、稳步推进

所有与会人员都同意资本账户开放不是一项孤立的改革，而是需要与利率、汇率、货币政策操作以及更广泛的经济结构调整等改革相结合。与会人员基本摆脱了过去两极分化的观点：一极是认为目前条件已经成熟，可以迅速推进资本账户开放；另一极是认为必须等国内改革基本完成后，才能谈资本账户开放。最后，与会人员基本达成了资本账户改革应该与其他改革统筹协调、稳步推进的共识。

（六）资本账户开放应有路线图

资本账户开放本身有自己的内在顺序，还有和其他改革统筹协调的问题，因此与会人员均直接或间接地同意资本账户开放应有路线图，即对改革的顺序要有所考虑。但与会人员并未对具体的路线图进行深入讨论，多数人均同意先开放风险小的项目再开放风险大的项目这一基本原则，也同意开放的同时要加强风险防控。有一部分与会人员还表达了汇率改革的重要性，认为在较大幅度地进行资本账户开放前，汇率形成机制的改革应取得较大进展，否则可能会造成资本的大进大出。

双方分歧

（一）资本账户开放应不应该有时间表

一部分与会人员认为，设定时间表有利于促进改革共识的达成，形成合力，保证改革持续向前推进。如果没有时间表，改革很可能会被拖延，甚至被无限期推后。但较多的与会人员认为，资本账户开放的速度和进程取决于国内外诸多条件，其中有很多不可控因素，因此没有必要人为地设定时间表，否则反而会限制改革的自

由度。一部分与会人员提出，与其设定资本账户开放的"时间表"，不如设定"条件表"，即在满足什么样的条件下会开放什么资本项目，这样既可以表明改革决心，又不会受限于某个具体的时间表；既可以有路线图，但又不必设定时间表。

（二）是否应该"加快"开放资本账户

一部分与会人员认为，我国目前的汇率水平已经较为均衡，国内金融体系比较稳健，各方面条件已经比较成熟，同时国内企业还有"走出去"的需要，因此应当抓住当前的有利时机，有选择有步骤地开放资本账户，这样做也有利于结构调整和经济转型。但较多的与会人员认为目前可以稳妥地推进资本账户开放，但不应加快推进。理由是，从国际环境看，金融危机后存在很多的不确定性，主要发达国家均在使用非常规的货币政策，此刻加快开放资本账户开放可能会造成资本的大进大出；从国内条件看，在国内的投资体制下，微观主体的行为模式还没有发生根本改变，此刻允许更多的资本账户开放可能会造成"一拥而上"的后果，产生不必要的浪费。

总　结

绝大部分与会人员均认为，在厘清了资本账户开放的含义和各自的政策主张之后，正方和反方在很多问题上具有共识，观点上并没有针锋相对。双方观点主要是对开放与风险的强调重点有所不同，而不存在实质上的分歧。与会者也同意，理论上的探讨固然重要，但最终实际操作才是关键，理论要结合实际。资本账户开放最终还是要本着趋利避害、积极审慎和实事求是的态度推进。

新的起点

2013 年 11 月 12 日，中国共产党第十八届中央委员会第三次全体会议通过了《中共中央关于全面深化改革若干重大问题的决定》，明确提出"加快实现人民币资本项目可兑换"。

"完善人民币汇率市场化形成机制，加快推进利率市场化，健全反映市场供求关系的国债收益率曲线。推动资本市场双向开放，有序提高跨境资本和金融交易可兑换程度，建立健全宏观审慎管理框架下的外债和资本流动管理体系，加快实现人民币资本项目可兑换。"

——摘自《中共中央关于全面深化改革若干重大问题的决定》

2013 年 11 月 19 日，中国人民银行行长周小川在《十八届三中全会辅导读本》发表署名文章《全面深化金融业改革开放 加快完善金融市场体系》，对十八届三中全会提出的"加快实现人民币资本项目可兑换"进行了具体的解读和阐述。周小川行长提出，应抓住人民币资本项目可兑换的时间窗口，在统筹国内需求与国际形势的基础上，加快实现人民币资本项目可兑换。

"推进人民币资本项目可兑换，是构建开放型经济新体制的本质要求，其根本目的在于促进贸易投资便利化，为扩大企业及个人对外投资、确立企业及个人对外投资主体地位创造有利条件，是进一步加快发展各项跨境金融业务、体现金融支持实体经济发展、落实走出去战略、加快经济结构调整和产业转型升级的要求。应抓住人民币资本项目可兑换的有利时间窗口，在统筹国内需求与国际形势的基础上，加快实现人民币资本项目可兑换。

（一）转变跨境资本流动管理方式，便利企业走出去

进一步转变外汇管理方式，推动对外投资便利化。减少外汇管理中的行政审批，从重行政审批转变为重监测分析，从重微观管制转变为重宏观审慎管理，从"正面清单"转变为"负面清单"。方便企业走出去过程中的投融资行为，逐步提高境内企业向境外提供人民币和外币信贷及融资担保的便利程度，加大支持企业走出去的力度。

（二）推动资本市场双向开放，有序提高跨境资本和金融交易可兑换程度

进一步扩大合格境内机构投资者（QDII）和合格境外机构投资者（QFII）主体资格，增加投资额度。条件成熟时，取消合格境内机构投资者、合格境外机构投资者的资格和审批，将相关投资便利扩大到境内外所有合法机构。研究建立境内外股市的互联互通机制，逐步允许具备条件的境外公司在境内资本市场发行股票，拓宽居民投资渠道。在建立相关管理制度的前提下，放宽境外机构境内发行人民币债券资格限制。有序提升个人资本项目交易可兑换程度，进一步提高直接投资者清盘和信贷等可兑换便利化程度，在有管理的前提下推进衍生金融工具交易可兑换。

（三）建立健全宏观审慎管理框架下的外债和资本管理体系

建立健全针对外债和资本流动的宏观审慎政策框架，提高可兑换条件下的风险管理水平。综合考虑资产负债币种、期限等匹配情况，合理调控外债规模，优化外债结构，做好外债监测，防范外债风险。加强反洗钱和反恐融资方面的管理，保持对非法资金跨境流动的高压政策，同时防止过度利用避税天堂。加强对短期投机性资本流动特别是金融衍生品交易监测。在鼓励合理创新的同时，限制与实体经济严重脱节的复杂金融衍生品，坚持金融创新为实体经济服务的原则要求，同时按照最新的国际标准推动场外金融衍生品市场的监管改革。在紧急情况下，可以对资本流动采取临时性管理措施，建立健全相关监测体系，实现资本跨境流动便利化和收集有效信息的统一。"

——摘自《全面深化金融业改革开放 加快完善金融市场体系》

（作者：中国人民银行行长周小川）

中国金融四十人论坛组织架构与成员名单

（2014 年）

论坛学术顾问（按姓氏拼音排序）：

1　胡怀邦　国家开发银行董事长

2　黄奇帆　重庆市市长

3　蒋超良　中国农业银行股份有限公司董事长

4　林毅夫　北京大学国家发展研究院教授

5　裴长洪　中国社会科学院经济研究所所长

6　钱颖一　清华大学经济管理学院院长

7　秦　晓　博源基金会理事长

8　沈联涛　中国银行业监督管理委员会首席顾问

9　王　江　美国麻省理工学院斯隆管理学院金融学教授

10　吴敬琏　国务院发展研究中心资深研究员

11　吴晓灵　全国人大财经委副主任委员、中国人民银行原副行长

12　谢　平　中国投资有限责任公司副总经理

13　易　纲　中国人民银行副行长、国家外汇管理局局长

14　余永定　中国社会科学院世界经济与政治研究所研究员

15　朱　民　国际货币基金组织副总裁

论坛常务理事会主席：

陈　元　全国政协副主席

论坛常务理事会副主席：

谢　平　中国投资有限责任公司副总经理

论坛常务理事（按姓氏拼音排序）：

1	陈东升	泰康人寿保险股份有限公司董事长兼 CEO
2	陈文辉	中国保险监督管理委员会副主席
3	陈 元	全国政协副主席
4	樊大志	华夏银行行长
5	吉晓辉	上海浦东发展银行董事长
6	金立群	中金公司董事长
7	李若谷	中国进出口银行董事长兼行长
8	刘 勇	国家开发银行业务发展局局长
9	缪建民	中国人寿保险 (集团) 公司总裁
10	钱颖一	清华大学经济管理学院院长
11	裘国根	上海重阳投资有限公司董事长
12	任汇川	中国平安集团总经理
13	寿梅生	交通银行副行长
14	屠光绍	上海市常务副市长
15	万建华	国泰君安证券股份有限公司董事长
16	王东明	中信证券股份有限公司董事长
17	王海明	中国金融四十人论坛秘书长
18	王 喆	中国外汇交易中心党委书记
19	吴 焰	中国人民保险集团股份有限公司董事长
20	谢 平	中国投资有限责任公司副总经理
21	阎庆民	中国银行业监督管理委员会副主席
22	张家林	北京艾亿新融资本管理有限公司董事长
23	张育军	中国证券监督管理委员会主席助理
24	周万阜	中国农业银行战略规划部总经理
25	周 伟	上海市黄浦区委书记

论坛理事（按姓氏拼音排序）：

1	蔡明兴	富邦金融控股公司副董事长
2	陈东升	泰康人寿保险股份有限公司董事长兼 CEO

3	陈一松	中信信托有限责任公司总经理
4	樊大志	华夏银行行长
5	甘为民	重庆银行董事长
6	高 峰	德意志银行（中国）有限公司行长
7	哈继铭	高盛投资管理部中国副主席暨首席投资策略师
8	吉晓辉	上海浦东发展银行董事长
9	金立群	中金公司董事长
10	康 典	新华人寿保险股份有限公司董事长
11	李仁杰	兴业银行行长
12	李若谷	中国进出口银行董事长兼行长
13	连 平	交通银行首席经济学家
14	林 涌	海通国际行政总裁
15	刘 勇	国家开发银行业务发展局局长
16	吕家进	中国邮政储蓄银行行长
17	缪建民	中国人寿保险（集团）公司总裁
18	裘国根	上海重阳投资有限公司董事长
19	任汇川	中国平安集团总经理
20	沈 颢	21世纪传媒CEO
21	万 放	平安资产管理有限责任公司董事长
22	万建华	国泰君安证券股份有限公司董事长
23	王东明	中信证券股份有限公司董事长
24	王 钧	浙江泰隆商业银行董事长
25	王永利	中国银行副行长
26	王 喆	中国外汇交易中心党委书记
27	王志浩	渣打银行大中华区研究主管
28	吴 焰	中国人民保险集团股份有限公司董事长
29	夏 蜀	富滇银行股份有限公司董事长
30	于业明	太平洋资产管理有限责任公司总经理
31	张家林	北京艾亿新融资本管理有限公司董事长

32	赵　民	北京正略钧策企业管理咨询有限公司董事长
33	赵　威	中再资产管理股份有限公司副董事长、总经理
34	周万阜	中国农业银行战略规划部总经理
35	周　伟	上海市黄浦区委书记

论坛会员单位

1　中银国际控股有限责任公司

论坛学术委员会主席：

钱颖一　清华大学经济管理学院院长

论坛学术委员会成员（按姓氏拼音排序）

1	管　涛	国家外汇管理局国际收支司司长
2	黄海洲	中国国际金融公司销售交易部负责人
3	潘功胜	中国人民银行副行长
4	魏加宁	国务院发展研究中心宏观经济部副部长
5	阎庆民	中国银行业监督管理委员会副主席
6	袁　力	国家开发银行副行长
7	钟　伟	北京师范大学金融研究中心主任

论坛监事长：

寿梅生　交通银行副行长

论坛监事会成员（按姓氏拼音排序）：

1	管　涛	国家外汇管理局国际收支司司长
2	陆　磊	广东金融学院院长
3	沈　颢	21 世纪传媒 CEO
4	巫和懋	北京大学国家发展研究院教授
5	钟　伟	北京师范大学金融研究中心主任

论坛秘书长：

王海明

40×40俱乐部成员名单（按姓氏拼音排序）：

政府机关人员：

1　巴曙松　国务院发展研究中心金融研究所副所长

2　陈文辉　中国保险监督管理委员会副主席

3　范文仲　中国银行业监督管理委员会国际部主任

4　方星海　中央财经领导小组办公室经济一组巡视员

5　管　涛　国家外汇管理局国际收支司司长

6　纪志宏　中国人民银行金融市场司司长

7　贾　康　财政部财政科学研究所所长

8　李　波　中国人民银行货币政策二司司长

9　李伏安　中国银行业监督管理委员会河南监管局局长

10　刘春航　中国银行业监督管理委员会研究局局长

11　廖　岷　中国银行业监督管理委员会上海监管局局长

12　隆国强　国务院发展研究中心办公厅主任

13　潘功胜　中国人民银行副行长

14　祁　斌　中国证券监督管理委员会研究中心主任

15　沈晓晖　国务院研究室国际司司长

16　魏加宁　国务院发展研究中心宏观经济部副部长

17　阎庆民　中国银行业监督管理委员会副主席

18　张健华　中国人民银行杭州中心支行行长

19　张　涛　国际货币基金组织中国执行董事

20　张育军　中国证券监督管理委员会主席助理

研究机构人员：

21　白重恩　清华大学经济管理学院副院长

22　丁志杰　对外经贸大学校长助理

23　黄益平　北京大学国家发展研究院副院长

24	李稻葵	清华大学经济管理学院金融系主任
25	陆　磊	广东金融学院院长
26	瞿　强	中国人民大学金融与证券研究所副所长
27	魏尚进	哥伦比亚大学金融学教授
28	巫和懋	北京大学国家发展研究院教授
29	姚　洋	北京大学国家发展研究院院长
30	殷剑峰	中国社会科学院金融研究所副所长
31	钟　伟	北京师范大学金融研究中心主任

商业机构人员：

32	高善文	安信证券首席经济学家
33	哈继铭	高盛投资管理部中国副主席
34	黄海洲	中国国际金融公司销售交易部负责人
35	黄金老	华夏银行副行长
36	连　平	交通银行首席经济学家
37	马　骏	德意志银行董事总经理、大中华区首席经济学家
38	孙明春	上海博道投资首席经济学家
39	徐　刚	中信证券董事总经理
40	袁　力	国家开发银行副行长

论坛特邀成员：

1	郭　濂	国家开发银行金融研究发展中心主任
2	黄　明	中欧国际工商学院教授、康奈尔大学终身教授
3	黄志强	中国银行国际金融研究所所长
4	何　东	香港金融管理局助理总裁
5	胡一帆	海通国际研究部主管兼首席经济学家
6	金中夏	中国人民银行金融研究所所长
7	李　麟	浦发银行战略发展部总经理
8	李迅雷	海通证券首席经济学家
9	林采宜	国泰君安证券首席经济学家

10　鲁政委　兴业银行首席经济学家

11　马　宁　高华证券公司副总经理、研究总监

12　彭文生　中国国际金融有限公司首席经济学家

13　沈建光　瑞穗证券亚洲公司董事总经理、首席经济学家

14　盛松成　中国人民银行调查统计司司长

15　孙国峰　中国人民银行货币政策司副司长

16　王志浩　渣打银行大中华区研究主管

17　吴高连　中国光大银行专职董事

18　武　剑　中国光大银行专职董事

19　谢　多　中国银行间市场交易商协会党委书记

20　熊志国　中国保险监督管理委员会政策研究室主任

21　许宪春　国家统计局副局长

22　徐　忠　中国人民银行金融市场司副司长

23　张承惠　国务院发展研究中心金融研究所所长

24　张霄岭　中国银行业监督管理委员会银行监管三部副主任

25　郑京平　国家统计局总工程师

26　诸建芳　中信证券首席经济学家

27　朱　宁　上海交通大学上海高级金融学院副院长

28　周道许　贵州省人民政府副秘书长、贵州省政府金融工作办公室主任

29　邹加怡　财政部国际司司长

论坛特邀研究员：

1　程漫江　中银国际控股董事总经理、研究部主管

2　王　信　中国人民银行南昌中心支行行长

3　向松祚　中国农业银行首席经济学家

4　张　斌　中国社科院世界经济与政治研究所全球宏观经济研究室主任

5　张　明　中国社科院世界经济与政治研究所国际投资研究室主任

6　周诚君　中国人民银行金融研究所研究员

7　祝丹涛　中央财经领导小组办公室处长

金融类新书推荐

1. 资本账户开放：战略、时机与路线图

◎陈 元 钱颖一 主编 ◎ 2014 年 3 月出版

◎ 59.00 元 ◎ ISBN 978-7-5097-5674-4

该书实录了中国人民银行行长周小川、世界银行前副行长林毅夫等金融政策决策者和知名学者对资本账户开放的战略、时机与路线图进行的争论，试图将讨论不断深入和走向共识的过程呈现给读者。

2. 新金融评论（2014 年第 1 期）

◎上海新金融研究院 编 ◎ 2014 年 2 月出版

◎定价：40.00 元 ◎ ISBN 978-7-5097-5647-8

《新金融评论》是上海新金融研究院主办的经济金融类学术刊物，致力于发表权威、严谨、高标准的政策研究和基础研究成果，强调学术性和政策性的完美结合。中国金融四十人论坛为本刊提供学术支持。

3. 利率市场化：突围中国债务困局

◎邓海清 林 虎 著 ◎ 2013 年 10 月出版

◎定价：58.00 元 ◎ ISBN 978-7-5097-5189-3

本书对国内外利率市场化进程做出了深层分析与解读。

4. 资产证券化：变革中国金融模式

◎邓海清 胡玉峰 蒋钰炜 著 ◎ 2013 年 10 月出版

◎定价：49.00 元 ◎ ISBN 978-7-5097-5133-6

本书汇集了国际货币基金组织等权威机构发布的资料，介绍了资产证券化国内外发展历程，详述了资产证券化发起人、投资者在融资、投资时最关注的问题（包括法律基础、巴塞尔协议及影子银行监管、市场评级等）。

作者：邓海清，宏源证券固定收益研究主管、汤森路透专栏作家、中国建投投资研究院特约研究员；

　　　胡玉峰、蒋钰炜，宏源证券固定收益研究员。

5. 影子银行与银行的影子：中国理财产品市场发展与评价（2010~2012）

◎殷剑峰 王增武 主编 ◎ 2013 年 6 月出版

◎定价：98.00 元 ◎ ISBN 978-7-5097-4693-6

本书建立了理财产品评价评级方法，并结合我国银行理财产品总体发展情况，对国内人民币和外币银行理财产品进行介绍和评价，还在此基础上发布了银行理财产品的排名、证券投资基金理财产品评价分析等一系列投资者关心的内容。

作者：殷剑峰，中国社会科学院金融研究所副所长；

　　　王增武，中国社会科学院金融研究所财富管理研究中心副主任。

6. 资本市场导论（第二版）

◎王国刚 著 ◎ 2014 年 3 月出版

◎定价：168.00 元 ◎ ISBN 978-7-5097-5427-6

本书是中国社会科学院为研究生院编写的金融专业研究生教材，该书结合中国资本市场的现状，系统介绍了资本市场的内涵和特点。

作者：王国刚，中国社会科学院金融研究所所长。

7. 对冲基金管理人操作守则

◎美国管理基金协会 编 张跃文 译 ◎ 2014 年 1 月出版

◎定价：45.00 元 ◎ ISBN 978-7-5097-4897-8

本书是美国管理基金协会对 2008 年金融危机的反思，分别从投资者保护、估值、交易与业务运作、反洗钱和业务持续性等方面，提出了对冲基金管理人在设计基金运作框架和处理具体业务时所应当遵守的基本准则。

译者：张跃文，中国社会科学院金融研究所公司金融研究室主任。

8. 中国消费金融市场的发展：中日韩消费金融比较研究

◎王国刚 主编 ◎ 2013 年 7 月出版

◎定价：59.00 元 ◎ ISBN 978-7-5097-4783-4

本书是中国社会科学院金融研究所与野村综合研究所的合作研究成果，全面分析了我国消费金融的发展历程、现状和前景，介绍并比较了日本和韩国消费金融的发展。

作者：王国刚，中国社会科学院金融研究所所长。

9. 建投投资评论（2013 年 第一期 总第 1 期）

◎中国建银投资有限责任公司投资研究院 主编 ◎ 2014 年 1 月出版

◎定价：69.00 元 ◎ ISBN 978-7-5097-5132-9

《建投投资评论》由中国建银投资有限责任公司投资研究院提供学术支持，旨在阐述投资领域的热点问题与前沿问题。

10. 金融蓝皮书 中国金融发展报告（2014）（赠阅读卡）

◎李 扬 王国刚 主编 ◎ 2013 年 12 月出版

◎定价：65.00 元 ◎ ISBN 978-7-5097-5443-6

本书权威地分析了 2013 年中国金融发展和运行中的各方面情况，评论了 2013 年发生的主要金融事件，并对 2014 年中国金融发展的走势进行了分析与预测。

11. 互联网金融蓝皮书 中国互联网金融发展报告（2013）（赠阅读卡）

◎芮晓武 刘烈宏 主编 ◎ 2014 年 1 月出版

◎定价：69.00 元 ◎ ISBN 978-7-5097-5593-8

本书是国内第一部全面、系统和深入研究互联网全融的年度发展报告，由中国电子投资控股有限公司联合中国人民银行金融研究所、中国社会科学院等机构的专家编写而成。

12. 金融监管蓝皮书 中国金融监管报告（2013）（赠阅读卡）

◎胡 滨 主编 ◎ 2013 年 9 月出版

◎定价：65.00 元 ◎ ISBN 978-7-5097-5049-0

本书作为中国社会科学院金融法律与金融监管研究基地系列年度报告，集中、系统、全面、持续地反映中国金融监管的现状、发展和改革进程。

13. 保险蓝皮书 中国保险业竞争力报告（2012~2013）（赠阅读卡）

◎罗忠敏 王 力 主编 ◎ 2013 年 1 月出版

◎定价：98.00 元 ◎ ISBN 978-7-5097-3966-2

本书是国内首部保险蓝皮书，由中国保险学会前会长罗忠敏、北京特华财经研究所副所长王力主持，对当前监管业的重点难点问题进行的系统研究。

图书在版编目（CIP）数据

资本账户开放：战略、时机与路线图/陈元，钱颖一主编.
—北京：社会科学文献出版社，2014.4
（中国金融四十人论坛书系）
ISBN 978-7-5097-5674-4

Ⅰ.①资⋯　Ⅱ.①陈⋯　②钱⋯　Ⅲ.①资本—金融开放—研
究—中国　Ⅳ.① F832.21

中国版本图书馆 CIP 数据核字（2014）第 035235 号

·中国金融四十人论坛书系·
资本账户开放
——战略、时机与路线图

主　　编 / 陈　元　钱颖一

出 版 人 / 谢寿光
出 版 者 / 社会科学文献出版社
地　　址 / 北京市西城区北三环中路甲 29 号院 3 号楼华龙大厦
邮政编码 / 100029

责任部门 / 经济与管理出版中心（010）59367226　　　责任编辑 / 陈凤玲　于　飞
电子信箱 / caijingbu@ssap.cn　　　　　　　　　　　　责任校对 / 代琼平
项目统筹 / 恽　薇　许秀江　　　　　　　　　　　　　责任印制 / 岳　阳
经　　销 / 社会科学文献出版社市场营销中心（010）59367081　59367089
读者服务 / 读者服务中心（010）59367028

印　　装 / 三河市尚艺印装有限公司
开　　本 / 787mm×1092mm　1/16　　　　　　　　　印　　张 / 21
版　　次 / 2014 年 4 月第 1 版　　　　　　　　　　　字　　数 / 293 千字
印　　次 / 2014 年 4 月第 1 次印刷
书　　号 / ISBN 978-7-5097-5674-4
定　　价 / 59.00 元